재미있는
영어 인문학
이야기
1

영어 단어를 통해 서양의 정치, 사회, 문화, 역사, 상식을 배운다

강준만 지음

재미있는
영어 인문학
이야기
1

How Conservatives Won the Heart of America

an olive branch, I will kiss

The house looked very dismal

Pulling back when we should be leaning in

If you run after two hares, you will catch neither

He started for his new post as an English teacher in his alma mater

Don't forget to love yourself

It's just his nature to shoot from the hip

knowledge owner learned man

The balloon goes up, and I don't know what to do

인물과
사상사

'점수 영어'와 '재미 영어'

'영어에 미친 나라'인 한국에선 영어가 '종교'나 다름없다.[1]

이와 유사한 진술이나 주장은 무수히 많다. 그렇다면, 한국인은 영어를 잘해야 마땅하다. 영어에 미쳐 영어를 종교처럼 생각하는 사람들이 영어를 잘 못한다면, 그건 말이 되지 않는다. 그러나 말이 되지 않는 일이 우리 눈앞에서 벌어지고 있다. 영어 공부에 대한 투자 대비 수익률이 믿기지 않을 정도로 낮다. 왜 그럴까?

한국에서 영어는 '찍기용 영어'기 때문이다. 인기를 누리는 모 영어학원에선 강사가 "찍기도 기술이다. 문제를 안 보고 답안만 보고도 답을 맞힐 수 있다"고 스스럼없이 이야기할 정도다.[2] 서울 강남구 압구정동 A 영어전문 입시학원에선 '영어 특기자 수시 입시대비반' 학생 20여 명이 '영어'가 아닌 '시험 잘 치기'를 배우는데, 이런 식이다.

강사 "청취 파트에서 답을 모를 때는?"
학생들 "4개의 보기 중에 현재진행형을 찍으면 되지요."

학생들이 배우는 건 이 학원에서 만든 100여 개의 청취 패턴과 150여 개의 문법 문제 패턴을 '모조리' 암기하는 것이다.

서울 강남의 B 학원은 아예 암기할 내용을 담은 '비법 노트'를 나눠주는데, 내용은 대부분 '답 고르기 요령'으로 예를 들어 "가정법 과거완료 문장이 나오는 제시문은 무조건 정답"이라는 식이다.[3]

정도의 차이는 있을망정, 학생이건 직장인이건 한국에서 영어 공부에 미친 이들은 대부분 이런 식으로 공부한다. 즉, 좋은 시험 성적을 얻는 게 우선적인 목표인 것이다. 이런 영어 공부를 가리켜 '점수 영어'라고 할 수 있겠다. 한국에서 영어는 국가적 종교이긴 하되, 내부경쟁에서 이기기 위한 기복신앙인 셈이다.

외국의 학생들이 배움에서 '깊이'를 추구할 때에 우리는 순전히 내부경쟁용 변별 수단으로서 '점수 영어'에만 올인한다. "공인영어시험 점수는 지원자의 영어 실력이 아닌 성실성을 나타내는 척도"에 불과하다는 말이 있듯이,[4] 우리는 누가 더 의자에 엉덩이를 오래 붙이고 앉아 있었는가 하는 인내력 테스트를 영어 능력 테스트로 간주하고 있는 것이다.

공정하고 객관적인 변별력을 높이는 데엔 문법을 묻는 게 가장 좋다. 그래서 우리는 '영어 문법 파시즘'이라는 말을 들을 정도로 문법에 집착한다.[5] 외국어는 인문학이며 인문학이어야 하는데도, 우리는 영어를 가급적 인문학과는 거리가 먼 방향으로 공부하고 있는 것이다.

공부를 어떤 방식으로 하느냐에 따라, 영어는 매우 재미있는 인문학일 수도 있다. 영어 단어 하나를 공부하더라도, 그 단어를 통해 서양의 정치, 경제, 사회, 문화, 역사, 상식 등 많은 것을 배울 수 있기 때문이다. 이런 영어 공부를 가리켜 '재미 영어'라고 할 수 있겠다.

　이 책은 '재미 영어'를 위한 것이다. 물론 '점수 영어'가 지배하는 풍토에선 원초적으로 인기를 누릴 수 없는 책이지만, 나는 이 책을 쓰는 과정에서 시종일관 사람과 사람 사는 세상에 관한 새로운 것을 알고 깨닫는 인문학적 재미를 누렸다. 이른바 '잡학雜學 상식'에 대한 열정으로 내가 재미있고 좋아서 하는 일이다. 『교양 영어 사전』(2012), 『교양 영어 사전 2』(2013), 『인문학은 언어에서 태어났다: 재미있는 영어 인문학 이야기』(2014)에 이어 내놓는 이 분야의 4번째 책이다. 독자들이 내가 누린 재미의 일부라도 공유할 수 있기를 바랄 뿐이다.

2015년 6월
강준만

제7장 군사 · 전쟁 · 고문

제8장 정치 · 민주주의 · 국제관계

제9장 조직·기업·경영

제10장 디지털 문화와 기업

·

미국의 주州와 도시

유타는 어떻게
모르몬교의 아성이 되었는가?

Utah

Utah(유타)는 미국의 서부에 있는 주州 이름이다. 아메리카 원주민 유트Ute족에서 비롯된 이름인데, Ute는 'people of mountains(산 사람들)'란 뜻이다. 이 뜻에 걸맞게 유타주에서 가장 높은 산인 킹스 피크Kings Peak는 높이가 4,120미터며, 전 지역의 평균 고도는 해발 1,860미터다. 북쪽으로 아이다호주와 와이오밍주, 동쪽으로 콜로라도주, 남동쪽 끝 한 점으로 뉴멕시코주, 남쪽으로 애리조나주, 서쪽으로 네바다주와 접하고 있다.

유타주의 가장 큰 도시이자 주도州都는 솔트레이크시티 Salt Lake City(인구 19만 명)다. 2002년 동계올림픽 개최지가 솔트레이크시티였던 것이 잘 말해주듯이, 유타주는 세계적인 스키 휴양지로도 유명하다. 자동차 번호판에도 'The Greatest Snow on Earth(지상 최고의 눈)'라는 슬로건이 새겨져 있다.

미국인, 아니 미국인이 아니더라도 미국 서부영화를 많이 본 사람이라면 유타주의 자연 풍경이 친숙하게 다가오는데, 그건 거의 대부분의 서부영화가 유타주에서 촬영되었기 때문이다. 유타주의 면적은 21만 9,887제곱킬로미터(가로 최장

15

435킬로미터, 세로 최장 565킬로미터)로 미국 50개 주 가운데 13위, 인구는 294만 9,902명(2014년)으로 33위, 인구밀도는 1제곱킬로미터당 13.2명으로 41위, 가구당 중위소득中位所得은 5만 614달러로 11위다.[1]

2012년 갤럽 여론조사에서 '가장 살기 좋은 주' 1위를 차지하기도 한 유타주는 말일성도예수그리스도교Church of Jesus Christ of Latter Day Saints, 즉 모르몬교Mormonism의 땅이라고 해도 과언이 아니다. 전 인구의 62퍼센트가 모르몬교도로, 미국에서 종교적으로 가장 동질적인 주다.

모르몬교는 1823년 조지프 스미스Joseph Smith, 1805~1844라는 사람이 뉴욕에서 창설했다. 일종의 예언자인 이 사람은 모로니라는 천사에게서 황금판에 상형문자로 적힌 고대의 성구『모르몬경The Book of Mormon』을 선물로 받았다고 주장했다. 1827년 인디언의 고분에서 발견한 황금판을 번역하다 보니 그것이 4세기경 아메리카의 예언자이며 역사가였던 모르몬이 쓴 것으로 예수의 부활 이후 북아메리카를 방문한 두 이스라엘 민족의 지파에 대한 것임을 알게 되었다는 것이다.

『모르몬경』의 주요 내용은 이렇다. 레이Lehi라고 하는 경건한 유대인이 신의 명령으로 기원전 6세기에 아메리카로 건너와 자손을 낳고 아메리카 인디언들과 함께 살았다. 그의 후손들은 예수 그리스도의 부활 시 이스라엘로 건너가 이를 직접 목격했으며, 다시 아메리카로 돌아와 그리스도교의 교회를 세웠다. 모르몬교도들은 예수 그리스도가 재림해 '말일성도' 모르몬교도들을 위해 이 땅에 낙원을 건설할 것이라고 주장한다.[2]

1834년 조지프 스미스는 일부다처제polygamy를 요구했고, 이에 대한 대중의 분개는 모르몬교 박해로 이어졌다. 그는 1844년 미국 정부에 대해 음모를 꾸몄다는 반란죄로 체포되어 일리노이주의 감옥에 갇혔는데, 분노한 군중들의 습격에 의해 살해당했다. 지도자 없이 방황하게 된 모르몬교도들은 새로 나타난 강력한 지도자 브리검 영Brigham Young, 1801~1877의 지도 아래 재규합했다. 이들은 박해를 받지 않기 위해 서부의 끝으로 가기로 했다.

1847년 영은 27명의 아내를 포함해 144명의 모르몬교도를 이끌고 새로운 '약속의 땅'인 지금의 유타주 그레이트 솔트 레이크Great Salt Lake 유역으로 가서 공동체 생활을 시작했다. 이들은 황야에서 거대한 소금 호수를 발견했다. 그게 바로 그레이트솔트호Great Salt Lake다.

이 호수는 분지盆地기 때문에 흘러드는 강은 있어도 빠져나가는 강이 없으므로 염도salinity가 높아 어류는 살지 못하고 사람의 몸도 가라앉지 않는다. 그래서 'America's Dead Sea(아메리카의 사해)'로 알려져 있지만, 염도는 호수 깊이에 따라 5~27퍼센트로 사해死海의 33.7퍼센트보다는 낮으며(대양 평균은 3.5퍼센트), 수백만 마리의 새와 바다 새우의 서식지로 유명하다. 옛날에는 지금보다 수면이 30미터 이상 높았고, 또 호수의 면적도 컸지만, 지금은 4,700제곱킬로미터다. 호수 수심이 낮기 때문에(평균 4.9미터) 호수의 면적이 지금도 들쑥날쑥하지만, 호수의 가로 최장은 102킬로미터, 세로 최장은 45킬로미터에 이른다. 이 지역의 눈이 'The Greatest Snow on Earth(지상 최고의 눈)'인지는 알 수 없지만, 이른바 'lake effect(호수 효과)'로 인해 많은 눈이 내리는 건 분명하다.

모르몬교도들은 이 호수 근처에 도시를 건설했기 때문에

처음엔 도시 이름을 Great Salt Lake City라고 했지만, 1868년에 Great를 뺀 Salt Lake City가 되었다. 얼마 후 이 도시는 'the Crossroads of the West(서부의 교차로)'라는 별명을 얻었는데, 이는 모르몬교의 물결이 유타로 통하는 길을 따라 이어지면서 그곳이 서부로 통하는 주요 통로가 되었기 때문이다. 그에 따라 모르몬교도는 캘리포니아와 황금을 찾아나선 여행객들에게서 상당한 수입을 올려 자립의 기반을 닦을 수 있었다.

영은 그 지역을 Deseret라고 불렀다. Deseret는 『모르몬경』에 나오는 말로, honeybee(꿀벌)의 고어古語다. 유타주의 별명이 'Beehive State(벌집 주)'며, 유타주의 주기州旗에 벌집이 그려져 있는 것도 바로 그런 이유 때문이다. 유타주의 모토motto 역시 벌에 어울리는 'Industry(근면)'다.

1848년 모르몬교도들의 삶의 터전에 메뚜기떼grasshoppers가 습격해 모든 농작물이 황폐화될 위기에 처했다. 그런데 이때에 갈매기떼gulls가 나타나 메뚜기떼를 잡아먹는 거짓말 같은 일이 벌어졌다. 모르몬교도들은 갈매기떼에 감사하는 의미에서 솔트레이크시티 템플 스퀘어Temple Square에 '바다 갈매기 기념비The Sea Gull Monument'를 건립했다. 기념비에는 "모르몬교도들에게 내려진 하나님의 자비심을 기념하기 위하여In grateful remembrance of the mercy of God to the Mormon pioneers"라는 글이 새겨져 있다.

1850년 유타는 준주Territory(사실상의 주이나 공식적으로는 주로 편입되지 않은 주)로서 정부기관을 받아들였고, 브리검 영이 주지사가 되었다. 영국 철학자 존 스튜어트 밀John Stuart Mill, 1806~1873이 1859년에 출간한 『자유론On Liberty』에서 "인간의 자유가 흔히 무시되는 사례 가운데 하나로, 영국의 언론들이 모르몬교Mormonism에 대해 가하는 무차별적 언어폭력을 들지 않을 수 없다"고 한 걸로 보아, 이때까지도 모르몬교에 대한 세간의 인식은 매우 부정적이었다.

변화는 철도가 몰고 왔다. 의회가 대륙 간 철도 노선을 승인하고 재정 지원을 한 지 7년 만인 1869년 5월 10일 유타주의 프로몬토리포인트Promontory Point에서 동부철도와 서부철도의 선로를 연결해 미국 최초의 대륙 횡단 철도를 완성하는 마지막 못질이 이루어졌다. 역사적인 순간이었다. 전 미국이 열광의 도가니에 빠져들었다.

『뉴욕타임스』 1869년 5월 11일자에 따르면, 뉴욕에선 마지막 못이 박히는 순간에 "대포 소리, 트리니티 성당의 종소리, 이 나라뿐만 아니라 온 문명 세계가 성공에 지대한 관심을 보였던 대역사大役事가 완성된 것을 축하하는 분위기"로 떠들썩했다. 필라델피아에서는 독립기념관의 종을 울려 이 역사적인 순간을 기념했으며, 시카고에서는 약 11.3킬로미터에 이르는 퍼레이드가 즉흥적으로 열렸다. 워싱턴 D.C.의 『이브닝스타』는 사설에서 "오늘 1869년 5월 10일은 현재와 미래에 이 나라와 인류에 미칠 영향이라는 측면에서 볼 때 금세기에 가장 중요한 날 중 하나로 역사에 기록될 것이다"고 했다.

당시 대륙 횡단 철도의 길이는 약 2,826킬로미터였다. 이후 철도 노선은 극적으로 증가세를 보였다. 1860년 4만 8,000킬로미터에서, 1870년에는 8만 3,000킬로미터로, 1880년에는 14만 9,000킬로미터로, 1890년에는 26만 킬로미터로, 1900년에는 30만 9,000킬로미터로 급성장했다. 대륙 횡단 철도는 모르몬교도들에게도 큰 축복이어서, 1880년경 신자 수는 30만 명 이상에 이르렀다.

1890년 연방의회가 일부다처제 금지법을 통과시키자, 그해 9월 24일 브리검 영의 후계자인 윌포드 우드러프Wilford Woodruff, 1807~1898는 모르몬교도들에게도 일부다처제를 정식으로 금하는 칙령을 발표했다. 1896년에는 일부다처제를 폐기했다고 정부를 설득함으로써 유타도 주로 받아들여졌다. 45번째 주였다.[3]

대니얼 벨Daniel Bell, 1919~2011은 모르몬교는 처음엔 도덕 지상주의에 대한 저항에서 시작된 진보적인 계시啓示 신앙이었지만, 시간이 흐르면서 보수주의의 아성牙城으로 변화되고 말았다고 말한다.[4] 모르몬교도는 오늘날에도 비신앙인을 멀리하면서 자기들만의 공동체 생활을 하고 있다.

현재 모르몬교의 신도는 900만 명에 이르며 1인당 소득은 다른 어떤 종교도 그 액수에 근접하지 못할 정도로 높다. 정치적으로도 지난 2012년 대선에서 모르몬교 신자인 공화당 대통령 후보Mitt Romney(밋 롬니)를 냈을 정도로 계속 번영의 길을 걷고 있다. 공화당 공천에서 롬니와 경쟁한 존 헌츠먼Jon Huntsman, 상원의 다수당 원내 총무인 해리 라이드Harry Reid, 2000년 공화당 공천에서 조지 W. 부시와 경쟁했던 오린 해치Orrin Hatch, 1976년 민주당 공천에서 지미 카터와 경쟁했던 모리스 유달Morris Udall 역시 모르몬교도다.

이와 관련, 에이미 추아Amy Chua와 제드 러벤펠드Jed Rubenfeld는 이렇게 말한다. "일부다처제를 시행하는 별난 교파로 오랫동안 취급당해온 모르몬교도들은 자신들이 다른 미국인들보다 더 미국적이라는 사실을 증명해 보이기로 마음먹은 듯 대통령 선거에 입후보하는 걸 유난히 즐긴다."[5]

모르몬교도는 정계뿐만 아니라 재계 등의 다른 분야에서도 큰 성공을 거두었다. 스티븐 코비Stephen Covey, 클레이턴 크리스텐슨Clayton Christensen, 글렌 벡Glen Beck 등을 비롯한 유명인사도 많다. 예일대학 교수 해럴드 블룸Harold Bloom, 1930~은 모르몬교가 "일종의 청교도적인 시대착오"이며 아마도 "종교 역사상 가장 일에 중독된 문화"일 거라고 주장했는데, 실제로 모르몬교 사업가들은 골프를 치지 않고, 회사의 바비큐 파티에서 맥주를 마시지 않으며, 가볍게 술 한잔하는 점심식사에도 나가지 않는 것으로 유명하다.

모르몬교는 수도 워싱턴에 거대한 황금탑 사원을 지어 교세를 과시하고 있으며, 한국을 비롯해 전 세계에 선교사를 파견하고 있다. '2인 1조'로 활동하는 선교사들은 정장에 넥타이 차림으로 일주일에 6일간 하루 10~14시간 일하지만, 금전적인 보상은 전혀 없으며, 자동차와 영화, 연애도 포기해야 한다. 이들은 "선교 활동을 통해 우리는 끈기를 배운다"고 말한다.[6]

솔트레이크시티는 첨단산업의 도시로도 유명하다. 비록 독립 국가를 세우려는 모르몬교도의 꿈은 실현되지 못했지만, '협동'과 번영의 꿈은 이룬 셈이다. 다만 문제는 그 협동이 다른 집단에 대한 배타성에 기반을 둔 것이라는 데에 있다. 이는 모든 공동체가 안고 있거나 직면하게 되는 영원한 숙제이리라.

보수주의자들은 어떻게 미국의 심장부를 장악했는가?

●
Kansas

Kansas(캔자스)는 미국의 중서부Midwest에 있는 주州 이름이다. 물론 동부 기준으로 중서부일 뿐, 캔자스는 지리적으로 미국의 한복판에 있다. 북쪽으로 네브래스카주, 동쪽으로 미주리주, 남쪽으로 오클라호마주, 서쪽으로 콜로라도주와 접한다.

Kansas는 원래 이 지역에 살던 인디언 부족의 이름에서 유래한 것인데, 그 뜻은 '바람의 사람들people of the wind' 또는 '남풍의 사람들people of the south wind'이었다고 한다. 1830년대부터 유럽인들이 정착하기 시작한 캔자스는 1861년 미국의 34번째 주가 되었다.

캔자스주는 밀 농업이 발달해 'The Wheat State(밀 주)'라는 별명을 갖고 있으며, 공식 별명은 'The Sunflower State(해바라기 주)'다. 가장 큰 도시는 위치타Wichita(인구 38만 명), 주도州都는 토피카Topeka(인구 13만 명)다. 캔자스주의 면적은 21만 3,096제곱킬로미터(가로 최장 645킬로미터, 세로 최장 340킬로미터)로 미국 50개 주 가운데 15위, 인구는 290만 4,021명(2014년)으로 34위, 인구밀도는 1제곱킬로미터당

35.1명으로 34위다.[7]

Jayhawker는 캔자스주 사람의 별명이다. 캔자스주 사람들은 오늘날 이 별명을 자랑스럽게 여긴다지만, 그 역사는 결코 자랑스럽게 여길 만한 것은 아니다. 캔자스 피바람의 와중에서 탄생한 말이기 때문이다. 오늘날에도 jayhawk는 "습격해서 약탈하다", jayhawker는 "약탈자"를 뜻한다. 1850년대에 jayhawker는 노예해방 게릴라대원을 가리키는 말로 쓰였는데, 당시 jayhawk는 다른 새들의 둥지를 빼앗는 새로 알려져 있었다. 유명한 스페인 조류학자가 현장 답사 후 붙여준 이름이라는 것만 알려져 있을 뿐, 과연 이 새가 어떤 새를 가리키는 것인지는 오늘날 아무도 모른다.[8]

캔자스 피바람이란 무엇인가? 1856년 캔자스가 노예제 갈등의 격전지로 변해 '피 흘리는 캔자스Bleeding Kansas'라는 별명을 얻은 걸 말한다. 캔자스와 네브래스카는 1820년의 미주리 타협Missouri Compromise에서 정한 북위 36도 30분선 북쪽에 있으므로 당연히 노예제는 금지되어야 했지만, 1854년 5월에 제정된 캔자스-네브래스카법The Kansas-Nebraska Act은 캔자스와 네브래스카 영토가 장차 자유주가 될 것인지, 아니면 노예주가 될 것인지는 전적으로 그 지역 주민들의 의사에 따르도록 했다.

그러자 캔자스에는 북부와 남부 양쪽에서 이주민들이 몰려들었다. 노예제 확대를 반대하는 북부인들은 캔자스가 노예주가 되지 못하도록 반대표를 던지게 할 생각으로 노예제 폐지론자들을 캔자스로 이주시켰다. 노예제 찬성론자들도 그런 정치적 목적으로 이주를 했다. 불법과 부정으로 얼룩진 선거는 노예제 찬성론자들의 승리로 끝났지만, 노예제 폐지론자들은 이 결과에 승복하지 않고 토피카에 자유주 임시정부를 수립했다.

1856년 5월 노예제 찬성론자 군대가 노예제 폐지론자들의 본거지인 로렌스 마을을 약탈하는 과정에서 노예제 폐지론자 5명이 사망했다. 사흘 동안 계속된 이 복수가 끝나자 존 브라운John Brown, 1800~1859이라는 노예 폐지론자가 야밤에 포타와토미Pottawatomie 강가에 있는 한 노예제 찬성파 마을을 공격해 똑같이 이주민 5명을 살해하는 보복을 저질렀다. 그는 다른 노예제 지지자들이 캔자스에 들어오는 것을 막기 위해 살해한 사람들의 절단된 몸을 남겨두었다. 이른바 '포타와토미 학살Pottawatomie massacre'로 알려진 사건이다. 이 공격으로 캔자스는 아수라장이 되었다. 뉴잉글랜드의 일부 노예제 폐지론자들은 브라운에게 자금과 무기를 대주었다. 1856년 10월이 되자 이런 싸움으로 죽어간 사람은 200여 명에 이르렀다. 이제 곧 다가올 남북전쟁(1861~1865)의 사실상 첫 싸움이 시작된 셈이었다.[9]

그런 시련에도 불구하고 캔자스는 지리적 중심은 물론 사회문화적으로도 미국의 평균을 대변했다. 1947년 저널리스트 존 건서John Gunther, 1901~1970는 『미국 탐방Inside U.S.A.』에서 "캔자스 사람들은 모든 미국인을 대표하는 가장 보통 사람들이며 미 대륙 전역의 공통분모"라고 썼다.[10] 미국인들의 사랑을 받는 대중문화의 아이콘 '슈퍼맨Superman'과 『오즈의 마법사The Wizard of Oz』의 주인공 '도로시Dorothy'가 자란 곳이 캔자스로 설정된 것도 바로 그런 이유 때문이었을 것이다.[11]

그러나 이젠 사정이 달라졌다. 토머스 프랭크Thomas Frank는 2004년에 출간한 『캔자스에서 도대체 무슨 일이 있었는

How Conservatives
Won the
Heart of America

가?: 보수주의자들은 어떻게 미국의 심장부를 장악했는가 What's the Matter with Kansas?: How Conservatives Won the Heart of America』에서 "캔자스는 미합중국 그 자체"라며 다음과 같이 말한다.

"그곳에 한 번도 가본 적이 없는 사람일지라도 그곳을 낯설지 않고 친근하게 느낀다. 캔자스는 선호하는 여행지로는 전국에서 하위를 면치 못하지만 온갖 제품의 마케팅 담당자들이 시제품을 내놓고 소비자 반응을 확인하는 곳으로도 유명하다.……캔자스는 모든 것이 평균인 땅이지만 그 평균의 특성은 일탈과 호전성, 분노다. 오늘날 캔자스는 일상생활의 구석구석까지 반동의 선전으로 점철된 보수주의의 성소다."[12]

프랭크가 보기에 캔자스는 한때 미국 진보 세력의 산실이었지만, 이젠 보수 그것도 극우 지역으로 변하고 말았다. 전통적인 문화 가치와 도덕적 가치를 수호하겠다는 의지, 낙태 문제 등 종교적인 원인, 민주당의 위선에 대한 분노가 주요 원인인 것으로 분석되었다.

『뉴욕타임스』는 공화당 후보인 조지 W. 부시가 재선에 성공한 2004년 대선이 끝난 후 4일 동안 「도덕적 가치가 선거의 결정적 이슈」라는 분석 기사를 포함해 프랭크가 제기한 주제에 대해 6개나 되는 기사를 실었다. 프랭크의 책을 '2014년 최고의 정치 서적'이라고 칭찬한 칼럼니스트 니컬러스 크리스토프Nicholas Kristof는 "민주당 지도자들은 교외에 사는 전문직 종사자들의 표에 너무 열중한 나머지 노동자들과의 접점을 잃어버렸다"는 프랭크의 주장을 인용하면서 동의를 표했다. 크리스토프는 "민주당은 밀 농사를 짓고, 총을 쏘고, 스페인어를 말하며, 맥주를 들이키고, 『성경』을 들고 다니는 중부 미국인

들의 목소리를 더 대변해야 한다"고 주장했다.[13]

　　민주당 대선후보 지명전에 참가했던 존 에드워즈John Edwards, 1953~는 "지난 수십 년 동안 민주당이 끊임없이 저지른 죄악은 속물근성이었다"고 주장했다.[14] 실제로 한 여론조사에선 자유주의자들 가운데 43퍼센트가 '남에게 과시하는 것을 좋아한다'고 인정했으며, 또 다른 여론조사에서는 자유주의자들 가운데 75퍼센트가 '지식인'이라고 생각한다는 결과도 나왔다. 이런 조사결과를 제시하면서 저널리스트 데이비드 브룩스David Brooks, 1961~도 민주당의 몰락을 그들의 속물근성 때문이라고 주장했다. 그는 민주당을 지지하는 미국인들이 주로 근사한 레스토랑에서 밥을 먹고, 물건을 살 때는 진정한 미국을 대표하는 소매상인 월마트가 아니라 괜히 있어 보이는 것 같은 작은 상점을 간다고 비웃었다.[15]

왜 텍사스주 깃발에는
큰 별 하나가 그려져 있는가?

◉
Texas

        Texas(텍사스)는 미국 중남부에 있는 주써 이름이다. 원래 이 지역에 살던 아메리카 인디언 카도Caddo족의 언어로 '친구들friends'을 뜻하는 Tejas에서 유래한 말이다. 이 뜻에 충실하기 위해서인지 텍사스주의 모토motto는 'Friendship(우정)'이다. 텍사스주는 서북쪽으로 뉴멕시코주, 북쪽으로 오클라호마주, 동쪽으로 루이지애나주와 아칸소주와 접한다. 남쪽으로는 리오그란데강을 따라 멕시코와 국경을 이룬다. 텍사스라고 하면 사람들은 카우보이와 사막을 연상하지만, 사막은 전체 면적의 10퍼센트 미만이다.

        텍사스주의 가장 큰 도시는 휴스턴Houston(인구 220만 명), 주도써都는 오스틴Austin(인구 89만 명)이다. 텍사스주의 면적은 69만 6,241제곱킬로미터(가로 최장 1,244킬로미터, 세로 최장 1,270킬로미터)로 미국 50개 주 가운데 알래스카주 다음으로 넓고, 인구는 2,769만 5,284명(2015년)으로 캘리포니아주 다음으로 많으며, 인구밀도는 1제곱킬로미터당 40.8명으로 26위다.

        미국에선 '텍사스 드림'이란 말이 유행할 정도로 텍사스는 번영을 구가하고 있다. 2000년 이후 미국 49개 주에서

100만 명이 넘는 사람들이 텍사스로 이주해왔으며, 2012년에만도 모두 10만 6,000명이 텍사스로 이주했다. 일자리 덕분이다. 2012년 한 해 동안 텍사스에선 27만 4,700개의 새로운 일자리가 생겨났는데, 이는 미 전역에서 늘어난 일자리의 12퍼센트에 해당한다. 게다가 세금도 낮다. 1990년대 중반부터 정책적으로 감세 정책을 펴온 텍사스엔 주州 소득세가 없다.

텍사스의 주산업은 에너지다. 석유 매장량이 많아 미국 내 총생산량의 35퍼센트를 차지한다. 하루 170만 배럴의 원유를 생산하는데, 텍사스가 단일 국가라면 세계 10위의 산유국에 해당하는 양이다. 최근엔 셰일가스 개발 붐까지 겹쳐 에너지 연관 산업이 초호황을 누리고 있다.

'텍사스 드림'을 좇아 히스패닉(중남미계 이주민)들이 몰려들면서 전통적인 보수 성향의 표밭을 위협하고 있다. 히스패닉 인구는 1990년 440만 명으로 텍사스 전체의 25.5퍼센트에 불과했으나, 2012년에는 38퍼센트로 급증했다. 2030년쯤이면 히스패닉 인구 점유율이 텍사스에서 절반을 웃돌 것으로 전망되고 있다.[16]

한인도 많다. 2010년 인구센서스 결과 텍사스에는 6만 7,750명(불법체류자 제외)의 한인들이 거주하고 있다. 캘리포니아(45만 1,892명), 뉴욕(14만 994명), 뉴저지(9만 3,679명), 버지니아(7만 577명)에 이어 5번째로 많다. 10년 전인 2000년 인구센서스 때의 4만 5,571명에서 48.7퍼센트가 급증했다. 한인 이주민이 늘면서 아메리칸항공은 2013년 5월 인천과 댈러스 간 직항로도 개설했다.[17]

텍사스는 1845년 12월 29일 미국의 28번째 주가 되었는데, 그 전까지 텍사스는 멕시코 땅이었다. 멕시코 이전엔 프랑스, 그 이전엔 스페인이 지배했다. 이런 역사로 인해 생겨난 말이 'six flags over Texas'다. 텍사스 지역은 16세기 이래 스페인, 프랑스, 멕시코, 텍사스공화국, 미국남부연방(남북전쟁 시절), 미합중국의 국기들이 번갈아 휘날렸다는 뜻이다. 그 파란만장한 역사의 가장 중요한 대목을 살펴보자.

1821년 미국인들은 멕시코 정부의 초청을 받아 오늘날 '텍사스 개척의 아버지'로 불리는 스티븐 오스틴Stephen Austin, 1793~1836의 주도 아래 텍사스에 정착했다. 첫 이주 때에는 300여 가족이었지만, 1830년엔 텍사스 목화 재배지에 미국 백인 2만 명 이상, 노예 2,000명이 살게 되었다. 곧 텍사스 내에서 미국인의 수는 멕시코인의 수를 앞질렀다. 1834년 오스틴은 멕시코 당국에 텍사스를 멕시코에서 분리해달라고 요청했다가 체포되어 구금당했다.

멕시코를 재정복하려는 스페인의 시도(1829년)를 잘 막아낸 바 있는 멕시코 대통령 산타 안나Santa Anna, 1794~1876는 텍사스를 포함한 멕시코 전체 영토를 포괄하는 헌법을 공포했다. 그러나 텍사스의 미국인들은 멕시코에서 탈퇴하기로 결정하고, 1836년 3월 1일 텍사스는 '자유롭고 독립된' 공화국이라면서 독립을 선언했다.

이에 산타 안나는 6,000여 명의 병력을 동원해 텍사스의 미국인들을 응징하러 나섰다. 3,000명의 멕시코 병력이 샌안토니오San Antonio로 접근하고 있을 때, 그곳에는 윌리엄 트래비스William B. Travis, 1809~1836 대령의 지휘 아래 미국인 187명이 계속 저항하고 있었다. 미국 수비병들은 알라모Alamo라는 성당의 담을 등지고 방어 태세를 갖추었다. 이 소수의 병력은 지금은 전설의 장소가 된 알라모에서 산타 안나 대군을 맞아

10일을 버티며 멕시코군에 엄청난 타격을 입혔지만, 3월 6일 거의 몰살당하고 말았다.

텍사스 미국인들의 복수가 시작되었다. 그들은 "텍사스 독립운동에 참여하면 승리 후 텍사스 땅을 주겠다"고 선전 공세를 폈고, 이에 따라 뉴욕, 조지아, 플로리다, 미시시피 등 전역에서 미국인들이 몰려들었다. 1836년 4월 21일 양군은 마침내 샌 하신토San Jacinto에서 대결했다. 수적으로 크게 밀리는 텍사스군은 "알라모를 기억하라!Remember the Alamo!"는 전쟁 구호를 외치며 낮잠을 즐기고 있던 멕시코군을 급습했다. 18분 간의 전투 끝에 멕시코군은 수백 명이 사망한 반면 텍사스군의 사망자는 9명에 불과했다. 멕시코군 수백 명이 포로가 되었는데, 이 중엔 대통령 산타 안나도 있었다. 살아남은 멕시코군은 리오그란데강 너머로 퇴각했다.

텍사스군 사령관 샘 휴스턴Sam Houston, 1793~1863은 안나에게 텍사스의 독립을 약속하면 풀어주겠다고 제안했다. 휴스턴은 이 제안을 받아들인 안나를 워싱턴으로 보냈고, 앤드루 잭슨Andrew Jackson, 1767~1845 대통령은 텍사스 독립을 약속받은 후 그를 멕시코로 돌아가게끔 했다. 5월 14일 체결된 벨라스코Velasco 조약으로 이제 텍사스는 독립공화국이 되었다. 텍사스인들은 곧바로 자신들의 헌법을 제정하고, 샌 하신토 전투 이후 괴저壞疽로 죽어가고 있던 휴스턴을 새로운 공화국의 대통령으로 선출했다.

독립 직후 텍사스공화국은 미국에 병합을 신청했지만, 받아들여지지 않았다. 텍사스인들은 미합중국에 합병되고자 하는 그들의 갈망을 표시하기 위해 텍사스 깃발에 큰 별 하나를 그려넣었다. 오늘날에도 텍사스를 '론스타 공화국Lone Star

Republic'으로 부르는 이유가 바로 여기에 있다. 오늘날 텍사스주의 공식적인 별명도 'The Lone Star State'며, 텍사스주의 깃발에도 큰 별 하나가 그려져 있다. 한국의 외환은행 인수 과정에서 문제를 일으켰던 사모펀드 론스타도 1991년 텍사스에서 처음 설립되었기에 그런 이름을 갖게 된 것이다.

잭슨은 대통령 재임 마지막 날에야 비로소 텍사스의 독립을 인정했지만 병합은 여전히 외면했다. 무엇보다도 텍사스 편입으로 인해 초미의 중대사인 노예 문제에 기름을 붓게 되는 걸 두려워했기 때문이다. 미주리 협정 이후 노예주 아칸소와 자유주 미시간이 25번째와 26번째 주로 각각 편입되었는데, 노예제를 채택한 텍사스 편입은 그런 균형을 깨는 걸 의미했다.

텍사스 문제가 주요 이슈 중의 하나로 제기된 1836년 대선에서 잭슨의 후계자인 마틴 밴 뷰런Martin Van Buren, 1782~1862은 선거인단 294표 중 170표를 얻어 승리함으로써 제8대 대통령이 되었다. 밴 뷰런은 1782년 12월 5일생으로 미국 시민으로 태어난 최초의 미국 대통령이었다. 밴 뷰런은 물론 그의 후임 대통령들도 텍사스 병합을 망설였지만, 1844년 대선에서 텍사스 병합을 외치는 호전주의로 대통령에 당선된 이가 나타났으니, 그가 바로 제11대 대통령 제임스 포크James K. Polk, 1795~1849다.

당시 텍사스는 공화국으로 독립하면서 멕시코와의 국경선을 놓고 갈등을 벌이고 있었다. 멕시코는 뉴에세스강Nueces River을 국경선으로 주장한 반면, 텍사스는 그보다 약 16킬로미터 아래에 있는 리오그란데강Rio Grande River을 국경선으로 주장했다.

1845년 5월 포크는 텍사스를 아예 미국 땅으로 간주하면서 멕시코인들의 '침입'에 대비해 아직 확정도 안 된 국경을 보호한다는 구실로 1,500여 명의 병력과 함께 재커리 테일러Zachary Taylor, 1784~1850 장군을 텍사스에 파견했다. 케네스 데이비스Kenneth C. Davis는 "텍사스 병합은 19세기판 로또 열풍처럼 당시 미국 전역을 휩쓸고 있던 대대적인 광란의 한 징후였다"며, "1845년에는 이 열병에 명백한 운명manifest destiny이라는 이름이 붙었다"고 말한다. 그 열풍을 타고 텍사스는 1845년 12월 29일 미국의 28번째 주가 되었지만, 이는 동시에 '멕시코-미국 전쟁Mexican-American War'을 몰고 왔다.

1846년 4월 25일부터 1848년 2월 2일까지 1년 9개월여간 벌어진 이 전쟁의 승자는 물론 미국이었다. 이 전쟁으로 미국 측은 1,700여 명이 전사, 1만 1,000여 명은 병사했으며, 멕시코군 사상자는 5만여 명에 이르렀다. 전쟁의 마무리 작업으로 1848년 2월 2일 멕시코시티 근처에서 과달루페 이달고 조약Treaty of Guadalupe Hidalgo이 체결되었고, 3월 상원의 인준을 받았다. 이 조약의 결과 멕시코는 전 국토의 절반이 넘는 240만 제곱킬로미터를 잃었다. 텍사스는 물론 장래의 캘리포니아주, 네바다주, 유타주, 뉴멕시코와 애리조나의 대부분과 와이오밍과 콜로라도 일부가 이에 포함된다. 리오그란데강이 멕시코와 미국의 새로운 국경선이 되었다.

땅을 강제로 빼앗은 것이 아니라 돈을 주고 구입한 것이라고 내세울 수 있는 명분을 위해 미국은 멕시코에 1,500만 달러를 지불했다. 이에 장단 맞추듯 미국의 한 신문은 "우리가 정복해서 강제로 빼앗은 것은 전혀 없다"며, "하나님께 감사드리자"고 했다. 물론 오늘날에도 미국인들은 그 땅을 돈을 주고 샀다고 굳게 믿고 있다.[18]

왜 미국에는 '크레이지 호스'라는 이름의 술집이 많은가?

●
South Dakota

South Dakota(사우스다코타)는 미국의 중서부Midwestern에 있는 주州 이름이다. 이 지역에 살던 아메리칸 인디언 부족의 이름을 따서 지은 것으로, '사이좋은 벗'이란 뜻이다. 사우스다코타주는 북쪽으로 노스다코타주, 동쪽으로 아이오와주와 미네소타주, 남쪽으로 네브래스카주, 서쪽으로 와이오밍주와 몬태나주와 접한다.

1889년 40번째 주가 된 사우스다코타주의 가장 큰 도시는 수폴스Sioux Falls(인구 16만 명), 주도州都는 피어Pierre(인구 14만 명)다. 사우스다코타주의 면적은 19만 9,729제곱킬로미터(가로 최장 340킬로미터, 세로 최장 610킬로미터)로 미국 50개 주 가운데 17위, 인구는 85만 3,175명(2014년)으로 46위, 인구밀도는 1제곱킬로미터당 4.27명으로 46위다. 매우 낮은 인구밀도와 관련, 빌 브라이슨Bill Bryson은 『발칙한 미국 횡단기: 세계에서 가장 황당한 미국 소도시 여행기』(1989)에서 사우스다코타를 차로 달린 경험에 대해 다음과 같이 말한다.

"얼마나 단조롭고 텅 빈 주인지, 누런 풀만이 끝없이 펼쳐진 초원을 달리면 얼마나 외딴 곳 같은지, 얼마나 외톨이처럼 느껴지는지 독자는 아마 모를 것이다. 마치 세계 최초의 '자동차 감각 마비 체험'이라고나 할까. 차는 여전히 불길하게 쿨럭거렸고, 이곳에서 차가 퍼져버릴 수 있다는 생각에 몹시 불안해졌다. 문명의 기운을 찾으려면 어떤 방향이든 적어도 수백 킬로미터를 달려가야 하는 곳이 아닌가." [19]

사우스다코타주는 인디언의 아픈 역사가 살아 숨쉬는 곳으로 유명한데, 그 기원은 1870년대로 거슬러 올라간다. 아메리카 대평원에서 쫓겨나 보호구역에 수용된 인디언 부족 가운데 가장 강력하고 숫자가 많은 부족은 수Sioux족으로 사우스다코타의 블랙힐스Black Hills 지역에 살고 있었다.

1874년 6월 30일 캔자스의 제7기병대를 이끌고 있던 조지 암스트롱 커스터George Armstrong Custer, 1839~1876 대령은 블랙힐스에서 콩알만 한 금을 발견하고 이를 미국 정부에 알렸다. 수족에겐 그 땅을 떠나라는 명령이 내려졌다. 분노한 수족은 샤이엔Cheyenne족과 합세해 몬태나 남부의 리틀빅혼Little Big Horn강 유역에 병력을 집결시켰다.

커스터는 남북전쟁 시 23세의 나이로 의용군 임시 장군으로 진급해 최연소 장군을 기록했다가 전후 정상 계급인 대위로 돌아갔지만 계속 장군으로 불린 독특한 인물이다. 강렬한 인상을 드러내기 위해 머리를 길러 인디언들은 그를 '장발'로 불렀다. 남북전쟁 때 남부군 총사령관 로버트 리Robert E. Lee, 1807~1870 장군을 끈질기게 추적해 항복을 앞당긴 것으로도 유명한 커스터는 매우 호전적이었다.

어느 날 커스터는 공격을 삼가라는 특별 명령을 어기고 2,000~4,000명의 인디언이 그의 공격을 기다리고 있다는 경고도 무시한 채 250명의 병력을 이끌고 공격을 감행했다. 이게 바로 1876년 6월 25일에 벌어진 그 유명한 리틀빅혼 전투다. 이 전투는 커스터 부대의 몰살로 끝났다. 도망치는 것을 보고도 인디언이 살려둔 병사는 오직 인디언 혼혈의 정찰병 1명뿐이었다.

커스터 부대의 몰살은 커스터의 무모한 만용에 그 원인과 책임이 있었지만, 동부 신문들은 리틀빅혼 전투를 전혀 다른 내용으로 썼다. 건국 100주년 기념행사에 흥분해 있던 미국인들은 그 전투를 피에 굶주린 인디언들의 학살극으로 받아들였다. 이 전투에서 커스터의 두 동생과 조카 등 커스터 일가 5명이 모두 숨졌기에 신문들은 '커스터의 마지막 저항'이라며 커스터의 행위를 미화하고 낭만화했다. 그는 순식간에 문명의 편에서 야만을 퇴치하려다 산화한 순교자가 되었다.

백인들의 민심은 수족에 대한 전면전을 요구했다. 결국 미국 정부는 대규모 병력을 파견해 수족을 일망타진했다. 수족의 영적 지도자 시팅 불Sitting Bull, 1831~1890은 400명의 부족을 이끌고 캐나다 지역으로 도피했다가 캐나다 정부의 외면으로 다시 미국으로 돌아와 항복했다. 수족의 현장 지도자는 전설적인 전사 크레이지 호스Crazy Horse, 1840~1877였다. 그는 1877년 5월 몇 안 남은 수족과 함께 다른 지역으로 도피했으나 1877년 9월 연방군의 덫에 걸려 사망했다. 그의 용맹성은 전설처럼 전해지면서 인디언들의 영원한 영웅이 되었다.

케빈 코스트너Kevin Costner가 주연을 맡고 감독까지 한 영화 〈늑대와 춤을Dances with Wolves〉(1990)에 나오는 인디언 종족이 바로 크레이지 호스의 수족이다. 이 영화의 배경이자 촬영지도 사우스다코타의 블랙힐스 대평원이다. 이곳의 산봉우리에는 2개의 암벽 인물상이 새겨진 걸로 유명하다. 하나는 러시모어 산Mount Rushmore의 대통령 얼굴 바위, 또 하나는 크레이지 호스 얼굴 바위다.

러시모어에 새겨진 대통령 얼굴은 조지 워싱턴George Washington, 1732~1799, 토머스 제퍼슨Thomas Jefferson, 1743~1826, 에이브러햄 링컨Abraham Lincoln, 1809~1865, 시어도어 루스벨트 Theodore Roosevelt, 1858~1919 4명이다. 4개의 얼굴상은 크기가 같은데 얼굴이 18미터, 코가 6미터, 눈은 3미터다. 1927년 8월 10일에 시작되어 1941년 10월 31일 완공되었다.

사우스다코타주의 공식 별명은 'The Mount Rushmore State(러시모어산 주)'인데, 그도 그럴 것이 러시모어산을 간판 상품으로 한 관광이 주요 산업이기 때문이다. 매년 200만 명 이상의 관광객이 이 산을 찾고 있다. 그러나 아메리카 원주민들은 이 대통령 조각상을 매우 못마땅하게 생각한다. 그래서 1971년엔 원주민 운동가들이 조각상을 점령하고 'Mount Crazy Horse(크레이지 호스 산)'라고 이름 붙이는 시위를 벌이기도 했다.

대통령 얼굴 바위에서 24킬로미터 떨어진 곳에 러시모어 얼굴상보다 훨씬 거대한 크레이지 호스 조각상이 있다. 서울 남산만 한 바위산의 정상부터 중턱까지를 깨고 다듬는 초대형 조각상이 1948년에 착공해 지금도 만들어지고 있다. 높이 172미터, 길이 195미터다. 50년 만인 1998년 6월에 완공된 얼굴 부분만 27미터의 길이다. 앞으로도 100년 이상 걸려야 완공이 가능하다고 한다.[20]

반면 일부 백인들은 이상한 방식으로 크레이지 호스를 기념했다. 브루클린의 한 회사는 '크레이지 호스 몰트 리쿼'라는 술을 만들어 팔았다. 인디언 복장에 깃털 모자를 두른 남자의 얼굴이 라벨로 박혀 있는 술이다. 나중에 이 회사는 인디언 후손에게 법정 피소를 당했다. "크레이지 호스는 전혀 알코올을 입에 대지도 않은 인물로 백인들의 술 마시는 습성을 경멸했던 영웅인데, 이 회사가 그의 명예를 더럽혔다"는 이유에서였다.[21]

오늘날에도 미국엔 크레이지 호스라는 이름의 술집이 많다. 백인들은 크레이지 호스를 마시면서 무슨 생각을 할까? 세월이 흐르면 모든 게 음미할 만한 추억이 되는 걸까? 커스터와 리틀빅혼 전투는 50여 편의 영화와 텔레비전 드라마로 제작되었다. 전투 장면을 그린 그림만도 960편이나 나왔다. 20세기 말에 실시된 조사 결과, 영화에 주인공으로 등장한 횟수에서 커스터는 33회로 상위권에 속했다. 링컨(137), 그랜트(50), 워싱턴(38)에 이어 4위를 차지했다.[22]

엘비스와 오프라도
미시시피 출신이 아니었던가?

◉
Mississippi

        Mississippi(미시시피)는 미국의
남부에 있는 주州 이름이다. 북쪽으로 테네시주, 동쪽으로 앨
라배마주, 남쪽으로 멕시코만과 루이지애나주, 서쪽으로 루이
지애나주와 아칸소주와 접한다. 미시시피주는 남부 중의 남
부, 즉 최남부라는 의미에서 사우스캐롤라이나, 앨라배마, 조
지아, 루이지애나 등과 함께 '딥 사우스deep south'로 불린다.

    Mississippi는 Mississippi River(미시시피강)에서 가져온
것인데, '미시시피'라는 단어는 아메리카 원주민 오지브웨이
Ojibwe족 말로 '큰 강Great River'이란 뜻이다. 미네소타주 북부
에서 발원해 멕시코만까지 흘러가는 미시시피강은 길이가
3,730킬로미터나 되는 긴 강으로, Minnesota, Wisconsin,
Iowa, Illinois, Missouri, Kentucky, Tennessee, Arkansas,
Mississippi, Louisiana 등 10개 주를 관통하거나 스쳐 지나간
다. 그럼에도 미시시피라는 이름은 미시시피주 혼자서 독식하
는 셈이다.

    빌 브라이슨Bill Bryson은 "미시시피강은 보기엔 평온하나
기만적이리만치 사납다. 1927년에 미시시피가 범람하자, 스

코틀랜드만 한 지역이 물에 잠겼다. 이 강은 장난이 아니다!"고 말한다.[23] 아닌 게 아니라 1927년 미시시피 대홍수는 약 1,000명이 사망하는 등 정말 끔찍한 재난이었다. 그런데 이 참사의 피해자는 대부분 흑인들이었다.

백인 승객을 절반가량 태운 증기선 한 척은 안전을 이유로 아예 흑인을 태우지 않은 채 떠났으며, 그때 선상 밴드는 흑인들을 비꼬며 〈검은 새여, 안녕Bye-Bye, Blackbird〉이란 곡을 연주했다. 이 대홍수를 다룬 책 『조류 상승Rising Tide: The Great Mississippi Flood of 1927 and How it Changed America』의 저자인 존 M. 배리John M. Barry는 "흑인들은 버려졌다고 느꼈으며 실제로 버려졌다"고 말했다. 이는 그동안 공화당의 굳건한 보루였던 흑인 표가 민주당으로 이동하는 계기가 되었다.[24]

미시시피주의 옥스퍼드Oxford에서 태어나 자란 작가 윌리엄 포크너William Faulkner, 1897~1962는 『미시시피』라는 작품을 비롯해 미시시피 이야기를 많이 다룬 작가로 유명하다. 1949년에 노벨문학상을 받은 포크너는 미시시피주 출신으론 유일한 노벨상 수상자이기도 하다. 작가 존 그리샴John Grisham, 1955~도 아칸소주에서 태어나긴 했지만, 4세 때부터 미시시피주에서 자랐다. 13세 때 테네시주로 이사를 가긴 했지만 '로큰롤의 제왕the King of Rock and Roll'으로 불리는 엘비스 프레슬리Elvis A. Presley, 1935~1977도 미시시피주 출신이며, '토크쇼의 여왕'으로 불리는 오프라 윈프리Oprah G.l Winfrey, 1954~ 역시 미시시피주 출신이다.

미국 작가 나탈리 골드버그Natalie Goldberg는 「Didn't Elvis and Oprah Also Come from Mississippi?(엘비스와 오프라도 미시시피 출신이 아니었던가?)」라는 글에서 포크너의 『미시시피』를 읽은 소감을 밝히면서 남부인 특유의 예술적 감수성과 글쓰기에 대해 다음과 같이 말한다.

"남부에서 온 학생이 자신이 쓴 글을 읽을 때면 다른 학생들이 서로의 얼굴을 쳐다볼 때가 종종 있다. 이야, 나는 저렇게 못 쓰는데, 라고 생각하는 것이다. 남부의 어떤 힘이 글에 표현된다. 남부 사람들은 어떤 관목이 어떤 냇가 위에 가지를 늘어뜨리는지, 층층나무 꽃이 어떤 색깔의 꽃을 피우는지, 밟고 있는 흙이 어떤 종류인지를 안다."[25]

미시시피주는 아니지만 미주리주 미시시피강 근처에서 태어나 자란 마크 트웨인Mark Twain, 1835~1910의 미시시피강 이야기는 1880년대 중반 미국인들의 큰 사랑을 받았다. 트웨인은 1876년 『톰 소여의 모험』, 1883년 『미시시피강의 삶』에 이어 1885년 『허클베리 핀의 모험』을 출간했는데, 이는 트웨인의 작품 중 미시시피강을 배경으로 다루고 있는 대표적인 3부작이다.

미시시피가 그토록 미국인들의 사랑을 받았기에 다음과 같은 표현도 나오게 된 게 아닐까? That was at least 5 Mississippies. 적어도 5개의 미시시피 강? 아니면 적어도 5개의 미시시피주? 그게 아니라 적어도 5초는 되었다는 뜻이다. 미국에서는 시간의 초를 셀 때 'one Mississippi, two Mississippi, three Mississippi……'라는 식으로 세기도 한다.

1817년에 20번째 주가 된 미시시피주의 가장 큰 도시이자 주도州都는 잭슨Jackson(인구 17만 명)이다. 미시시피주의 면적은 12만 5,443제곱킬로미터(가로 최장 275킬로미터, 세로 최장 545킬로미터)로 미국 50개 주 가운데 32위, 인구는 299만 4,079명(2014년)으로 31위, 인구밀도는 1제곱킬로미터당 24.5명으로 32위, 가구당 중위소득은 3만 6,338달러로 50위다.

　미시시피주는 2011년 이래로 미국에서 가장 종교적인 주로 평가받고 있지만, 동시에 가장 가난한 주다. 흑인 비율도 36퍼센트로 가장 높다. 미시시피주의 별명은 'The Magnolia State'인데, magnolia는 목련木蓮으로 미국 남부의 상징이기도 하다. 또 다른 별명은 'Hospitality State'다. hospitality(환대), 즉 외지 사람들에게 친절하다는 걸 강조하고 싶은 관광 구호가 아닌가 싶다.

　미시시피주는 전반적으로 저지대인데, 가장 높은 곳이 해발 236미터에 불과하다. 면적의 절반 이상이 울창한 산림이며, 주요 작물은 면화, 옥수수, 콩이다. 서비스업이 미시시피주의 고용과 국내총생산 양쪽에서 대략 4분의 3을 차지하는데, 가장 큰 산업도 카지노 게임장이다.[26]

'불의와 억압의 사막'은
'자유와 정의의 오아시스'로 변했는가?

Oxford

　　윌리엄 포크너의 고향인 옥스퍼드Oxford엔 '윌리엄 포크너 박물관'과 더불어 미시시피대학University of Mississippi이 있다. 미시시피대학의 탄생 배경이 재미있다. 사람들은 이곳에 영국의 대학 도시인 옥스퍼드를 본딴 이름을 붙이면 주정부에서 대학을 지어줄 거라는 기대로 이름을 지었고, 주정부에서는 실제로 그렇게 해주었다. 이곳을 포함해 미국에 Oxford라는 지명이 29개나 되는 걸 보면, 과거 미국인들의 '영국 콤플렉스'가 대단했다는 걸 알 수 있겠다.

　　1848년 80명의 학생으로 개교를 한 미시시피대학은 오늘날엔 등록 학생만 2만 3,000여 명(2014년)에 이르는 큰 대학이 되었다. 미시시피대학의 애칭은 'Ole Miss'다. 1897년 최초로 학생 앨범을 발간하면서 앨범 이름을 공모했는데, 엘마 미크Elam Meek란 학생이 제출한 'Ole Miss'가 뽑힌 데에서 유래한 별명이다. 미크가 무슨 의미로 그런 이름을 붙였는지는 알려지지 않았지만, 역사가들은 'old Mississippi'를 축약한 것으로 보고 있다.

　　미시시피대학은 이른바 '메러디스 입학사건'으로 미국사

에 한 페이지를 장식한 대학이다. 1962년 흑백 분리주의를 고집했던 미시시피대학에 법정 투쟁을 통해 처음으로 입학이 허락된 흑인 학생이었던 제임스 메러디스James Meredith, 1933~의 입학을 둘러싸고 벌어진 사건이다. 메러디스는 등록을 위해 학교에 가려고 했지만, 세 차례에 걸친 시도(1962년 9월 20일, 9월 25일, 9월 26일)가 모두 흑인 입학을 절대 용인할 수 없다는 미시시피 주지사 로스 바넷Ross R. Barnett, 1898~1987의 저지에 의해 실패하고 말았다.

이에 연방고등법원은 로스 바넷과 부지사 폴 존슨Paul B. Johnson, Jr., 1916~1985이 메러디스의 등록을 계속 방해하면 하루당 1만 달러의 벌금을 내야 한다고 판결했다. 드디어 9월 30일 메러디스가 연방 보안관 500명의 호위 속에 미시시피대학 교정에 들어갔다. 이에 흑백 분리주의자들이 폭동을 일으켰고, 그 와중에 수백 명이 부상당하고 2명이 사망했다.

10월 1일 다시 연방 보안관들의 호위 속에 메러디스는 등록을 하고 첫 수업에 들어갈 수 있었다. 이젠 학생들의 괴롭힘이 시작되었다. 메러디스가 학교 식당에 들어가면 모든 학생이 등을 돌렸고, 테이블에 앉으면 그 테이블에 있던 학생들이 다른 곳으로 옮겨갔다. 기숙사에선 바로 윗층에 있는 학생들이 밤 내내 농구공을 튀기며 소음 공해를 일으켰다. 이런 괴롭힘은 두 학기 내내 계속되었다.[27]

이 사건이 세상에 널리 알려진 탓에 미시시피주는 인종차별의 대명사처럼 여겨졌고, 그래서 미시시피주는 흑인민권운동 지도자인 마틴 루서 킹Martin Luther King, Jr., 1929~1968 목사가 1963년 8월 28일 워싱턴 D.C.의 링컨기념관에서 한 불후의 명연설인 'I Have a Dream(저에겐 꿈이 있습니다)'에도 등장한다.

"I have a dream that one day even the state of Mississippi, a desert sate, sweltering with the heat of injustice and oppression, will be transformed into an oasis of freedom and justice. I have a dream that my four children will one day live in a nation where they will not by judged by the color of their skin but by the content of their character(저에겐 꿈이 있습니다. 불의와 억압의 광기에 허덕이던 사막, 미시시피주마저도 언젠가 자유와 정의의 오아시스로 변모할 것이라는. 저에겐 꿈이 있습니다. 언젠가 저의 네 아이들이 피부색이 아니라 인격의 내용으로 평가받는 날이 올 것이라는)." [28]

1964년 7월 3일 인종분리와 차별을 금지한 민권법Civil Rights Act이 린든 존슨Lyndon B. Johnson, 1908~1973 대통령의 서명으로 발효되었지만, 이 법이 하원에 제출된 건 1963년 6월 20일이었기에 이때부터 1년간 미국은 민권법을 둘러싼 찬반 문제로 몸살을 앓았다. 미시시피주는 다시 이 논란의 최대 격전지가 되었다.

민권법을 지지하는 민권단체인 '자유를 위한 여름Freedom Summer'은 투표권에 초점을 맞춰 남부로 내려가는 운동을 전개했다. 대부분이 백인인 1,000명의 북부 대학생들로 하여금 남부에서 민권운동을 하는 흑인을 지원하자는 계획이었다. 민권법이 의회를 통과한 1964년 6월 이 단체의 20대 대학생 3명(2명은 유대인, 1명은 흑인)이 미시시피주 네쇼바Neshoba 카운티의 제섭Jessup이라는 소도시에서 살해되었다. 실종 44일 만에 시체로 발견된 것이다. 연방수사국FBI이 이 사건에 붙인 이름은 'Mississipi Burning(미시시피 버닝)'이었는데, 수사 결과 이는 KKK단의 소행이었으며, 그 뒤에는 현지 경찰의 조직적 보호가 있었고 시장도 개입되었다는 것이 밝혀졌다. 18명의 혐의자 가운데 7명이 기소되어 3~10년 형을 선고받았지만 아무도 살인죄로 기소되진 않았다.

'메러디스 입학사건'의 주인공 메러디스는 1966년 흑인 민권운동에 대한 지지를 호소하고 흑인들의 선거인 명부등록을 격려하기 위해 홀로 테네시주 멤피스에서 미시시피주 잭슨까지 약 350킬로미터에 이르는 '두려움에 저항하는 행진March Against Fear', 일명 '메러디스 행진'을 벌였다. 메러디스는 행진이 시작된 이튿날인 6월 6일 오브리 제임스 노벨Aubrey James Norvell이라는 백인우월주의자에게 저격당했지만 살아남았고, 6월 26일 1만 5,000명의 잭슨 시민 앞에서 인종 사이의 평등을 외침으로써 행진을 마무리했다.[29]

1988년 '미시시피 버닝' 사건을 영화 제목으로 삼은 앨런 파커Alan Parker 감독은 영화에서 백인인 진 해크먼Gene Hackman을 주역으로 등장시켜 남부의 흑백차별을 적나라하게 고발했다. 해크먼이 맡은 역은 실제로는 흑인이었는데, 백인의 반발과 흥행을 염두에 두고 그렇게 한 것이다. 그럼에도 이 영화는 미시시피주 필라델피아에 하나밖에 없는 영화관에서는 상영되지 않았으며, 미시시피 주지사는 워싱턴의 광고회사를 기용해 이 영화에 의한 미시시피주의 이미지 실추를 막으려고 안간힘을 썼다.[30]

그렇지만 이 영화는 개봉 후 미국 전역에서 첫 두 달 동안 5,000만 달러 이상을 벌어들이는 놀라운 기록을 세웠다. 이게 어떻게 가능했을까? 사건이 일어난 지 20년 후에 제작되었기 때문에 사람들은 "저건 나와 상관없는 일이야"라고 생각했기

I have a dream that one day
even the state of Mississippi,
a desert sate, sweltering with the heat of
injustice and oppression, will be transformed
into an oasis of freedom and justice.

때문이다. 물론 현재의 문제를 건드리면 그런 홍행은 기대하기 어려운 일이었다.[31] 어디 그뿐인가? 이 영화는 FBI를 영웅으로 묘사했다. 그래서 당시 민권운동에 참여했던 사람들은 이 영화에 분노했다. 그런 사람들 중의 하나인 역사학자 하워드 진Howard Zinn, 1922~2010은 다음과 같이 말한다.

"우리들은 이 영화에 분개했다. 남부 흑인들의 권리가 위험에 처했을 때 FBI가 연방법 집행이라는 자신의 임무를 얼마나 방기했는지, 얼마나 여러 번 유혈낭자한 구타를 지켜만 볼 뿐 아무런 조치도 취하지 않았는지, 그들 눈앞에서 어떻게 법이 위반되고 그때마다 그들이 어떤 식으로 수수방관했는지, 우리는 알고 있었다. 또한 그 세 젊은이가 실종되었을 때, FBI는 물론 연방정부 전체가 얼마나 괘씸하게 행동했는지를 우리는 알고 있었다."[32]

'메러디스 입학사건' 40주년을 맞은 2002년 미시시피대학은 과거의 인종차별을 성찰하는 여러 행사를 개최했다. 2003년 9월 미시시피대학 전체 학생 가운데 흑인 학생이 차지하는 비율은 13퍼센트였다. '메러디스 입학사건' 50주년을 맞은 2012년 미시시피대학은 'Opening the Closed Society(폐쇄사회 개방하기)'라는 프로그램을 대대적으로 전개했고, 케이블방송 ESPN은 메러디스가 첫 두 학기 동안 백인 학생들에게서 당한 괴롭힘을 〈The Ghost of Ole Miss(올 미스의 유령)〉라는 다큐멘터리로 제작해 방영했다.

왜 위스콘신주의 상징은
오소리일까?

◉
VVisconsin

Wisconsin(위스콘신)은 미국의 북동부에 있는 주州 이름이다. 공식적으로는 '중서부Midwest'에 포함되는데, 이는 유럽이 유럽을 중심으로 아랍 지역을 중동Middle-East으로, 한국·일본을 극동Far-East이라고 부른 것처럼 미국 동부를 기준으로 만든 지역명이기 때문이다.

17세기 이후 미국으로 이주한 유럽인들은 동부 연안에 정착했는데, 이들은 미네소타부터 남북을 횡단하는 미시시피강을 따라 지역을 구분하면서 강 서쪽은 모두 '서부West'라고 했다. 특히 미네소타·위스콘신·노스다코타 등 서부에 속하지만, 북쪽에 있는 주들을 모아 '북서부Northwest'라고 불렀다. 19세기 말부터는 캘리포니아·네바다 등 상대적으로 늦게 개발된 서부 해안지역과 구분하기 위해 이 북서부를 '중서부'로 부르기 시작했으며, 1984년 미네소타·위스콘신·미시간·일리노이 등 12개 주를 아우르는 공식 지명으로 '중서부'를 채택했다.[33]

위스콘신주는 1783년에 미국 영토로 편입되어 1848년에 30번째 주가 되었다. 주로 승격되기 전 납lead 광산이 유명해 수많은 채굴꾼이 몰려들었는데, 이들은 겨울엔 땅에 굴을 파서 살았다. 그 모습이 오소리badger가 사는 모습과 비슷하다고 해서, 오소리는 위스콘신주의 별명이 되었다. 위스콘신주는 'Badger State'며, 위스콘신주의 대표 대학인 위스콘신대학 University of Wisconsin-Madison의 상징 동물도 badger이다. 오소리는 매우 사납고 전투적인 육식 동물인데, 위스콘신대학 스포츠 팀들은 그런 공격성을 높이 사 팀의 마스코트로 쓰고 있다.[34]

위스콘신주는 서쪽으론 미네소타주, 서남쪽으론 아이오와주, 남쪽으론 일리노이주, 동쪽으론 미시간호Lake Michigan, 북동쪽으론 미시간주, 북쪽으론 슈피리어호Lake Superior에 둘러싸인 지역이다. Wisconsin은 인디언 부족의 언어에서 나온 말이다. 그 정확한 뜻은 불분명하지만, 위스콘신강이 붉은 색의 바위 위를 흐른다는 뜻에서 나온 말이라는 설이 유력하다. 그 밖에 '붉은 바위가 있는 곳', '물이 모이는 곳', '큰 바위'를 뜻한다는 설들이 있다.

위스콘신주는 낙농업이 발달해 미국 최고의 유제품乳製品 생산지이며, 그래서 'America's Dairyland(미국의 낙농지)'로 알려져 있다. 위스콘신에서는 낙농업자들을 보호하기 위해 가공 버터인 마가린margarine을 금지한 적도 있다. 그때 위스콘신 주민들은 마가린을 사려고 이웃 주인 아이오와로 넘어갔고, 주 경계선 주변에는 "마가린 팝니다!"라고 쓰인 간판이 즐비한 진풍경이 벌어지기도 했다.

위스콘신주에서 가장 큰 도시는 밀워키Milwaukee(인구 59만 명), 주도州都는 매디슨Madison이다. 위스콘신주의 면적은 16만 9,639제곱킬로미터(가로 최장 420킬로미터, 세로 최장 500킬로미터)로 미국 50개 주 가운데 23위, 인구는 575만 7,564명 (2014년)으로 20위, 인구밀도는 1제곱킬로미터당 40.6명으로 23위, 가구당 중위소득은 4만 7,220달러로 15위다.[35]

위스콘신주는 20세기 들어 미국 사회를 덮친 이른바 혁신주의Progressivism 물결의 발상지로 유명하다. 1900년 위스콘신주의 주지사로 선출된 로버트 라폴레트Robert M. La Follette, 1855~1925는 철도회사들의 횡포에 정면 대응했으며, 개혁가들이 전국적으로 위스콘신주를 '혁신주의의 실습실'이라고 할 정도로 예비선거제, 주민발의제, 주민투표제, 산업재해 보상법, 누진 상속세 등을 포함한 새로운 변화를 이끄는 데에 기여했다. 혁신주의는 환경이 개인적 발전을 형성한다는 믿음에 근거했으며, 이는 주로 언론 활동을 통해 표현되었다.[36]

대학들 가운데서도 혁신주의의 선두 주자는 1848년에 개교한 위스콘신대학이었다. 교수와 학생들은 위스콘신주의 문제에 적극 참여하고 개입했으며, 일반 대중을 위한 봉사에도 나섰다. 주민을 위한 평생교육 체제를 구축하는 이른바 '익스텐션 운동extension movement'에 모든 교수가 참여했다. '위스콘신 아이디어the Wisconsin Idea'로 불린 이런 참여는 다른 대학으로 확산되었다.

이 운동을 주도한 위스콘신대학 총장 찰스 반 히스Charles R. Van Hise, 1857~1918는 1904년 "위스콘신대학 캠퍼스의 경계는 위스콘신주의 경계"라고 선언하면서 위스콘신대학이 위스콘신주의 모든 주민에게 혜택을 제공할 수 있어야 한다고 했다.[37] 훗날(1967년) 영국의 교육자 에릭 애시비 경Sir Eric Ashby, 1904~1992은 미시간대학 연설에서 히스의 이 말을 인용하면서 "미국 대학이 세계의 고등교육에 가장 크게 기여한 것은 캠퍼

스 담장을 없앤 것"이라고 칭찬했다.[38]

　한국에선 박근혜 정부에서 위스콘신대학 경제학 박사들이 맹활약하고 있다. 방현철은 "한국 경제는 위스콘신대 출신이 움직이게 됐다"는 말이 나올 정도라며 이렇게 말한다. "미국 경제학계는 하버드·스탠퍼드를 비롯한 해안 쪽 '짠물 Saltwater 학파'와 시카고·위스콘신대 같은 오대호 부근 '민물 Freshwater 학파'로 나뉜다. 짠물 학파는 적극적인 정부 개입을 옹호하지만 민물 학파는 시장의 힘을 중시한다."[39]

왜 미국에는 '매디슨'이란 지명이 50개나 될까?

○
Madison

Madison(매디슨)은 미국 Wisconsin(위스콘신)주의 주도州都로, 밀워키Milwaukee에 이어 두 번째로 큰 도시다. 인구는 2013년 7월 1일 기준으로 24만 3,344명이다. 1829년 이 지역에 4제곱킬로미터의 땅을 산 전前 연방판사 제임스 두에인 도티James Duane Doty, 1799~1865는 이 지역을 위스콘신의 주도로 만들기 위해 무진 애를 썼다.

도티는 1836년 6월 28일 미국 제4대 대통령 제임스 매디슨 James Madison, 1751~1836(대통령 임기는 1809~1817)이 죽자 그의 이름을 따 도시 이름을 Madison으로 했을 뿐만 아니라 도시 내의 주요 도로 이름을 미국 헌법에 서명한 39명의 이름을 따 지었다. Madison이라는 도시는 아직 서류상으로만 존재할 뿐 이렇다 할 실체가 없었음에도 그의 이런 노력 덕분에 Madison은 1836년 11월 28일 위스콘신의 주도로 결정되었다.

매디슨의 별명은 'The City of Four Lakes(네 호수의 도시)'다. Lake Mendota, Lake Monona, Lake Waubesa, Lake Kegonsa가 바로 그 네 호수인데, 매디슨이라는 도시의 다운타운은 Lake Mendota와 Lake Monona 사이의 지협

地峽, isthmus에 있다. 그래서 매디슨의 트레이드마크는 "Lake, City, Lake(호수, 시, 호수)"다.

네 호수 가운데 가장 큰 Lake Mendota의 면적은 39.4제곱킬로미터, 호수 둘레는 34.8킬로미터, 최고 수심은 24.9킬로미터, 평균 수심은 12.5킬로미터다. 여름엔 각종 수상 스포츠, 겨울엔 각종 빙상 스포츠가 펼쳐지는 이 호수의 주변엔 James Madison Park를 비롯해 고급 콘도와 주택들이 있고, 남쪽엔 위스콘신대학의 캠퍼스가 인접해 있다. 사실상 캠퍼스 내에 호수가 있는 셈이라, limnology, 즉 육수학陸水學이나 호소학湖沼學 전공자들에겐 연구가 비교적 손쉬웠으리라. 바로 이런 이유 때문에 Lake Mendota는 미국에서 가장 많이 연구가 되었다.[40]

매디슨이라는 도시의 이름을 준 매디슨은 헌법과 권리장전을 작성하고 검토하는 등 헌법 이해의 최고 수준을 자랑하는 '헌법의 아버지Father of the Constitution'로 추앙받은 인물이다. 윌리엄 라이딩스 2세William J. Ridings, Jr.와 스튜어트 맥아이버Stuart B. McIver는 『위대한 대통령 끔찍한 대통령』(1997)에서 매디슨을 다음과 같이 평가한다.

"매디슨은 대통령으로서 헌법의 원리에 입각한 원칙적이고 용기 있는 지도력을 유산으로 남겼다. 이것은 많은 부분, 미국이 국가로서의 골격을 갖추어 나가는 데 굉장한 밑거름이 되었다. 바로 이 측면에서 모든 미국인들은 그에게 최고의 감사를 보내야만 한다."[41]

이처럼 매디슨에 대한 평판이 좋았던 탓인지, 오늘날 미국엔 매디슨이란 이름을 가진 도시가 30개에 이른다. 이들 가운데 가장 큰 도시가 위스콘신주 매디슨이다. 우리에게 널리 알려진 소설(1992)이자 영화(1995)인 『매디슨 카운티의 다리 The Bridges of Madison County』에 나오는 매디슨 카운티는 아이오와주에 있는데, 매디슨 카운티라는 지명도 미국 내에 20개나 된다.

왜 미시간주의 상징은
울버린일까?

Michigan

      Michigan(미시간)은 미국의 중서부Midwest에 있는 주州 이름이다. 아메리카 원주민 오지브웨이Ojibwe족 말인 mishigamaa를 프랑스어 형식으로 바꾼 것으로, 원래 의미는 'large water(큰 물)' 또는 'large lake(큰 호수)'란 뜻이다. 이 뜻에 걸맞게 미시간주의 별명은 'The Great Lake State' 또는 'Water(Winter) Wonderland'다.

    미시간주는 미국과 캐나다에 걸쳐 있는 5개의 초대형 호수, 즉 오대호Five Great Lakes 중 네 호수에 접하며, 알래스카주 다음으로 연안이 길다. 오대호와 접한 연안의 길이를 각 주별로 살펴보면 미시간주 5,292킬로미터, 위스콘신주 1,320킬로미터, 뉴욕주 761킬로미터, 오하이오주 502킬로미터 등이다.

    슈피리어호Lake Superior, 휴런호Lake Huron, 미시간호Lake Michigan, 이리호Lake Erie, 온타리오호Lake Ontario로 구성된 오대호는 전체 면적이 영국의 국토 면적(24만 3,610제곱킬로미터)과 비슷한 24만 4,106제곱킬로미터로 세계 담수호 용량의 21퍼센트, 북미 담수호 용량의 84퍼센트를 점하는 거대 호수다. 오대호의 전체 연안 길이는 1만 6,900킬로미터에 이른다.

슈피리어호의 면적, 평균 깊이, 최고 깊이는 8만 2,000제곱킬로미터, 147미터, 407미터, 휴런호는 6만 제곱킬로미터, 59미터, 228미터, 미시간 호는 5만 8,000제곱킬로미터, 85미터, 282미터, 이리호는 2만 5,700제곱킬로미터, 19미터, 64미터, 온타리오호는 1만 9,000제곱킬로미터, 86미터, 245미터다. 오대호의 물을 땅위에 골고루 펼쳐놓는다고 가정하면 북미 대륙은 수심 1.5미터, 미국은 수심 2.9미터의 깊이로 잠기게 된다.

　　오대호 안엔 3만 5,000개의 섬이 있다. 이 가운데 가장 큰 섬은 휴런호에 있는 매니툴린섬Manitoulin Island으로 면적이 2,766제곱킬로미터나 되어 호수 속 섬으론 세계에서 가장 크다. 캐나다 주민 1만 2,600명이 살고 있다. 재미있는 건 이런 큰 섬들 안에 또 호수들이 있다는 것인데, 가장 큰 호수는 매니툴린섬에 있는 매니토우호Lake Manitou다. 면적이 104제곱킬로미터나 되어 호수 섬에 있는 호수lake on a lake island론 세계에서 가장 크다.

　　미시간주는 남쪽으로는 오하이오주와 인디애나주와 접한다. 서쪽으로는 미시간호Lake Michigan와 위스콘신주, 동쪽으로는 캐나다의 온타리오주와 휴런호Lake Huron, 이리호Lake Erie와 접한다. 북쪽과 동쪽의 오대호 위로 미네소타주, 일리노이주, 온타리오주(캐나다)와 경계를 접하고 있다. 미시간주는 특이하게 2개의 서로 떨어져 있는 반도로 이루어져 있다. 미시간호와 휴런호를 잇는 8킬로미터 폭의 매키노 해협을 사이에 두고 어퍼 반도The Upper Peninsula와 로어 반도The Lower Peninsula로 나뉜다. 이 로어 반도의 모습이 mitten(벙어리장갑)과 비슷하다고 해서 미시간주는 'The Mitten State'란 별명도 갖고 있다.

미시간주엔 또 하나의 별명이 있는데, 그건 바로 'The Wolverine State'다. Wolverine은 미시간주 사람을 가리키며, 미시간대학University of Michigan의 마스코트이기도 하다. wolverine은 우리 영어사전에 '오소리'로 나와 있지만 badger(오소리)와는 전혀 다른 동물로 한국에는 없는 동물이기 때문에 그냥 '울버린'으로 부르는 게 좋을 것 같다. 울버린은 족제빗과mustelid에 속하긴 하지만, 몸은 근육질이며 네 다리는 굵어서 족제비보다는 작은 곰과 비슷하다. 독한 냄새를 풍겨 skunk bear라고도 부른다. 몸길이는 약 65~107센티미터고, 몸무게는 10~25킬로그램이다. 힘이 세고, 사나운데다 겁이 없어 자신보다 덩치가 몇 배나 큰 사슴, 산양을 비롯해 작은 곰까지 공격한다.

얼른 생각하면 미시간주에 울버린이 많기 때문에 생긴 별명이 아니냐고 생각하기 쉽지만, 미시간주엔 울버린이 거의 없다. 2004년에 한 번 목격된 것이 200년 만에 처음 있는 일이었으며, 2010년에 한 마리가 죽은 채로 발견된 것이 전부다. 울버린의 주요 서식지는 툰드라지대며, 이외에 스칸디나비아반도, 러시아, 알래스카의 침엽수림, 캐나다의 로키 산맥 등지에도 분포한다. 그런데 왜 울버린은 미시간주의 별명이 되었을까? 여기엔 3가지 설이 있다.

남북전쟁에서 미시간 주민들로 구성된 부대를 지휘했던 조지 암스트롱 커스터George Armstrong Custer, 1839~1876가 그들을 '울버린'으로 불렀기 때문이라는 설, 미시간이 18세기에 울버린 모피의 교역지였기 때문이라는 설, 초기 미시간 정착자들의 모습을 경멸해 붙인 이름이라는 설 등이다.

오늘날 울버린은 1963년에 처음 발행된 마블 코믹스 Marvel Comics의 슈퍼히어로superhero 팀인 엑스맨X-Men을 구성하는 히어로로로 더 유명하다. 영화로 만들어진 〈엑스맨〉(2000), 〈엑스맨 2〉(2003), 〈엑스맨: 최후의 전쟁〉(2006), 〈엑스맨 탄생: 울버린〉(2009), 〈더 울버린〉(2013), 〈엑스맨: 데이즈 오브 퓨처 패스트〉(2014)와 〈엑스맨: 퍼스트 제너레이션〉(2011) 카메오 출연까지 총 7차례에 걸쳐 울버린을 연기한 휴 잭맨Hugh Jackman, 1968~이 우리에게 익숙한 울버린 이미지가 되었다. 2015년 3월 피습을 당한 주한 미국대사 마크 리퍼트Mark Lippert, 1973~는 부상당한 손에 로봇 모양의 보조기구를 착용한 모습이 영화 〈엑스맨〉에 나오는 주인공을 연상시킨다고 해서 '울버린'이라는 새로운 별명이 생기기도 했다.

1837년에 26번째 주가 된 미시간주의 가장 큰 도시는 디트로이트Detroit(인구 69만 명), 주도州都는 랜싱Lansing(인구 11만 명)이다. 미시간주의 면적은 25만 493제곱킬로미터(가로 최장 621킬로미터, 세로 최장 734킬로미터)로 미국 50개 주 가운데 11위, 인구는 990만 9,877명(2014년)으로 10위, 인구밀도는 1제곱킬로미터당 67.1명으로 21위, 가구당 중위소득은 4만 4,627달러로 21위다.[42]

왜 '자동차 메카'가
'가장 혐오스런 도시'가 되었는가?

●
Detroit

1701년 7월 24일 프랑스 탐험가 앙투안 캐딜락Antoine de la Mothe Cadillac, 1658~1730이 오늘날의 디트로이트 지역에 최초로 도착해 도시를 건설하기 시작했다. 오대호와 연결되는 강변에 있어 해협strait이라는 뜻의 프랑스어 détroit를 붙여 Fort Detroit라고 했다. 1760년 영국을 상대로 한 '프랑스인과 인디언의 동맹 전쟁' 때 영국군이 장악하면서 Fort Detroit를 Detroit로 줄여 부르게 되었다. 도로와 건축 등에서 프랑스풍이 강해, 디트로이트는 19세기 말 '서부의 파리Paris of the West'로 불리기도 했다.

미시간주는 인디아나 · 오하이오주와 더불어 단단한 목재가 풍성해 마차산업의 중심지였으며, 중서부 농장에서 사용되는 각종 가솔린 엔진의 주요 생산지였고, 또 비조직화된 풍부한 숙련 노동력을 쉽게 조달할 수 있었기 때문에 자동차산업이 발달하기엔 적지였다.

'자동차 왕' 헨리 포드Henry Ford, 1864~1947가 1903년 디트로이트 근교에 포드자동차를 설립한 것을 시작으로, 1908년 제너럴모터스GM, 1925년 크라이슬러가 디트로이트에 자리를 잡으면서 '빅3'가 완성되었다. 그리고 이후 '빅3'가 세계 자동차 시장을 이끌었고, 그 중심에 디트로이트가 있었다.

디트로이트는 미국 자동차산업의 중심지로 성장하면서 '모터시티Motor City' 또는 '모타운Motown'이라는 별명을 갖게 되었으며, 제2차 세계대전 땐 '민주주의의 병기고Arsenal of Democracy'로 불리기도 했다. '민주주의의 병기고'는 미국을 가리키는 말이었지만, 좀더 좁게는 디트로이트가 가장 대표적인 '병기고'로 꼽힌 셈이다. 항공모함 USS Detroit를 비롯해 6척의 전함 이름에 디트로이트가 들어간 것도 그런 이유 때문이다.[43]

미국을 넘어 세계 자동차산업의 메카인 디트로이트는 한때 돈과 꿈이 넘쳐나는 도시였지만, 언젠가부터 쇠락하기 시작했고, 이는 몇 차례에 걸쳐 진행되었다. 1967년 흑인폭동으로 백인들이 도심을 떠나면서 공동화가 시작되었고, 1980년대 미국 자동차산업이 휘청이면서 공장이 문을 닫아 공동화가 더욱 가속화되었다.

왜 미국 자동차산업이 그렇게까지 몰락한 걸까? 그건 한마디로 '풍요의 저주'였다. 미국 자동차산업은 에너지 효율이나 그 밖의 다른 실질적인 기능엔 신경 쓰지 않은 채 자동차의 스타일 위주로 새로운 모델을 양산해내는 '고의적 진부화planned obsolescence'에만 몰두한 탓에 국제경쟁력을 잃고 만 것이다. 오죽하면 미국 내부에서도 '빅3'가 생산한 자동차들은 '기름 잡아먹는 공룡들gas-guzzling dinosaurs'이라는 비난이 나왔겠는가.[44]

2006년 5월 『뉴욕타임스』 칼럼니스트 토머스 프리드먼Thomas L. Friedman은 미국 자동차산업의 간판기업인 GM을

'마약 장사꾼crack dealer'이라고까지 했다. 미국인들이 연료 소비에 중독되게 만들었다는 이유에서였다. 그는 다음과 같은 독설을 퍼붓기까지 했다.

"미국의 장래에 GM보다 위험한 회사가 있는가? GM이 하루라도 더 빨리 도요타에 의해 인수될수록 우리나라가 더욱 좋아질 것이다.Is there a company more dangerous to America's future than General Motors? Surely, the sooner this company gets taken over by Toyota, the better off our country will be."[45]

2006년 미국 『컨슈머 리포트Consumer Report』가 발표한 자동차 '베스트 10'이 모두 일본 자동차였으니, 그럴 만도 했다. 결국 '빅3'는 2008년 10월 연방정부의 구제금융 250억 달러를 수혈 받는 지경에까지 이르렀다. 자동차산업의 몰락은 곧 디트로이트의 몰락을 의미하는 것이었다. 2009년 세계 최대의 여행가이드북 회사인 론리 플래닛이 세계에서 가장 혐오스런 도시 순위를 발표했는데 1위가 디트로이트였다. 인구가 줄면서 유기견 수가 급증해 2만 마리에 이르렀고, 2010년 한 해에만도 유기견의 공격을 받은 우편배달부 수가 59명이나 되었다. 2011년엔 자기 재산을 가진 디트로이트 시민의 절반 이상이 세금을 내지 못할 정도로 경제가 엉망이 되었다.[46]

2013년 7월 18일 디트로이트시 정부는 미시간주 연방법원에 파산 보호 신청서를 접수했다. 디트로이트시의 비상관리인인 케빈 오어Kevyn Orr 변호사는 시의 채무가 180억 달러(약 20조 2,050억 원) 수준이며, 최대 200억 달러에 이를 수 있다고 밝혔다. 전성기였던 1950년대 디트로이트 인구는 200만 명으로, 미국 4대 도시였지만, 2013년 현재 실업률은 미국 평균의 2배가 넘는 18.6퍼센트까지 치솟았고, 인구는 70만 명으로 줄었다.

이와 관련, 『한겨레』(2013년 7월 20일)는 "주민 83퍼센트가 흑인이며, 인구의 36퍼센트는 극빈층이기도 하다. 부동산 가치는 폭락했고, 시 정부의 세수는 급격히 감소했다. 지난 5년 간 재산세 수입은 5분의 1, 소득세는 3분의 1로 쪼그라들었다. 시 정부의 재정 악화는 공공서비스 감축으로 이어졌다"며 다음과 같이 말한다.

"경찰 인력 부족으로 디트로이트 시민들은 신고 전화를 건 뒤 평균 58분을 기다려야 경찰을 만날 수 있다. 미국 평균 11분의 5배가 넘는다. 미국 최악의 살인률을 겪고 있지만, 해결되는 사건은 8.7퍼센트뿐이다. 전국 평균은 30.5퍼센트다. 또 디트로이트의 공원 107곳 가운데 절반은 이미 문을 닫았다. 가로수 40퍼센트는 불을 밝히지 못한 지 오래다. 주민들이 집과 건물을 버리고 떠나 8만 채가 폐가로 변했다. 유령도시의 풍경이다."[47]

디트로이트는 파산 1년 5개월 만인 2014년 12월에서야 파산 종료를 공식 선언하며 도시 재건 의지를 밝혔다. 디트로이트시에 놓인 문제와 과제로 ① 높은 빈곤율과 도시 범죄율로 인한 급격한 인구 감소 ② 기업의 재투자Re-investment 증가를 위한 투자 환경 개선을 위한 인프라 구축 ③ 디트로이트시가 속한 미시간주 내 전반적인 교육 수준이 미국 50개 주 중 35위를 기록한 점 ④ 디트로이트시뿐만 아니라 폰티액, 새기노, 플린트와 같은 미시간주 내 주요 대도시들의 지속적인 개발과 성장 등이 지적되었다.[48]

·

raise Cain

olive branch

Job's comforter

manna from heaven

cabal

at the eleventh hour

passion

puritan

money

panic

·

성경 · 종교 · 신화

왜 카인을 일으켜 세우는 게
'큰 소동'이나 '분노'를 뜻하나?

○
raise Cain

1964년에 출간된 황순원의 소설 『카인의 후예』와 이를 1968년에 영화화한 유현목의 〈카인의 후예〉는 문학과 영화 분야에서 모두 명작으로 꼽는다. 해방 직후 북한의 공산정권 치하에서 정치적 시련을 겪던 끝에 자유를 찾아 남하할 것을 결심하게 되는 한 지식인의 삶의 과정을 통해 당시 이념 대립의 격동적 현실을 그린 이 작품에서 '카인'은 『성경』에 나오는 '카인Cain'을 가리키는 말이다. 남북관계를 카인과 아벨Abel이라는 형제 관계로 비유한 것으로 볼 수 있다. 영어엔 Cain과 관련된 표현이 여러 개가 있는데, 이를 알면 왜 그런 비유가 나오게 되었는지 이해할 수 있을 것이다.

카인과 아벨은 아담Adam과 이브Eve의 두 아들이다. 구약성서 「창세기Genesis」 4장 2~8절에 나오듯이, 시기심에 눈이 멀어 아우 아벨Abel을 죽인 카인Cain은 기독교 신도들에 의해 '악마devil'로 간주되어왔다. 그래서 "raise Cain"은 "raise the devil"과 같은 뜻으로 여겨져 "큰 소동을 일으키다, 분노하다"는 의미가 된다. 여기서 raise는 "(죽은 자를) 되살리다, (영혼 등을) 불러내다, 일으켜 세우다"는 뜻이다.

He raised Cain when he realized he had been overcharged(그는 바가지를 썼다는 걸 알고선 분노했다). If I'm late again she will raise Cain(또 늦으면 그녀는 몹시 화를 낼 거다). The boys were raising Cain upstairs(소년들은 2층에서 야단법석을 떨고 있었다).[1]

카인이 남긴 명언(?)이 하나 있는데, 그건 "Am I my brother's keeper?(내가 내 아우를 지키는 자니이까?)"다. 구약성서 「창세기Genesis」 4장 9절에 나오는 말로, 카인이 아벨을 죽인 후 하나님이 "네 아우 아벨이 어디에 있느냐"고 묻자, 카인이 "모릅니다"라면서 한 말이다. 사실상 "내가 알게 뭡니까"라는 뜻으로 한 말로 , 이른바 "오리발 내밀기"의 전형이라 할 수 있겠다. "내가 알 게 뭐야?"라는 뜻으로 쓰이는 표현이다.[2]

I am not my brother's keeper(내 책임이 아니다). 아버지가 "Edward, what happened to Jane? All bruised(에드워드, 제인에게 무슨 일이 있었니? 온통 멍이 들었잖아)"라고 말한다면, 에드워드는 이런 식으로 말할 수도 있겠다. "I'm not my sister's keeper(내 책임이 아니에요)."[3]

이 표현에서 이름을 가져온 '마이 브라더스 키퍼My Brother's Keeper'는 2014년 미국 대통령 버락 오바마Barack Obama가 흑인 청소년의 잠재력 개발을 도와주기 위해 제시한 프로그램의 이름이다. 3월 초 미국 내 225개 CDFICommunity Development Financial Institutions(지역사회 주민에게 비교적 낮은 이자율로 자금을 직접 대출해주는 방식으로 낙후되거나 소외된 지역을 개발하고 지역 주민들의 삶을 개선하도록 지원하는 지역개발금융기관)들로 구성된 OFNOpportunity Finance Network(금융기회네트워크)은 회원사들이 연간 총 10억 달러를 조성해 유색 청소

년들에게 도움이 되는 일을 할 것이라고 밝혔다.[4]

the curse of Cain은 직역을 하면 '카인의 저주'란 뜻이지만, 인종차별이 극성을 부리던 시절 기독교도들 사이에선 흑인의 검은 피부를 가리키는 의미와 더불어 노예제의 정당화 근거로 많이 사용되었다. 그 원전인 「창세기Genesis」 4장 10~12절을 보자.

The Lord said, "What have you done? Listen! Your brother's blood cries out to me from the ground. Now you are under a curse and driven from the ground, which opened its mouth to receive your brother's blood from your hand. When you work the ground, it will no longer yield its crops for you. You will be a restless wanderer on the earth." (여호와께서 가라사대 네가 무엇을 하였느냐 네 아우의 핏소리가 땅에서부터 내게 호소하느니라. 땅이 그 입을 벌려 네 손에서부터 네 아우의 피를 받았은즉 네가 땅에서 저주를 받으리니. 네가 밭 갈아도 땅이 다시는 그 효력을 네게 주지 아니할 것이요 너는 땅에서 피하며 유리하는 자가 되리라.)

the curse of Cain을 노예제의 근거로 삼은 기독교의 해석은 20세기 초까지도 극성을 부렸다. 기독교는 1960년대까지도 흑인을 성직에 임명하지 않는 근거로 the curse of Cain을 활용했다. 미국 남부 침례교는 1995년에서야 이런 관행에 대해 공식 사과했다.

「창세기Genesis」 9장 20~27절에 나오는 'the curse of Ham'도 the curse of Cain과 비슷한 용도로 사용되었는데, Ham(함)은 노아Noah의 아들로 술에 취한 노아의 나체를 보고 비웃은 죄로 저주를 받았다. 반면 다른 아들들인 Shem(셈)과

Japheth(야벳)은 노아의 하체를 보지 않은 채로 옷을 덮어 보호함으로써 축복을 받았다. 그리하여 야벳은 백인종, 셈은 황인종, 함은 흑인종의 시조가 되었다는 이야기다.

the mark of Cain은 '죄인(악마)의 딱지'란 뜻이다. 보통 그런 식으로 쓴다. 그러나 『성경』 전문가인 미시간대학 교수 데이비드 노엘 프리드먼David Noel Freedman은 「창세기Genesis」 4장 13~15절에 근거해 그런 용법이 잘못된 것이라고 주장한다. the mark of Cain은 오히려 카인을 보호하기 위한 표시라는 것이다. 문제의 성경 대목은 다음과 같다.

Cain said to the Lord, "My punishment is more than I can bear. Today you are driving me from the land, and I will be hidden from your presence; I will be a restless wanderer on the earth, and whoever finds me will kill me." But the Lord said to him, "Not so; if anyone kills Cain, he will suffer vengeance seven times over." Then the Lord put a mark on Cain so that no one who found him would kill him(카인이 여호와께 아뢰되 내 죄벌이 지기가 너무 무거우이다. 주께서 오늘 이 지면에서 나를 쫓아내시온즉 내가 주의 낯을 뵈옵지 못하리니 내가 땅에서 피하며 유리하는 자가 될지라 무릇 나를 만나는 자마다 나를 죽이겠나이다. 여호와께서 그에게 이르시되 그렇지 아니하다. 카인을 죽이는 자는 벌을 칠 배나 받으리라 하시고 카인에게 표를 주사 만나는 모든 사람에게서 죽임을 면하게 하시니라).

그러나 그런 의도로 준 the mark of Cain이라 할지라도 죽이지만 말라는 것이지 '죄인의 딱지'란 의미는 바뀌지 않으니, 기존 용법이 잘못된 건 아니라는 반론도 있다. Mark of

Cain은 영화, 소설, 밴드, 노래 등의 이름으로 활용되었으며, 존 스타인벡John Steinbeck, 1902~1968의 『에덴의 동쪽East of Eden』(1952)을 비롯해 수많은 문학작품에서 다루어진 주제이기도 하다.[5]

왜 올리브 가지가
화해의 상징이 되었는가?

olive branch

olive branch(올리브 가지)는 "평화(화해)의 상징", offer the olive branch는 "화해의 손길을 내밀다, 화해를 제의하다", accept the olive branch는 "화해의 손길을 받아들이다", reject the olive branch는 "평화 제의를 거절하다"는 뜻이다. 왜 올리브 가지가 화해의 상징이 되었을까? 올리브 가지가 옛날부터 평화와 호의의 상징으로 쓰인 데서 유래한 말이다.

『성경』에서 노아Noah가 방주方舟, Ark에서 날려 보낸 비둘기가 올리브 가지를 물고 왔는데, 이는 40일간의 대홍수로 인간을 응징한 하나님의 분노가 가라앉았다는 걸 말해주는 걸로 여겨졌다. 그리스 신화에선 지혜 · 예술 · 전술戰術의 신인 아테네Athene, Athena가 아테네시市에 평화와 비옥의 상징으로 올리브 가지를 주었고, 올림픽 경기에선 우승자에게 올리브 왕관, 결혼하는 신부에겐 올리브 화환이 주어졌다.

팔레스타인 지도자 야세르 아라파트Yasser Arafat, 1929~2004는 1974년 유엔 총회 연설에서 이런 명언을 남긴 바 있다. "Today I have come bearing an olive branch and a

Anyone who wants to come
toward me with an olive branch,
I will kiss

freedom fighter's gun. Do not let the olive branch fall from my hand(나는 올리브 가지와 자유투사의 총을 함께 가져왔다. 내 손이 올리브 가지를 떨어뜨리지 않게 하라)."

I was offering this as an olive branch(나는 이것을 화해책으로 제시했던 것이다). Management is holding out an olive branch to the strikers(경영진에서 파업 노동자들에게 화해의 손짓을 보내고 있다). After winning the election he held out the olive branch to the other candidates(선거에 이기자 그는 다른 후보들에게 화의를 제의했다). Anyone who wants to come toward me with an olive branch, I will kiss(화해의 무드로 내게 오는 모든 사람을 나는 환영한다).[6]

식품으로 올리브유를 가장 많이 이용하는 곳은 남유럽이다. 심순철은 『프랑스 미식기행』(2006)에서 이렇게 말한다. "처음으로 올리브 나무를 재배하여 얻은 열매를 으깨어 기름을 짜기 시작한 것은 그리스인들에 의해서였다. 당시 올리브 오일은 요리에 쓰기에는 너무나 귀한 것으로 평가되어 주로 램프의 불을 밝히는 데 쓰이거나, 가톨릭의 전례에 필요한 기름으로 사용되었다. 로마인들에게 있어서 올리브 오일은 요리의 필수적인 재료였다. 최고의 지방성 식품이자, 남부 유럽 사람들에게는 기본이 되는 식품이었던 것이다."[7]

올리브유 산업은 그리스 경제에서 큰 비중을 차지하고 있다. 그리스는 이탈리아, 스페인과 더불어 전 세계 올리브유의 70퍼센트를 생산하고 있다. 2012년 5월 올리브유 가격이 10년 만에 가장 낮은 1톤당 2,900달러로 급락하며 그리스 경제는 직격탄을 맞기도 했다. 2013년 7월 외신은 중국이 새로운 올리브유 소비 시장으로 나타나며 올리브유 가격 폭락을 상쇄했다고 보도했다.

　"지난해 중국은 그리스에서 올리브유(최상급 기준)를 이탈리아, 독일, 미국에 이어 넷째로 많이 수입했다.……올해 들어 올리브유 가격은 1t당 4,000달러 수준으로 회복됐다. 원래 올리브유는 중국인이 잘 사용하지 않았던 식재료이다. 고열로 달군 커다란 프라이팬에 고기와 채소 등을 볶아내는 중국 요리의 특성상 고열에 쉽게 타는 올리브유가 맞지 않았다. 하지만 올리브유가 중국 중산층에게 건강식품이라고 인식되면서 소비가 늘었다. 쓰레기 식용유 등 중국 식품의 안전 문제가 심각해지면서 그리스산 올리브유에 대한 관심도 과거에 비해 높아졌다."[8]

왜 달갑잖은 친절을 베푸는 사람을 '욥의 위안자'라고 하나?

○
Job's comforter

Job's comforter(욥의 위안자)는 "위로하려 하면서 오히려 고통을 더 주는 사람, 달갑잖은 친절"이다. 구약성서 「욥기Job」 16장 2절에서 나온 말이다. 잘 감내해보라는 뜻으로 하나님은 욥에게 모진 고난과 시련을 주었다. 욥의 위안자들, 즉 엘리파즈, 빌닷, 초바르라고 하는 세 친구가 욥을 위로한다고 하면서도 그의 고난과 시련은 하나님에게 불충不忠했기 때문이라는 식으로 말하자, 욥은 이렇게 답한다. "I have heard many things like these; miserable comforters are you all!(이런 말은 내가 많이 들었나니 너희는 다 재난을 주는 위로자들이로구나)."[9]

욥은 가난과 인내의 대명사로 쓰였던바, 윌리엄 셰익스피어William Shakespeare, 1564~1616의 『헨리 4세Henry IV』엔 이런 대사가 등장한다. I am as poor as Job, my lord, but not so patient(저는 욥만큼 가난했지만, 인내심은 그렇질 못했나이다).[10]

「욥기」엔 사탄Satan이 등장하는데, 욥의 시련도 사탄 때문에 빚어진 일이다. Satan은 '대항자' 또는 '고발하는 자'라는 뜻의 히브리어 '하사탄Ha-Satan'에서 나온 말이다. 하나님이 자신의 종 욥이 얼마나 충실한지 자랑하자, 사탄은 "욥이 어찌 까닭 없이 하나님을 경외하리이까? 하나님이 그를 돌봐 그는 모든 것을 갖고 있지 않습니까? 그렇지만 그에게서 모든 것을 빼앗으면, 틀림없이 당신을 저주할 것입니다"라고 말한다. 하나님이 사탄의 도전을 받아들여 욥의 시련이 시작된 것인데, 케네스 데이비스Kenneth C. Davis는 "'욥기'가 의미하는 바를 놓고 2500년 동안 사람들은 고민해왔다"며 다음과 같이 말한다.

"전통적인 욥의 이미지는 지나치게 단순화된 것으로, 무슨 일에도 굴하지 않고 하나님을 좇는 의롭고 선한 사람인 욥이 결국 그런 충성심 때문에 큰 보상을 받는다는 것이었다. 그렇지만 성경을 자세히 읽어보면, 욥은 하나님에게 도전하기도 하는 복잡한 인물이다."

사탄의 의미도 달라졌다. "'욥기'에 나오는 사탄은 오늘날 우리가 알고 있는 것처럼 완전한 악의 화신이라기보다는 검사에 가까운 인물로 등장한다. 첫 장면 이후에는 다시 모습을 드러내지 않는 '욥기'의 사탄은 하나님의 아들들과 함께 천상에 거주하는 존재로 나온다. 후대의 유대교와 기독교 문헌에 가서야 사탄은 타락한 천사들의 우두머리로 묘사된다."[11]

(as) patient as Job은 "참을성이 대단한", the patience of Job은 "극도의 인내심", try the patience of Job은 "아무리 참을성 있는 사람도 화나게 하다"는 뜻이다. A teacher has to be patient as Job(선생은 참을성이 강해야만 한다). You need the patience of Job to deal with some of our customers(우리 고객들 중 일부 사람들을 상대하려면 극도의 인내심이 필요하다). It would try the patience of Job(그것은 대단한 인내심이 필요할 것이다).[12]

왜 '만나'는 '예상 밖의 행운'이란 뜻을 갖게 되었는가?

manna from heaven

manna(만나)는 이스라엘 사람들이 이집트를 탈출해 광야를 헤맬 때 하나님이 내려준 음식으로, 무슨 나무의 열매라는 설, 일종의 나무 수액이라는 설, 햇빛 혹은 실온에서 용해되는 진딧물의 분비물이라는 설, 먹을 수 있는 하얀 벌레였다는 설 등 별의별 주장이 난무하지만 뚜렷한 증거는 아직까지도 없다.[13]

그런가 하면 『브리태니커 백과사전』은 '만나'에 대해 "성서에 이스라엘 사람들이 이집트를 탈출하여 약속의 땅 가나안에 들어가기 전 40년 동안 먹었다고 나오는 1종류 또는 그 이상의 음식"이라며 다음과 같이 말한다.

"만나라는 말은 이스라엘 사람들이 머물고 있던 건조한 광야에 자라고 있었거나 바람에 날려와 쌓인 식물을 처음 맛보고 '무엇이지?man hu?'라고 물은 데서 유래한 것으로 보인다. 만나를 모아서 빵을 만드는 데 사용했기 때문에 '하늘에서 내린 떡'이라고 부르기도 했다. 일부 「구약성서」 학자들은 사막에서 먹을 것이 생겼고, 또 금요일에는 그 양이 2배나 되어 안식일에 일하지 않아도 되었다는 것은 기적이라고 해석한다.

「신약성서」에서는 예수가 스스로를 가리켜 '하늘에서 내린 참다운 떡'이라고 했는데(요한 6:32), 그 뒤로 만나는 그리스도교에서 성찬식을 나타내는 상징이 되었다."[14]

그 기원이 무엇이건, 만나는 기독교에서 '하늘의 은총'으로 간주된다. 그 유래는 구약성서 「출애굽기Exodus」 16장 14~15, 31절인데, 문제의 『성경』 구절은 다음과 같다.

When the dew was gone, thin flakes like frost on the ground appeared on the desert floor. When the Israelites saw it, they said to each other, "What is it?" For they did not know what it was. Moses said to them, "It is the bread the LORD has given you to eat.……The people of Israel called the bread manna. It was white like coriander seed and tasted like wafers made with honey(그 이슬이 마른 후에 광야 지면에 작고 둥글며 서리같이 가는 것이 있는지라. 이스라엘 자손이 보고 그것이 무엇인지 알지 못하여 서로 이르되 이것이 무엇이냐 하니 모세가 그들에게 이르되 이는 여호와께서 너희에게 주어 먹게 하신 양식이라.……이스라엘 족속이 그 이름을 만나라 하였으며 깟씨 같이 희고 맛은 꿀 섞은 과자 같았더라).[15]

오늘날 manna from heaven은 일반적으로 "예상 밖의 행운, 뜻밖의 도움이나 위로, 하늘의 은총"이란 뜻으로 쓰인다. To the refugees, the food shipments were manna from heaven(난민들에게는 선적되어온 그 식품들이 하늘이 내려준 양식이었다). The offer of a new job just after she was fired from her old one was manna from heaven to Joan(전에 하던 일에서 목이 잘리자 바로 새로운 일을 갖게 되어 조

안에게는 시기적으로 아주 좋은 행운이었다). The arrival of the rescue team was like manna from heaven to the injured climber. He thought he would have been on the mountain all night(구조대의 도착은 그 상처 입은 등산가에게는 예상 밖의 행운이었다. 그는 하루 밤 동안 산 위에서 지내게 될지도 모른다고 생각하고 있었던 것이다).[16]

왜 cabal은 '비밀결사'라는 뜻을 갖게 되었는가?

○
cabal

　　　　　　　　cabal(커벨)은 "비밀결사秘密結社, 도당徒黨"이란 뜻이다. 영국의 찰스 2세Charles II, 1630~1685(재위 1660~1685)가 1667년에서 1673년 사이에 유지했던 비밀 외무위원회의 멤버들을 가리키는 것으로, 이들의 이름 앞 글자를 따서 만든 것Clifford, Ashley, Buckingham, Arlington, Lauderdale이라는 설이 있다. 이 설은 정설인 양 널리 퍼져 영어사전에까지 올랐지만, 사실과는 다르다는 게 정설이다.

　　사실과는 다를망정, 영국 비밀 외무위원회 멤버들의 이름 앞 글자를 딴 CABAL이 cabal이라는 단어의 인기를 높이는 데엔 큰 역할을 했다. 이들은 1672년 의회를 따돌린 채 프랑스와 비밀조약을 맺어 네덜란드와의 전쟁에 돌입했는데, 그 결과가 좋지 않아 반대파의 공격을 받았다. 그 공격의 와중에서 그들의 이름 앞 글자가 cabal과 맞아떨어진다는 것을 알게 되었고, 그래서 cabal이라는 말이 널리 쓰이게 만드는 효과를 낳은 것이다.

　　그렇다면 cabal은 무엇에서 비롯된 말일까? 유대인들이 구약성서Old Testament를 전통적이고 비밀스러운 방식으로 해석하는 걸 가리켜 cabbala 또는 cabala라고 하는데, 여기서 유래한 말이라는 설이 유력하다. cabbala 또는 cabala엔 유대교의 신비철학 이외에 비법秘法이란 뜻도 있다.

cabal의 이미지는 부정적이다. 예컨대, 영국 총리 고든 브라운Gordon Brown은 짐바브웨 정권의 지도자들을 '범죄집단 criminal cabal'이라고 부른 바 있다. cabal은 오늘날엔 '음모'나 '비밀결사'가 없는 집단이나 조직에도 쓰이지만, 여전히 그런 뉘앙스를 풍기는 효과를 낸다.

He was a young poet with his own little cabal trailing around after him(그는 젊은 시인이었지만 미미하나마 이미 한 파派를 이루고 있었다). Common knowledge says that during the 1990s, China transformed from a clunky, closed, Communist cabal into a powerful, new kind of state with authoritarian rule somewhat balanced by a great deal of economic freedom(널리 알려진 바대로, 1990년대 동안, 중국은 투박하고 닫힌 공산주의 조직에서 상당한 경제적 자유로 다소 균형을 이룬 중앙집권의 강력하고 새로운 국가로 변신했다). Will this obviously rigged election result be enough to keep an unelected cabal of 12 clerics intact(명백히 조작된 이번 선거의 결과가 비선출직인 성직자들의 12명 위원회를 온전하게 유지하는 데 충분할 것인가?)[17]

왜 11번째 시간이
'막판'을 뜻하게 되었는가?

at the eleventh hour

at the eleventh hour는 "아슬
아슬한 때에, 막판에"란 뜻이다. 하루 12시간 노동을 하던 시
절 11번째 시간에 예정된 노동량의 목표를 채워야 하는 절박
함에서 비롯된 표현이다. 'Eleventh Hour'는 드라마틱한 절
박함을 표현하기 위해 영화, 드라마, 다큐멘터리, 애니메이션,
팝 앨범 등 다양한 대중문화 장르의 제목으로 많이 쓰였다.

이 표현의 기원은 신약성서 「마태복음Matthew」 20장 9절
로 거슬러 올라간다. The workers who were hired about
the eleventh hour came and each received a denarius(제
11시에 온 자들이 와서 한 데나리온씩을 받거늘). 이에 포도밭
vineyard에서 12시간을 일한 노동자들이 왜 겨우 1시간을 일한
사람이나 12시간을 일한 사람 모두 똑같이 한 데나리온을 주
느냐고 항의를 하자, 이에 대해 나온 답이 그 유명한 「마태복
음」 20장 16절 말씀이다. So the last will be first, and the
first will be last(이와 같이 나중 된 자로서 먼저 되고 먼저 된 자로
서 나중 되리라). 「마태복음」 19장 30절엔 이 말을 뒤집은 말이
등장한다. Many who are first will be last, and many who

are last will be first(먼저 된 자로서 나중 되고 나중 된 자로서 먼저 될 자가 많으니라).

She always turned her term papers in at the eleventh hour(그녀는 언제나 막판에 기말 리포트를 제출했다). I caught the train at the eleventh hour(아슬아슬하게 기차를 탔다). The clock is ticking and we are at the eleventh hour(시간이 흘러서 우리는 막바지에 이르렀다). It came good, albeit at the eleventh hour(비록 아슬아슬했지만 결과는 좋았다).

Labor and management reached an agreement at the eleventh hour(노사는 막판에 합의에 이르렀다). They asked Hans at the eleventh hour to step in and conduct the orchestra in place of Louis Garvonni who had fallen ill(그들은 막판에서야 한스에게 병으로 앓아누운 루이스 갈보니 대신에 오케스트라의 지휘를 맡아달라고 부탁했다).[18]

왜 '예수의 고통'을
'예수의 열정'으로 오역하는가?

○
passion

passion(열정, 열망, 감정, 홍미)은 '아픔, 고통'을 뜻하는 라틴어 passio에서 나온 말이다. 오늘날에도 대문자로 쓴 'The Passion'이 예수가 로마군에게 체포되어 십자가에서 죽임을 당하기까지 겪은 고통과 수난을 뜻하는 것도 바로 그런 이유 때문이다. 중세 신비극mystery plays으로 종교극의 일종인 '그리스도 수난 성사극Le mystere de la Passion'이 국내에서는 '정념의 신비'로 오역誤譯, 소개되기도 했다. passion이라고 하면 곧장 정념이나 열정을 떠올린 탓이다.[19]

passionflower(시계꽃)도 사랑의 열정과 관련된 꽃으로 오해하기 쉽지만, 꽃의 모양이 예수의 수난 시 예수가 썼던 가시가 돋친 관과 비슷하게 생겼다고 해서 붙은 이름이다. passion flower, passion vine, passiflora라고도 한다. 15~16세기 스페인 선교사들이 붙인 이름이다.[20]

passion은 14세기부터 감정과 욕구를 의미하는 말로 쓰이기 시작했으며, 이후 열정이라는 뜻을 갖게 되었다. 왜 '고통'이 '열정'으로 바뀐 걸까? passion이 프랑스를 거쳐 영어에 편입되면서 일어난 현상이다. 'strength of feeling(느낌의 힘)'이라고 하는 공통분모를 근거로 극과 극이 통한 셈이다.[21] 그 과정에서 시인의 역할이 컸다. 조승연은 다음과 같이 말한다.

"후세의 시인들이 진정한 사랑은 그리스도가 십자가에 못 박혀 죽은 것처럼 아픈 것이라며 'passion'을 '남녀 간의 불타는 사랑'이라는 뜻으로 사용하기 시작했다. 남녀 간의 열정이라는 뜻인 'passion'의 원래 의미가 '아픔'이라는 것은 우리가 사랑에 대해 알아야 하는 모든 것을 알려준다고 해도 과언이 아니다."[22]

남녀 간의 사랑이 아닌, 열망이라 해도 고통을 피해갈 수는 없다. 김난도의 해석이 가슴에 와 닿는다. "열망에는 아픔이 따른다. 그 아픔이란 눈앞에 당장 보이는 달콤함을 미래의 꿈을 위해 포기해야 하는 데서 온다."[23]

실제로 우리 인생에선 열망이나 열정이 곧 고통의 근원이 되는 경우도 많다. 이를 잘 묘사한 게 프랑스의 소설가 오노레 드 발자크Honoré de Balzac, 1799~1850의 『고리오 영감Le Père Goriot』(1835)이다. 열정에 사로잡혀 두 딸을 위해 자신의 모든 것을 바치고 희생하지만, 무일푼이 되자 딸들에게 외면당해 고통 속에서 죽어가는 아버지의 이야기를 그린 이 소설에 대해 프랑스 철학자 티에리 타옹Thierry Tahon은 다음과 같이 말한다.

"고리오는 열정적인 아버지다. 이 아버지로서의 열정은 그를 암세포처럼 좀먹는다.……딸들은 호사스럽게 생활하고 드레스, 보석, 마차 등을 조달하기 위해 아버지의 돈을 항상 갈취한다. 열정에 눈이 먼 고리오는 그 무엇도 거절하는 법 없이 몰락해간다.……나는 내 측근이 아닌 이상 타인에 대한 열정은 없다. 오직 나의 존재만이 내게 명백하고 본질적이며, 그것만이 내 관심을 받아 마땅하다. 아이를 갖는다는 것은 자아를 유일한 현실로 삼으려는 이런 성향과 일상생활에서 항구적으로 싸워야 한다는 것을 말한다."[24]

그렇다면 우리는 열정을 멀리 해야 하는 걸까? 꼭 그렇진 않다. 그런 의문에 답하겠다는 듯, 독일 철학자 니체Friedrich Wilhelm Nietzsche, 1844~1900는 이런 명언을 남겼다. "모든 열정은 그저 해롭기만 한 시기가 있고, 희생자들을 어리석음의 온갖 무게로 짓누르는 시기가 있다. 그러다 나중에, 아주 늦게, 그 열정들이 정신과 결합하여, '영적 결실을 맺는' 시기가 찾아온다."[25]

예수의 수난은 2004년 할리우드 스타 멜 깁슨Mel Gibson, 1956~이 제작·감독한 『예수의 수난The Passion of the Christ』에 의해 영상화되었다. 그는 자신이 직접 출연하지 않은 이유에 대해 다음과 같이 말했다.

"As time goes by, I have less and less interested in acting in movies. It's like a hobby. It isn't the hunger I had before(시간이 지나면서 점점 더 영화 연기에 흥미를 잃게 되었지요. 취미 같아져 버렸어요. 제가 전에 갖고 있던 굶주림 같은 열망이 아닙니다)."[26]

"The end of passion is the beginning of repentance(열정의 끝은 후회의 시작이다)"는 말이 있지만, 프랑스 작가 알베르 카뮈Albert Camus, 1913~1960의 다음과 같은 말이 가슴에 더 와 닿는다. "To grow old is to move from passion to compassion(나이를 먹는다는 것은 열정에서 동정으로 이동한다는 것을 뜻한다)."

Do something you're very passionate about, and

don't try to chase what is kind of the 'hot passion' of the day(당신이 뜨거운 열정을 갖고 있는 일을 하라. 다른 사람들이 열정을 보이는 대세를 추종하지 마라). 미국 아마존닷컴Amazon.com의 최고경영자CEO 제프 베저스Jeff Bezos, 1964~가 2001년 인터뷰에서 성공을 열망하는 젊은이들을 위한 조언으로 한 말이다.[27]

passion과 passive(수동적)는 어원이 같은데, 이에 대해 미국 철학자 마이클 타우Michael Thau는 이렇게 말한다. "우리 조상이 보기에 열정에 휩싸여 그에 영향을 받는 것은 곧 우리 자신의 행동을 결정할 수 있는 능력이 심각하게 훼손된다는 의미이며, 다시 말해서 자유롭게 행동할 수 있는 능력을 빼앗기는 것이었다."[28]

왜 그들은 남이 행복할 수 있다는 두려움에 시달리는가?

puritan

1558년부터 1603년까지 45년간 영국을 통치한 엘리자베스 1세Elizabeth I of England, 1533~1603 치하에선 새로운 영국 국교회國敎會, Church of England, 즉 성공회聖公會, Anglican Church가 번성했다. 그러나 영국 국교회와 가톨릭교회는 별 차이가 없다고 불만을 가진 이들이 있었으니, 이들이 바로 퓨리턴Puritan이다. 이들은 교회를 정화할 개혁을 요구했는데, 특히 가톨릭적 요소를 정화purify해야 한다고 주장해서 'puritan'이란 말이 나오게 된 것이다. 청교도淸敎徒라는 번역어도 그런 뜻을 내포하고 있다. 퓨리턴의 사상이나 습속은 퓨리터니즘puritanism이다.

퓨리턴에도 여러 유형이 있었는데, 분리주의자Separatists로 알려진 가장 급진적인 퓨리턴은 국법으로 규정된 성공회교회 참석을 거부하고 독립된 종교집회를 가졌다. 1603년 엘리자베스 여왕이 죽자 즉위한 제임스 1세James I, 1566~1625는 왕의 권위는 신神에게서 나온다는 왕권신수설the divine right of kings을 주장하면서 퓨리턴을 탄압했다. 이런 탄압이 종국엔 퓨리턴의 신대륙(아메리카)행을 자극했다.[29]

이와 관련, M. 스콧 펙M. Scott Peck은 "우리는 흔히 청교도들을 따분한 보수주의자들로 생각하는 경향이 있으나 사실 그들은 그 당시 좌파적 급진주의자들이었다"고 말한다.[30] 그러나 그 어떤 급진주의자들도 상황이 변하면 기득권자로 변질되기 마련이다. 아메리카로 이주한 청교도들이 '마녀 사냥'을 저지르는 등 종교적 박해의 피해자에서 가해자로 변신한 것도 그 불멸의 법칙을 웅변해준다.

왜 그런 일이 벌어진 걸까? 이미 1607년부터 puritanical (청교도적인)은 엄격하고 완고하고 매우 도덕적이라는 의미를 갖고 있었다. 누가 이 용어를 만들었는지는 분명치 않지만, 당시 영국 국교회 지도자들이 '혼자만 깨끗한 체하는 사람들'이라는 부정적인 의미로 붙여준 사회적 낙인烙印이었을 가능성도 있다.[31]

여기에 더해 퓨리터니즘puritanism은 거의 절대적인 남자의 권한과 더불어 여성의 연약함과 열등함을 강조한 이데올로기였다. 초기 퓨리턴 사회는 매우 긴밀하게 짜여진 유기체로서 엄격한 가부장적 구조를 갖고 있었다. 그러나 인구가 늘고 상업화가 진전되면서 사회 변화와 그에 따른 긴장과 갈등이 고조되었다. 청교도들은 아주 조금이라도 수상쩍은 일이 생기면 의혹을 품고 신속하게 처벌하려는 열의를 불태웠다. 그들은 사탄의 힘을 믿었고, 사탄이 이 세상에서 영향력을 행사할 수 있다고 믿었다.[32]

puritanism은 hedonism(쾌락주의)의 반대말로 사용되었지만, 청교도는 섹스에까지 근엄했던 건 아니다. 물론 겉으론 그랬을망정 실제론 전혀 달랐다. 청교도는 성행위를 식사만큼 자연스러운 것으로 여겼고 대수롭지 않게 화제에 올렸다. 혼

puritanism

전 성관계가 권장되었으며, 결혼을 하려는 남녀는 곧 성관계를 할 수 있는 허가를 받았다. 당시의 청교도가 현대의 미국인들보다 섹스에 대해 훨씬 개방적이었다는 말이 나오는 이유다.[33]

퓨리터니즘의 일반적인 정체에 대해선 학자들마다 의견이 다르긴 하지만, 워런 수스먼Warren I. Susman은 ① 엄격한 자기절제, ② 공동체community, ③ 도덕성morality, ④ 근면·절약가치와 물질적 성공 등의 4대 요소를 제시했다.[34] 하지만 다른 사람들이 늘 청교도에 대해 주목하는 건 그들의 언행일치였다.

저널리스트인 헨리 루이 멩켄Henry Louis Mencken, 1880~1956은 청교도의 위선을 꼬집는 글을 많이 썼는데, 그는 청교도를 "누군가, 아니면 어느 곳인가가 행복할 수 있다는 두려움에 끊임없이 시달리고 있는 사람들"로 정의했다.[35] 또 그는 자기만족에 빠진 미국의 청교도적 중산층의 속물근성을 겨냥해 "컨트리클럽에 우글거리는 겉만 번지르르한 야만인들, 저 영국귀족을 흉내내는 골판지 상자들"이라고 독설을 퍼부었다.[36]

왜 주피터의 아내 주노가
돈이 되었는가?

◉
money

money(돈)는 고대 로마의 최고 여신으로 주피터Jupiter의 아내인 주노Juno의 별명인 moneta 에서 유래했다. moneta의 본래 의미는 '신경을 써서 지켜본 다' 또는 '돌봐준다'는 뜻인데, 로마는 제국으로 발전한 후 주 노가 눈을 부릅뜨고 국가의 돈이 제대로 관리되는지 감시해줄 것으로 믿고, 화폐를 찍는 기관과 나라의 금고를 주노 여신의 신전, 즉 Juno Moneta(주노 모네타)에 유치했다. 돈을 moneta 에서 찍어냈고 보관한다고 해서 money가 돈이 되어 영어로 들어온 것이다. money가 형용사로 바뀌면 monetary가 되는 데, 이는 moneta의 원래 스펠링이 되살아난 것으로 볼 수 있 다.[37]

'신경을 써서 지켜본다' 또는 '돌봐준다'는 moneta의 본 래 의미는 admonish, monitor, monument, summons, premonition, demonstrate, remonstrate, muster 등과 같 은 단어들에도 그 흔적을 남겼다. 원래 신의 경고로 나타나는 징조를 뜻했던 monster(괴물)도 moneta에서 유래한 말이 다.[38]

Juno Moneta에서 유래된 또 하나의 단어가 바로 mint 다. mint는 "조폐국(의), 거액, 근원, 보고寶庫, 주조하다", a mint of money는 "막대한 돈", make a mint of money는 "막대한 돈을 벌다", a mint of trouble은 "허다한 고생", mint(coin) money는 "자꾸 돈을 벌다"는 뜻이다. in mint condition(state)은 "아주 새로운, 갓 만든(서적, 화폐, 우표 따위)"이란 뜻이다. 우표 수집가들philatelists이 사용하지 않은 새 우표를 가리키는 말에서 유래한 것으로, 중고차 등 중고 물품 세일즈맨들이 과장법으로 즐겨 쓰는 말이다.[39]

최초의 화폐는 가축과 조가비였으며, 이는 오늘의 언어에 도 그 흔적을 남기고 있다. 영어에서 '금전적인'이란 뜻의 pecuniary는 가축cattle을 뜻하는 라틴어 pecus에서, 자본을 뜻하는 영어 단어 capital은 머리를 뜻하는 라틴어 'capus'와 'capitis'에서 유래했다. 조개 패貝는 조가비에서 형상화된 한 자로 재財에서 보듯 돈이 있는 곳에 꼭 붙어 다닌다.[40]

독일 사회학자 게오르크 지멜Georg Simmel, 1858~1918은 돈 은 가치들을 같은 수준에 놓음으로써 "가장 격이 떨어지는 가 치와 가장 고귀한 가치의 차이를 무화시킨다"고 했다. 미국 사 회학자 토드 기틀린Todd Gitlin은 지멜의 이런 주장에 기대 "돈 은 냉소주의를 가르치는 학교다Money is a school for cynicism"라 고 말한다.

In our own time, the standard of monetary worth gives us expressions like "She's a dime a dozen", "He's a loser", "You get what you pay for", and "I feel like a million bucks"(우리 시대에 화폐가 가치의 척도로 기능하는 현상 은 "그녀는 평범하다", "그는 실패자다", "싼 게 비지떡," "백만장자

처럼 아주 만족한다"와 같은 표현들에 잘 나타난다).[41]

　"Money is round(돈은 돌고 돈다)"는 말이 있는데, 이 원리에 충실한 것이 바로 우리의 '돈'이란 말이다. '돈'은 사람들 사이에서 '돌고 돈다'는 말에서 유래했으며, 대한제국 시기와 1950년대 우리나라 화폐 단위였던 '환圜'도 돈다는 뜻의 한자였다.[42] 돈을 찍는 것도 빙빙 돌아간다. 화폐금융사가인 글린 데이비스Glyn Davies는 『화폐의 역사A History of Money: From Ancient Times to the Present Day』(1994)에서 인간이 인쇄기를 발명한 이후 본격적으로 인플레이션 시대에 접어들었다고 주장했다.[43]

왜 숲속의 공포가
공황이 되었는가?

●

panic

panic(공포, 공황, 패닉)은 그리스 신화에서 염소 뿔과 염소 다리를 가진, 반은 짐승이고 반은 인간으로 공포의 대상이었던 목양신牧羊神 Pan(팬)에서 유래된 말이다. '들판의 신'으로 불린 Pan은 'pasture(목초지)'를 뜻하는 그리스어 paein에서 나온 말이다. 판은 제우스Zeus의 아들 헤르메스Hermes와 암염소she-goat 사이에서 태어난 아들이다. 판은 반인반수半人半獸인지라 인간에게는 없는 뿔, 꼬리, 털 등을 갖고 있어 그 모습을 본 다른 신들 중 하나가 "너, 별걸 다 가지고 있구나. 앞으로는 'Pan'이라고 불러야겠다"고 했다나. pan은 '모든 것을 아우르는'이란 뜻이다. 우리가 '범미국적Pan-American', '범아시아적Pan-Asian'이라고 할 때의 이 '범汎'이 바로 Pan의 이름에서 온 말이다.[44]

판은 요정 시링크스Syrinx를 사랑했는데, 시링크스는 그의 추한 모습이 너무나 싫은 나머지 그에게서 영원히 도망치기 위해 강의 신인 아버지에게 차라리 갈대가 되게 해달라고 했다. 그래서 그녀는 갈대로 변했고, 판은 너무나 슬픈 나머지 그녀의 몸이 변한 갈대의 가지를 각기 길이가 다르게 몇 개를 잘라서 악기를 만들었다. 이 악기가 바로 팬파이프Panpipe다. 팬플루트Panflute라고도 한다. 여러 개의 길이가 다른 관을 엮어놓은 형태로 피리처럼 입으로 무는 부분이 없고, 아래쪽이 막혀 있으며, 파이프의 윗부분을 가로 방향으로 불어서 소리를 내는 악기다. syringe(주사기, 주입기)는 갈대가 된 요정 Syrinx에서 유래한 말이다.[45]

생김새도 영 이상한 Pan이 밤에 기괴한 소리를 낼 뿐만 아니라 짓궂게도 사람이 지나가면 숲속에서 뛰쳐나와 깜짝 놀라게 만드는 악취미를 갖고 있었다니, 사람들이 기겁을 할 만하지 않은가. panic은 '팬에 속하는pertaining to Pan'이란 뜻을 가진 그리스어인 panikos에서 나온 말이다. 하지만 팬은 마라톤 전투Battle of Marathon에서 페르시아군을 공포에 질려 도망가게 만들었기 때문에 그리스인의 숭배 대상이기도 했다.[46]

panic엔 '경제 공황'이라는 뜻도 있다. 이와 관련, 존 스틸 고든John Steele Gordon은 『월스트리트제국: 금융자본권력의 역사 350년』(1999)에서 이렇게 말한다. "한 은행이 지급 거부에 들어가면 불안이 다른 은행의 예금자들에게까지 확산되어 결국에는 전 금융 영역에 인출 사태가 발생한다. 이런 의미에서 볼 때 본디 심리학 개념인 패닉panic이 금융 용어로 자리 잡은 것은 타당하다고 할 수 있다."[47]

최근 들어 한국의 중장년층에 급속히 나타나고 있는 '공황장애'는 'panic disorders'라고 한다. 최현석은 공황장애에 대해 이렇게 말한다. "공황장애를 앓는 환자는 심한 불안 발작과 이에 동반되는 다양한 신체 증상들을 아무런 예고 없이 갑작스럽게 경험합니다. 강한 공포와 곧 죽지 않을까 하는 불안 증상과 함께, 호흡 곤란, 심장 두근거림, 가슴 통증, 휘청거리는 느낌, 자기 자신이나 주위가 달라진 것 같은 비현실감, 손발 저림, 몸 떨림, 땀 흘림 등의 증상이 나타나고, 동시에 미치거나 어떤 사고를 저지를 것 같은 느낌이 엄습해옵니다."[48]

인구의 1.5~2.5퍼센트가 공황장애를 겪는 것으로 알려져 있는데, 국내에선 연예인들이 많이 걸려 "공황장애가 연예인병 아니냐"는 말까지 나오고 있다. 연예인들에게 공황장애가 많은 이유에 대해 전문가들은 연예인들이 다른 사람의 반응에 민감하고 감정이 풍부한 편인데다, 인기 부침도 심하기 때문이라고 보고 있다.[49]

공황장애에 걸린 사람들은 '공황 발작panic attack'을 일으키기도 한다. panic attack은 anxiety attack이라고도 한다. A panic attack is when you feel great anxiety(공황 발작이란 심하게 불안해하는 것을 말한다). Panic disorder patients experience a panic attack once a week(공황장애 환자들은 일주일에 한 번 정도 공황 발작을 경험한다).[50]

제2차 세계대전 때 전투기나 폭격기 조종사들이 비행기 추락 직전에 낙하산으로 탈출할 수 있게끔 한 버튼을 가리켜 panic button이라고 했다. 여기서 비롯된 숙어인 push(press, hit) the panic button은 "몹시 당황하다, 비상수단을 취하다"는 뜻이다. Keep cool; don't hit the panic button(침착해. 당황하지 말란 말이야!) John thought he saw a ghost and pushed the panic button(존은 유령을 보았다고 생각해 공포에 질렸다).[51]

onion
ramada
beaver
harebrained
mouse
antsy
speciesism
vegan
diamond
high noon

식물 · 동물 · 자연

왜 양파를 아는 사람이
자기 일에 정통한 사람인가?

◦
onion

My wife knows her onions(내 아내는 자기 일에 정통하다). 직역을 하자면, 내 아내는 자신의 양파를 잘 안다는 뜻인데, 그게 왜 자기 일에 정통하다는 의미가 되는 걸까?

know one's onion은 "자기 일에 정통하다, 유능하다"는 뜻으로 쓰인다. 양파onion 전문가가 양파에 대해 잘 아는 건 당연한 일인데, 왜 하필 그런 전문성을 강조하기 위해 양파가 선택된 걸까? 여기서 onion은 양파가 아니라 사람 이름이다. 영국의 사전 편찬자lexicographer인 찰스 탤벗 어니언스Charles Talbut Onions, 1873~1965가 바로 그 주인공이다. 그는 『옥스퍼드 영어사전Oxford English Dictionary』의 제4대 편집자로서 자신의 주제에 정통한 걸로 유명했기에 이와 같은 말을 낳게 한 것이다. 그렇지 않다는 반론도 있긴 하지만, 달리 설명할 길이 없어 유력한 설로 거론되고 있다.[1]

우리말에서 여러 겹의 양파 껍질은 비유적인 의미로 자주 쓰이는데, 이는 미국인들도 마찬가지다. 미국 하버드대학 발달심리학자 캐럴 길리건Carol Gilligan은 『다른 목소리로In a

Differnet Voice』(1993)에서 "자신에 대해 말해달라"는 질문에 한 대학 3학년생이 대답한 것을 다음과 같이 소개한다.

"난 양파껍질이론onion-skin theory에 대해 들은 적이 있어요. 나 자신을 여러 층의 껍질을 가진 양파로 보는 거지요. 가장 겉 표피는 내가 잘 모르는 사람들에게 보여주기 위한 것이에요. 그것은 쾌활하고 사교적이에요. 그리고 속으로 들어갈수록, 내가 잘 아는 사람들에게 보여주는 껍질들이 있어요. 가장 가운데에는 어떤 핵이 있는지, 아니면 내가 자라면서 여러 가지 영향을 받아 축적된 층들의 집합이 있는지 잘 모르겠어요."[2]

같은 맥락에서 peel the onion은 "문제의 핵심이나 근본에 도달하다get to the heart or root of a matter"는 뜻이다. 한 문제를 해결하다가 또 다른 문제들을 발견하는 상황에 대해서도 쓰이는 표현이다.[3]

『The Onion』은 1988년 미국 위스콘신대학University of Wisconsin-Madison 3학년 학생 팀 켁Tim Keck과 크리스토퍼 존슨Christopher Johnson이 창간한 풍자 신문이다. The Onion이라는 이름을 붙인 데엔 특별한 뜻은 없으며, 두 학생이 양파 샌드위치를 즐겨 먹은 데에서 비롯된 작명이라고 한다. 이들은 1989년에 이 신문의 판권을 2만 달러 미만의 돈을 받고 팔아넘겼는데, 현재는 여러 대학과 도시에서 제법 인기를 얻고 있다. 이 신문은 1996년 인터넷판을 출범시켰으며, 2001년 뉴욕시로 옮겨갔고, 종이 신문은 2013년 12월에 중단되었다.[4]

『The Onion』은 몇 년 전 120킬로그램의 30리터짜리 코카콜라 론칭 기사를 실었는데, 콜라의 높이는 1.2미터나 되었고, 어른 3명이 달라붙어야 간신히 들 수 있을 정도였다. 이 풍자 기사에 대해 하버드 경영대학원 교수 문영미는 다음과 같이 말한다.

"나는 그 기사를 보면서 끊임없이 제품 확장을 이어나가야 하는 기업들의 슬픈 운명을 느꼈다. 어느 순간 멈추어야 할 때가 왔다는 사실을 분명히 알고 있으면서도, 기업들은 결코 멈추지 못하고 계속해서 새로운 것을 선보여야만 하는 것이다. 하지만 이러한 운명을 짊어진 기업들의 진정한 비극은 그들의 노력이 점점 사람들의 관심을 끌지 못하고 있다는 사실에 있다."[5]

라마다 호텔의 '라마다'는 무슨 뜻인가?

●
ramada

ramada는 정자亭子, arbor, pavilion 다. 미국 남서부에서 쓰이는 스페인어로, 나무로 벽 없는 기둥을 세운 뒤 나뭇가지 등으로 지붕을 얹은 쉴 곳을 말한다. rama는 branch(나뭇가지), ada는 장소를 가리키는 접미사다. 그냥 지역 방언 정도로 끝났을 말인데, Ramada라는 유명한 호텔 체인이 생김으로써 휴가와 휴식을 연상시키는 단어로 자리 잡았다.

라마다 호텔 체인의 최초 호텔은 1954년 애리조나주 플랙스탭Flagstaff에 세워졌으며, 본사 소재지는 애리조나주의 주도州都인 피닉스Phoenix였다. 건조한 열대성 기후를 가진데다 과거 스페인과 멕시코의 관할하에 있었던 애리조나 지역엔 ramada 형식으로 지어진 쉴 곳이 많았기에, 그걸 호텔 이름으로 삼은 것이다. 라마다 측은 ramada를 '그늘이 있는 쉴 곳 shady resting place'으로 정의했다.

오늘날엔 나뭇가지가 아닌 목재·콘크리트·철 등으로 만들어진 영구 구조물도 ramada라고 한다. 주로 공원 등에 벽이 없이, 햇빛을 피하면서 앉아서 도시락을 먹거나 쉴 수 있게 만든 시설을 가리킨다. 미국의 건조한 지역에 있는 공원에 이런 시설이 많이 세워져 있다.

ramada는 어원을 더 따지고 들어가면 라틴어 ramus에서 나온 것으로, 라틴어 동사형 ramificare는 branch out(가지를 뻗다)이라는 뜻이다. 바로 여기서 영어 ramify(분지分枝하다, 가지가 나다, 그물눈처럼 갈라지다), ramification(분지分枝, 분기, 파생물, 결과)이 유래했다.[6]

Railroads are ramified over the whole country(철도는 온 나라에 그물처럼 퍼져 있다). The road soon began to ramify(길은 곧 갈라지기 시작했다). He thought through the ramifications and decided not to do it(그는 그 일로 인해 생겨날 수 있는 결과에 대해 곰곰이 생각해보고 하지 않기로 결정했다). The new tax law proved to have many ramifications not foreseen by the lawmakers(새 세법은 입법자들이 예측하지 못했던 많은 문제를 안고 있다는 것이 판명되었다).[7]

왜 비버는 미국인의 사랑을 받는 상징 동물이 되었나?

●

beaver

18세기 프랑스의 박물학자 naturalist 조르주루이 르클레르 뷔퐁Georges-Louis Leclerc Buffon, 1707~1788은 신대륙(아메리카)의 동물은 유럽의 그것에 비해 왜소하다고 주장했다. 구대륙에 대해 애증의 감성과 더불어 묘한 경쟁심을 갖고 있던 신대륙 사람들이 가만 있을 리 만무했다.

미국 제3대 대통령 토머스 제퍼슨Thomas Jefferson, 1743~1826(대통령 재임은 1801~1809)은 정치가일 뿐만 아니라 학자이기도 했는데, 그는 1787년에 출간한 『버지니아주에 대한 비망록Notes on the State of Virginia』에서 뷔퐁의 주장을 정면으로 반박했다. 그는 유럽의 곰이 153파운드인데 반해 미국의 곰은 410파운드고, 유럽의 비버가 최대 18.5파운드라면, 미국의 비버는 45파운드나 나간다고 통계 수치를 구체적으로 제시했다.[8] 그러나 제퍼슨의 애국심이 앞섰던 것 같다. 뷔퐁의 주장도 과장되었지만, 제퍼슨의 주장도 과장되었다.

beaver의 어원은 복잡한 편인데, 비버의 색인 brown(갈색)에서 비롯된 단어라는 설이 유력하다. 유럽 비버는 모피를 노린 무분별한 사냥으로 거의 멸종되었다가 최근에서야 보호

덕분에 조금씩 늘고 있다. 북미 지역엔 한때 9,000만 마리가 살았지만, 현재는 1,000~1,500만 마리가 사는 것으로 추정된다.

유럽 비버와 미국 비버의 차이는 덩치에 있다기보다는 유전학적 차이에 있다. 상호 교배가 안 될 정도로 종이 다르다. 비버는 나무를 쓰러뜨려 댐을 만드는 습성 때문에 골치 아픈 문제를 일으키기도 하지만, 미국인들이 유럽인들에 비해 비버에 대한 애정이 강하다는 점도 중요한 차이라고 할 수 있겠다. 비버의 놀라운 활동성 때문이다.

신대륙 사람들은 구대륙의 유럽인들과는 달리 노동을 많이 할 뿐만 아니라 노동 자체를 신성시했다. 오늘날에도 미국인들은 끊임없이 생산적인 것을 가장 행복하게 생각하며 게으름을 도덕적인 문제로 간주하는 반면, 유럽인들은 게으름을 탐내고 부러워한다.⁹

사정이 그러했으니 비버가 미국인들의 사랑을 받는, 아니 미국의 가치를 대변하는 상징적인 동물이 된 건 당연한 일이었다. 비버를 상징 동물로 삼은 학교나 지방자치단체가 많다. 비버의 부지런함을 눈여겨 본 사람들은 18세기에 work like a beaver, busy as a beaver(부지런히 일하다)라는 표현을 만들어냈다. Jeni is as busy as a beaver setting up her new computer(제니는 새 컴퓨터를 설치하느라 부지런히 일하고 있다).¹⁰

이 표현은 20세기에 들어서면서 eager beaver(열심히 일하는 사람, 일벌레)의 그늘에 가려졌다. 물론 부지런한 동물의 상징으로 꼽히는 beaver에 이미 그런 뜻이 있지만, 앞에 eager를 붙인 건 영어의 속성이라 해도 좋을 rime(=rhyme)에 대한 집착 때문이다. rime은 말의 장단을 맞추는 운韻을 말한

다.[11]

He is always alert and energetic in everything he does. He is an eager beaver(그는 무슨 일을 해도 항상 조심하고 열정적이다. 그는 대단한 노력가다). Shelly is always the first to arrive at work and the last to leave. She's a real eager beaver(셜리는 직장에 가장 먼저 도착하고 가장 나중에 떠난다. 그녀는 진짜 열성적인 일벌레다). The kind of people I look for to fill top management spots are the eager beavers(최고 경영진 자리를 채우기 위해 내가 찾고 있는 사람들은 열성적인 일벌레 같은 사람들이다).[12]

산토끼는 경솔하거나
변덕스러운가?

○
harebrained

             hare는 '산토끼'다. 1년 미만의 어린 산토끼는 leveret, 산토끼떼는 drove라고 한다. hare는 보통 rabbit보다 크고, 뒷다리와 귀가 길며, 혈거성穴居性이 없이 땅위에 산다. rabbit은 인간에 의해 가축화되었기 때문에 보통 '집토끼'라고 하지만, 미국에선 엄격한 구분 없이 hare도 rabbit이라 부르기도 한다.

    (as) timid as a hare는 "몹시 수줍어하고 소심한" 이란 뜻이지만, harebrained(또는 hare-brained)는 "경솔한, 변덕스러운, 지각없는, 무모한" 이란 뜻이다. harebrained라는 단어를 낳게 한 hare는 유럽의 brown hare를 가리킨다. brown hare는 시속 56킬로미터로 달릴 수 있을 정도로 매우 빠른데, 짝짓기를 하는 3월의 brown hare들이 발광이라고 해도 좋을 정도로 요란스러운 행동을 보인다는 속설에서 나온 말이다. 그래서 나온 또 하나의 표현이 "as mad as a March hare" (미쳐 날뛰는, 변덕스러운, 난폭한)다.[13]

    산토끼가 3월에 유별난 행동을 보인다는 건 과학적 근거가 없으며, 늪marsh에선 장애물이 없어 비교적 더 요란스럽게

If you run after
two hares,
you will catch neither

구는데, 이 'marsh hare'가 전와轉訛, corruption되어 'march hare'가 되었다는 설도 있다. a harebrained idea는 '무모한 생각', a harebrained scheme은 '경솔한 계획', a harebrained action은 '경솔한 행동', a hare-brained theory는 '말도 안 되는 이론'이다.

"First catch your hare (then cook him)"는 "먼저 토끼를 잡아라(요리는 그다음이다)", 즉 "먼저 사실을 확인하라"는 뜻이다. 이와 같은 뜻을 가진 속담은 "Catch your bear before you sell its skin", "Don't count your chickens before they are hatched" 등과 같이 여러 개가 있는데, 이런 속담의 아이디어는 14세기경부터 나온 것이다. 그 밖에도 hare와 관련된 속담이 많다.

If you run after two hares, you will catch neither(두 마리 토끼를 쫓다간 하나도 못 잡는다). Such a wish of catching two hares at once is almost impossible to achieve(상식적으로는 동시에 달성하기가 불가능에 가까운 바람이다). You can't run with the hare and hunt with the hounds(산토끼와 달리면서 사냥개와 사냥을 할 수 없다. 즉, 양다리를 걸칠 수는 없는 법이다). He is a two-timer. He runs with the hare and hunt with the hounds(그는 이중적인 사람이야. 양다리를 걸치고 있다니까).[14]

왜 컴퓨터 입력 장치를
'마우스'라고 할까?

○
mouse

mouse는 실험실에서 많이 사용되는 생쥐며, 집 주위에서 많이 발견되는 흑색 또는 갈색의 쥐는 rat, 주로 야외에서 생활하는 들쥐는 vole이라고 한다. 생쥐는 인간과의 homology(상동성)가 높은데다 작고 싸고 번식력이 높고 쉽게 관리할 수 있다는 이유로 실험용으로 많이 쓰인다. 게다가 비슷한 이유로 뱀이나 맹금류 같은 다른 애완용 동물의 먹이감으로도 많이 쓰이고 있으니 생쥐로선 이만저만 불운이 아닐 수 없다. 독일·영국 등에선 생쥐를 산 채로 다른 동물의 먹이로 쓰는 걸 금하고 있다.

잠비아 등 일부 국가에선 생쥐를 식용으로 쓰며, 이스라엘 과학자들은 생쥐가 개나 엑스레이보다 마약이나 화약을 감별해내는 능력이 뛰어나다며 공항에서 그런 용도로 사용하는 것을 시도하고 있다. 생쥐는 동시에 애완용 동물로도 인기가 높으며, 디즈니의 미키 마우스Micky Mouse로 의인화되어 대중문화의 스타로 전 세계 어린이의 사랑을 듬뿍 받고 있으니, 참으로 용도가 다양한 동물이라 하겠다.[15]

그런데 왜 컴퓨터 화면에 표시된 아이콘이나 메뉴 항목

등을 선택하는 데 사용되는 입력 장치를 mouse라고 부르게 되었을까? 미국 스탠퍼드연구소의 전자공학자 더글러스 엥겔 바트Douglas C. Engelbart, 1925~2013는 1968년 12월 샌프란시스코 에서 열린 컴퓨터공학자 회의에 주먹 크기만 한 나무상자를 들고 나왔다. 나무상자 아래로 톱니바퀴 2개가 직각으로 달려 있었다. 그가 나무상자를 상하, 좌우로 움직이며 톱니바퀴를 돌리자 컴퓨터 화면의 커서가 따라서 이동했다. 이를 본 사람 들은 경악을 금치 못했으며, 작은 나무상자에 전선이 꼬리처 럼 달린 모습이 생쥐와 닮았다며 '마우스mouse'라는 애칭을 붙였다.[16]

그러나 그의 프레젠테이션은 시대를 앞선 탓에 20년 동 안 빛을 보지 못하다 제록스 팔로알토연구소를 거쳐 1980년 대 후반 애플과 마이크로소프트MS에 넘어간 뒤에 상용화되었 다. 이 때문에 혁명적인 발명을 하고도 특허료를 한 푼도 받지 못했다. 그는 "연구펀드 투자도 얻지 못하는 실패한 인생을 살 았다"며 자책했다고 한다.[17]

마우스에 의해 움직이는 커서cursor는 컴퓨터에 연결된 디스플레이의 스크린 위에서 여러 위치로 이동 가능한 빛의 점을 말한다. 깜박거린다고 해서 깜박이라고도 한다. 라틴어 로 "흐르는, 달리는"의 뜻을 가진 cursive에서 나온 말이다. 오늘날 cursive는 "흘림(으로 쓰는), 초서(의)"라는 뜻이다. 종 이 위에 글자를 흘려서 쓰는 것과 디스플레이 위에서 커서의 움직임이 비슷하다고 본 셈이다. 1965년부터 사용되었다.[18]

김정운은 "마우스의 발명은 구텐베르크의 인쇄 혁명을 뛰어넘는 엄청난 혁명적 사건"이라고 주장한다. "이를 통해 드디어 수천 년간 인간 의식을 옥죄고 있던 '텍스트의 한계'

를 벗어날 수 있게 되었기 때문이다.……마우스를 사용하면서 인간 의식은 엄청나게 진화한다. 생각이 날아다니기 시작한 것이다."[19]

마우스 포테이토족mouse potato tribe은 쉬는 날이나 휴가 때 하루 종일 집안에 머물면서 컴퓨터 마우스로 인터넷에서 서핑, 게임, 채팅을 즐기는 사람을 일컫는다. 이는 인터넷이 텔레비전을 대체하면서 과거 카우치 포테이토(소파, 즉 카우치에 기대어 텔레비전을 보면서 포테이토칩을 먹던 부류)라는 용어 대신에 생겨난 것이다. 국립국어원은 이들을 가리키는 우리말 순화어로 '골방누리꾼'을 선정했다.[20]

바지 속으로 개미가 들어가면 어떤 일이 벌어지는가?

○
antsy

have ants in one's pants는 "~하고 싶어 좀이 쑤시다, (불안해서) 안절부절못하다, 흥분해 있다"는 뜻이다. 바지 속으로 개미들이 들어갔는데 어찌 차분하게 있을 수 있으랴. ants가 반복되는 운율을 갖고 있어, 운율이라면 사족을 못 쓰는 영어권 사람들에게 사랑을 받는 표현이 되었다고 볼 수 있겠다.

Are there ants in your pants(왜 그렇게 안절부절못하니)? You never sit still. You must have ants in your pants(차분하게 앉아 있질 못하네. 너는 흥분해 있는 상태인 게 틀림없어). While the test results were being announced, she seemed to have ants in her pants(시험 결과가 발표되자, 그녀는 안절부절 어쩔 줄을 몰라 하는 것 같았다). The boss was down here and chewed him out so harshly a few minutes ago. That's why he has ants in his pants now(사장이 몇 분 전에 여기에 내려와 그를 아주 심하게 힐난했어. 그래서 그는 지금 좌불안석이야).[21]

이 숙어에서 비롯된 antsy는 "안절부절못하는, 좀이 쑤시

115

는" 이란 뜻이다. 20세기 초 미국 남부 농촌 지역에서 만들어진 말이다. I guess I'm kind of antsy when I spend too much time out of the water(물 밖에서 너무 많은 시간을 보내면 안절부절못하는 것 같아요). 미국 수영 황제 마이클 펠프스 Michael Phelps, 1985~가 2003년 AP 통신 인터뷰에서 한 말이다. 이 기사는 펠프스가 좀처럼 휴식을 취하지 않는 연습벌레라고 전했다.

Stop being antsy. You can not do everything at one time(그만 좀 걱정해. 한 번에 다할 수는 없잖아). What are you so antsy about(뭘 그렇게 안절부절못해)? Stop being antsy(걱정 좀 그만해요). And as Scotland begins to flex its muscles, conservatives in England have begun to get antsy(스코틀랜드가 힘을 과시하기 시작하면서, 영국의 보수주의자들은 불안해지기 시작했다). Korea habitually gets antsy over power supply every summer because of a low electricity reserve ratio(한국이 여름철만 되면 연례행사처럼 전력 걱정을 하는 것은 전력 예비율이 아주 낮기 때문이다).[22]

육식은 필요가 아니라
사치인가?

speciesism

　　17세기 프랑스의 과학자이자 철학자였던 르네 데카르트René Descartes, 1596~1650는 인간만이 영혼을 가지고 있으며 동물은 영혼이 없는 기계와 마찬가지라고 주장했다. 그러나 18세기 프랑스 사상가 장 르 롱 달랑베르Jean le Rond d'Alembert, 1717~1783는 "내가 키우는 개의 눈을 가만히 들여다보면, 저 동물이 사람과 같은 감정을 가지고 있다는 것을 부인하기 어렵다"고 말했다.[23]

　　동물을 어떻게 대할 것인가? 우리 인간은 대부분 인간은 동물과 전혀 다른 종種으로 동물에 비해 우월하다고 믿기 때문에 동물을 식량으로 쓰는 것, 즉 육식肉食에 대해 죄책감을 갖지 않는다. 의학 발전을 위해 동물을 실험용 도구로 쓰는 것도 불가피하다고 생각한다. 이는 동물에 대한 부당한 차별인가? 극소수나마 그렇다고 주장하는 사람들이 있다.

　　1960년대 말 영국에선 매년 500만 마리의 동물이 실험용으로 사용되고 있었는데, 옥스퍼드대학 지식인들을 중심으로 한 동물보호운동가들의 모임인 Oxford Group은 그런 동물실험에 반대하고 나섰다. 옥스퍼드그룹의 회원인 심리학자 리처드 라이더Richard D. Ryder, 1940~는 1970년 speciesism이라는 단어를 만들어냈다. 우리말로 번역하자면, '種種차별주의'라 고 할 수 있겠다. racism(인종차별주의)이나 sexism(성차별주의)에 빗대 만든 말이다.

옥스퍼드대학에 유학해 라이더와 알고 지냈던 호주의 실 천윤리학자 피터 싱어Peter Singer, 1946~는 1975년에 출간한 『동물해방Animal Liberation』을 통해 speciesism이라는 단어를 널리 알렸다. 이 단어는 1985년 『옥스퍼드영어사전Oxford English Dictionary』에 등재되었다. speciesism은 줄여서 specism이라고도 하며, 종차별주의자는 specist라고 한다.[24]

싱어는 '애완동물'이란 말은 동물을 비하하는 말이라고 비판하며 육식도 반대한다. 그는 우리 인간이 곡물 섭취만으 로도 얼마든지 생존에 지장 없이 살 수 있다는 걸 강조하면서 "동물 고기는 필요가 아니라 사치"며 동물 학대의 진짜 주범 은 고기를 탐하는 우리 모두라고 주장한다. 그는 지난 2,000년 간 '인간의 생명'은 무조건 존중되어야 한다고 가르쳤던 종교 적 · 도덕적 교훈이 남긴 중압감과 그로 인한 인간 중심의 사 고에 도전한다. 싱어는 육식이 생물학적으로 인간 種種의 일원 으로 태어난 걸 특권화하는 건 종차별주의적 발상이라고 주장 한다. 이 주장에 따르자면, 낙태는 윤리적이지만 돼지 도살은 비윤리적인 것이 된다. 큰 돼지는 '인격체'인데 반해 인간 태 아는 아직 인격체가 아니라는 것이 싱어의 설명이다.[25]

그런 주장의 철학적 기초는 영국의 철학자이자 법학자인 제러미 벤담Jeremy Bentham, 1748~1832의 공리주의utilitarianism 다. 벤담은 '최대 다수의 최대 행복the greatest good of the greatest number'이야말로 선善과 윤리성을 평가할 수 있는 유일한 잣대

이며, 사람에게는 선이 곧 쾌락이고 악은 고통이며, 모든 사람은 동등하게 쾌락을 좇을 권리를 지녔다고 주장한다. 벤담은 다음과 같이 말한다.

"완전히 성장한 말이나 개는 갓난아이 또는 태어난 지 일주일이나 한 달이 지난 아이보다도 훨씬 합리적이다.……문제는 그들에게 이성적으로 사고할 능력이 있는가 또는 대화를 나눌 능력이 있는가가 아니다. 문제는 그들이 고통을 느낄 수 있는가이다."

이렇듯 공리주의는 '누구의 이익인가'와 무관하게, 감각 능력이 있는 '모든 존재'에게 쾌락과 고통에 관한 이익은 동등하게 고려되어야 한다는 도덕적 입장을 담고 있다. 싱어는 이 논리를 동물에게도 적용해, 고통이나 쾌락을 느끼는 동물도 동등한 이익을 누리며 윤리적 고려의 대상이 되어야 한다고 주장한다.[26]

그런 논리의 연장선상에서 그는 심지어 장애 신생아의 안락사마저 주장한다. 이것이 윤리·도덕적으로 허용되어야 할 이유는 장애가 있는 신생아는 자신의 행복과 불행, 즐거움과 고통을 '이성적으로' 측정할 수 있는 능력이 결여되어 있고, 둘째로 장애가 있는 신생아는 기쁨이 충만한 장래보다 고통에 찬 미래가 예견될 수밖에 없기 때문이라는 것이다.[27]

싱어는 많은 사람에게서 "아픈 애는 죽이고 살찐 돼지는 살리자"는 식의 미친 사람이라고 비난받았다. 또 싱어는 자아의식의 존재 여부를 인격체의 기준으로 삼기 때문에 사실상 포유류-고등동물 중심주의에 사로잡혀 있다는 비난을 받기도 했다.[28]

하지만 싱어가 그렇게 극단으로만 치닫는 건 아니다. 그는 종차별주의를 반대하는 것이 "인간과 동물의 완전한 평등을 의미"하는 것은 아니며, 또 모든 생명의 가치가 똑같다고 주장하지는 않는다. 다만, 고통을 피하고 싶은 인간과 동물의 이익이 비슷할 경우, '동등 고려의 원칙'에 입각해 판단해야 한다는 것이다.[29]

2005년 2월 15일 노르웨이 오슬로대학 연구팀은 "바닷가재, 게, 달팽이와 같은 무척추동물은 끓는 물에 들어가면 펄떡거리지만 고통은 느끼지 않을 가능성이 크다"고 주장했다. 이는 노르웨이 정부가 동물복지법을 개정하면서 무척추동물을 포함시킬지를 결정하기에 앞서 이 대학에 연구를 의뢰함에 따라 나온 잠정 결론이다. 이 같은 결론에 대해 동물보호론자들은 강하게 반발하고 나섰다. 미국의 '동물의 윤리적 대우를 위한 사람들'은 "노르웨이 정부가 주요 산업의 하나인 어업을 보호하기 위해 사실을 왜곡하고 있다"고 주장했다. 이 단체는 10년 전 '바닷가재도 돼지나 닭과 다를 바 없다'는 신문광고를 낸 적이 있다.[30]

그런데 고통을 느끼느냐가 '동물 복지'의 판별 잣대라는 건 좀 이상하다. 이러다가 식물도 고통을 느낀다는 연구 결과가 나오면 어쩌려나. 그런 의문을 가질 수도 있겠지만, vegan(완전 채식주의자)의 규모가 만만치 않다는 건 육식에 대한 도덕적 불편함을 말해주는 게 아닐까?

왜 채식주의가
유행인가?

●
vegan

　　　　　　　　　날이 갈수록 채식주의vegetarianism
를 실천하는 채식주의자vegetarian들이 늘어나면서 서양, 특히
미국에선 식사 초대를 할 때에도 무얼 안 먹거나 못 먹는지 물
어보는 게 예의가 되었다. 바비큐 파티를 해도 고기 안 먹는
사람을 위해 버섯과 콩으로 만든 veggie burger(고기 대신 야
채, 특히 콩류를 재료로 한 샌드위치)와 tofu dog(두부로 만든 핫도
그모양 소시지)를 준비하기도 한다.[31]

　　물론 미국에서 채식주의는 주로 백인, 그것도 중산층 이상
의 사람들이 누리는 라이프스타일이다. '백인들이 좋아하는
것'이라는 웹사이트의 개설자인 미국 작가 크리스천 랜더
Christian Lander는 "어떤 백인 채식주의자의 환심을 얻고 싶다면,
그들을 가족 저녁식사에 초대해보라"며 다음과 같이 말한다.

　　"그때 당신의 어머니(혹은 할머니)가 고기 요리를 대접하
면, 그들은 자신이 채식주의자라 밝히면서 먹기를 거절할 것
이다. 식사가 끝나면 그들에게 어머니가 매우 당황했으며, 당
신의 문화권에서는 대접한 음식을 거절하는 것이 누군가의 무
덤에 침을 뱉는 것과 마찬가지라고 말해라. 그러면 그들이 당

신에게 폐를 끼친 게 되어 당신이 공항에 갈 일이 있거나, 이사를 도와줄 사람이 필요하거나, 무이자로 소액을 빌릴 일이 있거나, 당신 친구가 신세질 곳이 필요할 때 그들에게서 도움을 받을 수 있을 것이다."[32]

vegetarian보다 한 단계 높은 vegan(비건)은 '완전한(엄격한) 채식주의자', veganism(비거니즘)은 '완전 채식주의'를 말한다. 비거니즘은 고기는 물론 생선, 우유, 달걀 등 동물성 식품을 일체 먹지 않는 '완전 채식주의'를 말하며, 이를 행하는 사람은 비건이라고 하는데, 강도 높은 '베지테리언vegetarian(채식주의자)'으로 이해하면 되겠다. 『옥스퍼드도해사전Oxford Illustrated Dictionary』은 1962년에 vegan이라는 단어를 처음 올리면서 'a vegetarian who eats no butter, eggs, cheese or milk(버터, 달걀, 치즈, 또는 우유를 먹지 않는 채식주의자)'로 정의했다.

비건은 1944년 영국의 동물보호운동가이자 Vegan Society(비건협회)의 공동창설자인 도널드 왓슨Donald Watson, 1910~2005이 만든 말로, 처음엔 'non-dairy vegetarian(유제품을 거부하는 채식주의자)'이라는 의미로 썼다. 그러다가 나중엔 동물 착취를 거부하는 이념, 즉 비거니즘을 실천하는 사람이라는 뜻으로 발전했다. 비거니즘은 2000년대 들어 전 세계적으로 크게 유행했다. 미국의 비건은 전체 인구의 3퍼센트, 이스라엘의 비건은 5퍼센트에 달한다.[33]

미국의 슈퍼리치(거부)들 중엔 비건이나 베지테리언이 많다. 세계 1위 부자 빌 게이츠는 비건은 아니지만, 인류적 차원에서 채식 위주의 식사가 강화되어야 한다고 강조해왔다. 자신의 블로그 'The Gates Notes'나 각종 강연을 통해 공장식

육류 생산 시스템이 야기하는 환경적·윤리적 문제를 알리며, 그 해결책은 '비건 푸드'에 있다고 말한다. 게이츠는 현재 육류 대안식품을 개발하는 회사들에 막대한 투자를 하고 있다. 달걀 없이 마요네즈나 샐러드드레싱을 생산하는 'Hampton Creek Foods'와 닭고기 대용품 생산업체인 'Beyond Meat' 등이 대표적이다.

양영경은 게이츠처럼 베지테리언을 자처하는 슈퍼리치가 늘어나는 이유로 4가지를 든다. 첫 번째는 당연히 건강이다. 단순히 건강하게 장수하면서 부를 오래 누리자는 차원이 아니다. 그보다는 그들을 바라보는 시장과 투자자들에게 '저 기업의 최고경영자가 자기 자신을 잘 관리하고 있다'는 신호를 보내기 위한 것이라는 분석이다.

둘째, 탈권위, 오픈 플랫폼, 집단지성 등으로 대변되는 21세기의 분위기다. 채식이나 유기농식 권장을 통해 슈퍼리치들이 '자신은 자연과 인류의 공존을 생각하는, 권위적이지도 탐욕스럽지도 않은 인물'이라는 것을 우회적으로 어필할 수 있다는 의미다.

셋째, 슈퍼리치기 때문에 진짜 채식이 가능하다. 육류를 섭취함으로써 얻는 정서적 만족감이나 쾌감, 영양 균형을 채식만으로 얻기 위해서는 실제로 아주 다양한 채식 재료들을 섭취해야 한다. 또 조리에도 단순히 고기를 굽는 것보다 많은 시간과 공이 들어간다. 때문에 다양한 재료 확보와 조리를 위해서는 능력 있는 영양사와 요리사가 필요한데 이는 슈퍼리치들에게만 가능하다는 것이다.

넷째, 아내 때문이다. 거부들은 모델이나 연예인 같은 젊고 매력적인 여성과 결혼을 발표하는 경우가 많은데, 그 아내

pdlo-vegetarian

pescetarian

raw vegan

fruitarian

flexitararian

ovo-vegetarian

lacto-vegetarian

lacto-ovo vegetarian

freegan

들이 슈퍼리치에게 채식을 권한다는 것이다. 건강과 몸매에 신경을 많이 쓰는 자신처럼 남편도 더 젊고 더 섹시한 인물로 비춰지길 바라기 때문이다.[34]

뭘 먹고 뭘 먹지 않는 분류는 날이 갈수록 까다로워지고 있다. 빨간 고기red meat는 안 먹고 닭고기와 생선은 먹는 부분적인 채식주의자pollo-vegetarian, 고기 중에서 생선만 먹는 사람pescetarian, 날 음식만 먹는 채식주의자raw vegan, 식물의 생명을 방해하지 않고 그 결과물인 과일과 견과류만 먹는 프루테리언fruitarian, 아주 가끔 육류를 섭취하기도 하는 플렉시테리언flexitararian, 동물의 알은 먹어도 유제품은 거부하는 오보베지테리언ovo-vegetarian, 유제품은 먹어도 동물의 알은 거부하는 락토베지테리언lacto-vegetarian, 유제품과 동물의 알은 괜찮다고 보는 락토-오보 베지테리언lacto-ovo vegetarian, 지구환경을 보호하기 위해 먹다 남은 음식만 먹는 프리건freegan 등 매우 다양하다. 초식동물herbivore, 육식동물carnivore, 잡식동물omnivore의 분류법을 따라, "I'm a carnivore(나는 육식파야)"라거나 "I'm an omnivore(나는 잡식파야. 즉, 고루고루 잘 먹는다)"라는 식으로 말하기도 한다.[35]

비거니즘은 의류에까지 확대되어 vegan clothing이라는 말을 낳았다. 여우코트는 1벌에 11~45마리, 토끼코트는 1벌에 30마리, 밍크코트는 1벌에 55~200마리 등 모피코트 1벌에는 수많은 동물이 희생된다. vegan clothing은 모피fur는 물론 가죽이나 실크 등 동물이 희생된 물품을 이용하지 않은 옷, 가방, 신발 등을 말한다. vegan fashion은 폴리에스테르를 이용한 인조가죽이나 아크릴로 만든 인조 모피 등을 사용한다.

연예인 이효리는 오래전부터 "동물을 입는 것보단 안아

주는 것이 더 따뜻하다"며 각종 행사에서 인조 모피로 만든 '비건 패션'을 선보이며 모피 불매 운동을 실천했다. 인조 모피는 한때 '페이크 퍼fake fur'로 불렸지만, 이런 운동에 힘입어 최근엔 '에코 퍼eco fur(환경을 생각하는 모피)' 혹은 '펀 퍼fun fur(재미있는 모피)'로 불리며 새롭게 거듭나고 있다.[36]

왜 다이아몬드는
영원하다는 건가?

diamond

그리스 장인들은 처음에 다이아몬드diamond를 보고 황당해했다. "I cannot tame." 도무지 다룰 수가 없다는 하소연이었다. 그래서 "untamable(길들일 수 없는)" 또는 "invincible(무적의)" 이라는 뜻을 가진 adamas라고 불렀다. 이 단어가 프랑스를 거쳐 영국에 수입되면서 diamond로 바뀌게 되었다. adamas도 영어에서 adamant(더 없이 단단한, 강직한, 불굴의)라는 단어로 살아남았다.[37]

다이아몬드 기원에 관한 터무니없는 이론으로 14세기 연금술사들이 수컷 다이아몬드와 암컷 다이아몬드가 '어린 새끼를 낳고 그 새끼들이 1년 내내 자란다' 고 했다는 말도 전해졌다. 다이아몬드는 16세기부터 일부 지역에서 힘과 용기의 부적으로 간주되었으며, 심지어 다이아몬드에 반사되는 색깔에 따라 범죄자와 간통자의 유무죄를 가려낼 수 있다고도 믿었다.[38]

다이아몬드는 탐욕의 상징이기도 하다. 노예무역이 기승을 부리던 18세기 말 노예상인들은 노예로 판매할 흑인들을 '검은 다이아몬드Black Diamond' 라고 불렀다.[39] 다이아몬드에 얽힌 이런 추한 역사는 이제 끝났을까? 그렇지 않다. 미국 저

널리스트 그레그 캠벨Greg Campbell은 아프리카에서 다이아몬
드의 산출을 둘러싼 어두운 면을 직접 취재해 2002년『다이아
몬드 잔혹사Blood Diamonds: Tracing the Deadly Path of the World's
Most Precious Stones』를 출간했다. 이 책은 2006년 레오나르도
디카프리오Leonardo DiCaprio가 주연한〈블러드 다이아몬드〉라
는 영화로 만들어졌다.[40]

세계 최대의 다이아몬드 산출 회사는 다이아몬드 시장의
80퍼센트를 지배하는 드비어스콘솔리데이티드마인스De Beers
Consolidated Mines Ltd.다. 드비어스는 1871년 남아프리카공화
국의 킴벌리Kimberley에서 다이아몬드가 발견되었던 농지 소
유자의 이름이다. 이 회사는 불멸의 광고 문구를 만들어냈는
데, 그게 바로 그 유명한 "다이아몬드는 영원하다A Diamond Is
Forever"다. 캠벨은『다이아몬드 잔혹사』에서 "'다이아몬드는
영원하다.' 역사상 가장 성공적인 광고 문구 중의 하나로 이
말을 꼽을 수 있다. 오래전부터 사람들은 사랑이 곧 다이아몬
드와 동격이라고 믿으며 어린 시절을 보냈다. 이 간단한 구절
은 드비어스의 지칠 줄 모르는 마케팅과 광고 덕분에 사람들
의 머릿속에 깊이 박혔다"며 다음과 같이 말한다.

"사실 말이지 다이아몬드를 파는 상인들이 아니라면 과
연 누가 그런 '전통'을 만들어낼 수 있었겠는가? 그러나 미국
은 전통의 기반이 아쉬운 나라이므로 신부에게 다이아몬드 반
지를 주는 것도 전통의 일부가 돼버렸다. 드비어스가 내세운
또 하나의 슬로건이 사람들의 이런 욕구에 더욱 기름을 부었
다. '당신이 그녀를 천 년 동안 사랑할 것임을 그녀에게 보여
주세요.' 이 광고 문구는 시장의 상황을 완벽하게 보여준다.
즉, 남자가 여자를 위해 다이아몬드를 사는 현실 말이다.······

드비어스의 설립자 세실 로즈Cecil Rhodes, 1853~1902는 '남자와 여자가 계속 사랑에 빠지는' 한 이제 겨우 싹을 틔운 자신의 제국의 미래는 탄탄하게 보장될 것이라고 말했다."[41]

diamond jubilee는 '60주년 기념식전'이란 뜻으로, 가장 널리 알려진 게 영국 여왕들의 즉위 60주년 행사다. 빅토리아 여왕Queen Victoria은 1897년 6월 22일, 엘리자베스 여왕 Queen Elizabeth II은 2012년 7월 2일에 즉위 60주년을 맞았다. 이 두 번째 '다이아몬드 주빌리' 행사의 한 장면을 보자.

"찰스 왕세자가 축하 콘서트 연설을 했다. 그는 '폐하, 폐하your majesty, your majesty'라고 말하고는 뜸을 들였다. 그러고는 '엄마mummy'라고 했다. 87세 여왕에게 65세의 대영제국 왕세자가 한 말이다. 폭소가 터졌고, 축제 분위기는 더 달아올랐다. 찰스 왕세자는 '(엄마는) 이 자리가 가능토록 한 분들을 위해 감사 인사를 제가 하길 바랄 것이라고 확신한다'며 연설을 이어갔다. 또 그는 '하나님께 감사하게도 오늘 날씨가 좋다. 아마 제가 기상예보를 하지 않아서임이 분명하다'고 해 웃음을 자아냈다."[42]

Acres of Diamonds(다이아몬드의 땅)는 필라델피아에 템플 신학대학을 세운 억만장자 목사 러셀 콘웰Russell H. Conwell, 1843~1925이 19세기 말 미국 전역을 다니며 1만 회 이상 설교한 강연의 제목이자 슬로건이다. 이런 메시지였다. "누구든지 부자가 되어야 할 의무가 있습니다. 가난은 죄악입니다. 하나님에게서 벌을 받아서 가난해진 사람을 동정해서는 안 됩니다. 미국인 부자 100명 중에 98명은 정직합니다. 정직하기 때문에 부자가 된 겁니다. 정직한 눈으로 주위를 보면 모든 곳에 다이아몬드가 있음을 알 겁니다."[43]

noon과 high noon은
어떻게 다른가?

●
high noon

noon(정오)은 숫자 9를 뜻하는 라틴어 nona에서 나온 말이다. 고대 로마 시대의 시간 계산법에서 9번째 시간은 오후 3시를 가리켰지만, noon이 교회 예배 시간에 쓰이면서 예배 후 식사를 염두에 둔 탓인지 정오를 가리키는 말로 변했다. 원래의 의미를 그대로 간직하고 있는 건 스페인어의 siesta(낮잠)다. siesta는 6번째 시간, 즉 정오를 가리키는 라틴어 sexta에서 나온 말이다.

예수가 십자가에 못 박힌 날의 풍경을 전하는 「마가복음 Mark」 15장 33절에서 말하는 '제9시'는 정오를 가리키는 걸로 해석되고 있다. "At the sixth hour darkness came over the whole land until the ninth hour(제6시가 되매 온 땅에 어둠이 임하여 제9시까지 계속하더니)." [44]

high noon은 "정오, 한낮, 한창때, 전성기, 절정"을 뜻한다. noon과 high noon의 차이는 무엇인가? noon은 낮 12시에서 플러스마이너스 10~15분가량이 허용되지만, high noon은 정확히 낮 12시를 말한다. 오차 한도는 1분 이내여야 한다. 프레드 진네먼Fred Zinnemann, 1907~1997이 감독하고 게리

쿠퍼Gary Cooper, 1901~1961와 그레이스 켈리Grace Kelly, 1929~1982
가 주연을 맡았던 1952년의 서부극 〈High Noon〉으로 익숙
해진 말이다.[45]

영화 〈하이 눈〉의 줄거리는 이렇다. 뉴멕시코주 해들리빌
Hadleyville의 보안관 윌 케인Will Kane(게리 쿠퍼)은 젊은 아내 에
이미 파울러Amy Fowler(그레이스 켈리)와의 결혼식을 막 끝내고
신혼 생활을 위해 다른 도시로 떠날 준비를 하고 있었다. 그런
데 자신이 5년 전에 체포해 사형 판결을 받게 했던 살인범 프
랭크 밀러Frank Miller가 사면으로 주립 교도소에서 풀려나 부하
3명과 함께 자신에게 복수하러 온다는 소식을 듣게 되었다.
프랭크 밀러가 탄 열차가 역에 도착하는 시각이 바로 '하이
눈'이었다.

후임 보안관이 도착하지 않은 상태이므로 케인은 다시 배
지를 달고 밀러와 싸우려 하지만 결혼식에 참가한 하객들은
"신부를 생각해서 얼른 떠나라"고 하며 그를 마을 밖으로 내
보낸다. 그러나 일단 마을을 떠났던 케인은 도망치기를 거부
하고 다시 돌아와 밀러와의 대결을 결심한다. 하지만 마을 사
람들은 그 누구도 케인을 도와 밀러와 싸우려 하지 않는다.

결국 케인은 마을 사람들이 외면한 가운데 인적 없는 거
리에서 홀로 밀러 일당과 대결한다. 결정적인 순간에 그를 도
운 것은 단 한 사람, 마을로 돌아가는 걸 반대했던 그의 아내였
다. 거리를 누비며 벌어진 치열한 싸움이 케인의 승리로 끝나
자, 주민들은 그제야 거리로 몰려나온다. 지치고 환멸을 느낀
케인은 보안관 배지를 땅바닥에 던지고 아내와 같이 마을을
떠난다.

이 영화는 처음엔 많은 비판을 받았다. 게리 쿠퍼와 그레

이스 켈리의 나이 차이(28년)가 많이 난다든가 추격이나 활극 장면이 없다는 것도 비판 대상이었지만, 핵심적인 비판은 이 영화가 정통 서부극에서 일탈했다는 것이다. 쿠퍼가 마을 사람들을 찾아다니며 같이 싸워줄 것을 요청하고 막판에 아내의 도움에 의해 살아나는 것 등은 정통 서부 사나이의 체면을 크게 구긴 것으로 간주되었다.

그럼에도 이 영화는 오늘날 '서부영화 걸작 10'에 들어가는 명작으로 추앙받는다. 이 영화의 열혈 팬인 제34대 대통령 드와이트 아이젠하워Dwight D. Eisenhower, 1890~1969는 대통령 재임 시절 백악관에서 수시로 이 영화를 보았으며, 제42대 대통령 빌 클린턴Bill Clinton, 1946~은 대통령 재임 시절 백악관에서만 이 영화를 17번이나 보았다고 한다.

미국 제40대 대통령이며 영화배우 시절 '공산주의자 영화인'을 고발하거나 블랙리스트를 작성하는 일을 했던 로널드 레이건Ronald W. Reagan, 1911~2004은 이 영화는 공산주의자를 무찌르는 애국자를 묘사한 것이라고 주장했지만, 악당들은 매카시스트McCarthyist(공산주의자 사냥꾼)이며 마을 사람들은 상황을 알면서도 몸소 나서지 못하고 침묵하는 여러 예술인이나 언론인, 지식인들을 말한다는 게 정설에 가깝다.[46]

J. F. 리처드J. F. Richard는 2001년 『국제경제법저널Journal of International Economic Law』에 발표한 「하이 눈: 세계적 문제 해결을 위해 우리에게는 새로운 접근 방법이 필요하다. 그것도 빨리High Noon: We Need New Approaches to Global Problem-Solving, Fast」라는 논문에서 "세계적인 문제 해결을 위해 현재 제시되는 방법들은 별 효과가 없다"고 강조하면서, 가능한 한 신속하게 이런 문제들을 해결할 수 있는 새로운 방안을 강구해야 한

다고 주장했다. 물론 여기서 '하이 눈'은 더는 미룰 수 없는 '절정'이라는 의미로 사용된 것이다.[47] 영화 〈하이 눈〉의 극적인 대결 장면이 연상되지 않는가?

·

정신 · 감정 · 심리

왜 인간은
아기 사진을 보면 선해질까?

kluge

kluge(클루지)란 단어가 있다. kludge라고도 쓴다. 무슨 뜻일까? 클루지는 어떤 문제에 대한 서툴거나 세련되지 않지만, 놀라울 만큼 효과적인 해결책을 뜻한다. 공학자들이 쓰는 말로, '영리한'을 뜻하는 독일어 클루그klug에서 유래된 말로, 공학자들이 결코 완벽하지 않은 엉성한 해결책을 가리킬 때 쓰는 통속적인 표현이다. 'jury rig(임시로 급히 짜맞추기, 임시방편으로 사용하기)'의 동의어라고 할 수 있겠다.[1]

미국 뉴욕대학 심리학자 개리 마커스Gary Marcus, 1970~는 『클루지: 생각의 역사를 뒤집는 기막힌 발견Kluge: The Haphazard Construction of the Human Mind』(2008)에서 인간의 다양한 심리적 특성에 대해 진화심리학적 설명을 시도했다. 이 책에 대해 최호영은 "저자는 인간이 얼마나 불완전하고 비합리적인 존재인지를 보여주는 사례들을 제시한다. 그리고 인간의 마음이 이렇게 불완전한 이유를 '진화의 관성evolutionary inertia'에서 찾는다"며 다음과 같이 말한다.

"'진화의 관성'이란 특정 시점에서 진화의 가능성이 그 이전까지 진화해온 종의 상태에 제약을 받는 사정을 가리킨다. 다시 말해 진화란, 마치 뛰어난 공학자가 어떤 문제를 풀기 위해 가장 합리적인 해결책을 찾는 것처럼 진행되는 것이 아니라, 지금까지 진화해온 것들을 바탕으로 당장 그런대로 쓸 만한 해결책이 발견되면, 그것이 선택되는 방식으로 이루어진다는 것이다. 그리고 그 결과, 인간의 마음은 불완전하고 때때로 엉뚱한 문제를 야기하는, 곧 클루지 상태가 되는 것이다."[2]

클루지의 드라마틱한 사례를 하나 살펴보자. 1970년 4월 아폴로 우주선 13호의 달착륙선에서 이산화탄소 여과기가 고장 나는 비상사태가 발생했다. 이걸 고치지 못하면 승무원들이 지구로 돌아오지 못하고 죽을 수도 있는 심각한 상황이었다. 우주비행 관제소의 공학자 에드 스마일리Ed Smylie는 교신을 통해 승무원들에게 "우주 캡슐 안에 무언가 쓸모 있는 것이 있을 것이다. 궁리를 해봐라"고 조언했다. 승무원들은 비닐봉지와 마분지 상자, 절연 테이프, 양말 한 짝 등을 가지고 비록 투박하긴 하지만 훌륭한 여과기 대용품을 만들어 이 문제를 해결했다. 이게 바로 클루지다.[3]

우리 인간이 어린 아기에 대해 보이는 온정적 반응도 클루지다. 영국 심리학자 리처드 와이즈먼Richard Wiseman은 거리 곳곳에 지갑 240개를 떨어뜨려 두고 사람들의 반응을 살피는 실험을 했다. 지갑엔 현금은 없이 개인적인 사진, 신분증, 기한 지난 복권, 회원증 1~2장, 그 밖의 자잘한 물건들이 들어 있었는데, 지갑마다 다른 것은 사진이었다. 각 지갑마다 노부부의 사진, 가족사진, 강아지, 아기 사진을 넣어두었으며, 사진이 없는 지갑도 있었다.

실험 결과 지갑의 회수율에 엄청난 차이가 난 것이 밝혀졌다. 사진이 들어 있지 않은 지갑의 회수율은 15퍼센트, 노부부의 사진이 들어 있는 지갑의 회수율은 25퍼센트, 가족사진이 들어 있는 지갑의 회수율은 48퍼센트, 강아지 사진이 들어 있는 지갑의 회수율은 53퍼센트, 아기 사진이 들어 있는 지갑의 회수율은 88퍼센트였다. 길에서 지갑을 발견했을 때 우리의 의식은 "지갑을 주인에게 찾아주는 건 좋은 일이다. 그러나 그렇게 하는 동안 내가 포기해야 하는 시간과 노력을 따져볼 때……"라며 망설이게 되지만, 아기에 대해선 온정적 반응을 보이는 무의식이 작동한다. 강아지도 비슷하다. 강아지와 아기는 눈이 크고 입이 작으며 연약하다는 공통점을 갖고 있다. 이렇게 작용하는 무의식이 바로 클루지다.[4]

모차르트 음악을 들으면
정말 지능이 높아지는가?

Mozart effect

Mozart effect(모차르트 효과)는 볼프강 아마데우스 모차르트Wolfgang Amadeus Mozart, 1756~1791 의 음악을 듣기만 해도 뇌의 활동이 촉진되어 지능이 향상된다는 이론으로, 프랑스의 이비인후과 의사otolaryngologist인 알프레드 토마티스Alfred A. Tomatis, 1920~2001가 1991년에 출간한 『왜 모차르트인가?Pourquoi Mozart?』에서 처음 제기했다.

1993년 미국 캘리포니아주 어바인에 있는 캘리포니아대학UCI 심리학과의 프랜시스 라우셔Frances Rauscher 교수팀은 모차르트의 〈두 대의 피아노를 위한 소나타 D장조K 448〉를 들은 대학생들이 다른 학생들보다 높은 점수를 획득했다고 『네이처Nature』에 발표하면서 이 이론을 확인했다.

음악 교육학자 돈 캠벨Don Campbell이 1997년에 출간한 『모차르트 효과The Mozart Effect: Tapping the Power of Music to Heal the Body, Strengthen the Mind, and Unlock the Creative Spirit』라는 책이 세계적인 베스트셀러가 되면서 모차르트 음악은 선풍적인 인기를 얻었다. 모차르트의 작품을 선별해 담은 CD가 수백만 장이나 팔려나갔고, 음반회사는 CD 판매를 위해 청각적인 방법으로 두뇌를 개발하지 않으면 자녀가 더 나은 삶을 살 기회를 잃을 수도 있다는 공포 마케팅으로 예비 부모들을 선동했다. 미국 조지아 주지사 젤 밀러Zell Miller, 1932~는 1998년 1월 조지아주에서 태어나는 모든 아기에게 고전음악 CD를 무료로 공급하는 데에 매년 필요한 예산으로 10만 5,000달러를 책정하겠다고 발표하기도 했다.

그러나 1999년 미국 애팔래치안주립대학 연구팀은 고전음악을 들은 뒤 기분이 좋아졌다는 일반적인 느낌 외에 지능이 좋아졌다는 증거는 없다는 실험 결과를 발표했으며, 이후에도 여러 실험 결과 모차르트 효과는 나타나지 않는 것으로 확인되었다. 독일 심리학자 스티브 아얀Steve Ayan은 『심리학에 속지 마라』(2012)에서 한 걸음 더 나아가 모차르트 효과가 '거대한 사기극'이라고 단언했다.[5]

어느 쪽을 믿어야 할까? 영국 출신의 미국 신경정신학자인 올리버 색스Oliver Sachs가 『뮤지코필리아: 뇌와 음악에 관한 이야기』(2008)에서 취한 중간적 입장이 설득력이 있는 것 같다. 모차르트 효과는 크게 과장되었지만, 어느 정도의 효과는 있다는 것이다. 그는 "누구도 부인할 수 없는 것은 일찍부터 강도 높은 음악 교육을 하면 아이들의 유연한 뇌에 대단한 영향을 미친다는 사실이다"며 다음과 같이 말한다.

"모차르트를 살짝 접했다고 해서 아이가 뛰어난 수학자가 되지는 않겠지만, 정기적으로 음악을 접하고 특히 음악 활동에 적극 참여하면 뇌의 여러 부위들―음악을 듣거나 연주할 때 함께 작동해야 하는 부위들―이 자극을 받아 활발하게 발달할 수 있다. 대다수 학생들에게 음악은 교육적인 면에서 쓰기와 읽기만큼이나 중요할 수 있다."[6]

괴짜는 중심에서
벗어난 사람인가?

●
eccentric

개그맨 전유성은 괴짜로 불린다. 이런 평가에 대해 그는 "나는 그렇게 생각하지 않는다. 정말 괴짜들을 못 본 거다. 나는 원칙주의자다"라고 말하지만, 다음 말을 들어봐도 그가 괴짜인 건 분명하다. "예를 들면 '즐거운 시간 보내세요'라고 말하면 이런 생각을 많이 한다. 즐거운 시간을 보내면 안 즐거운 시간이 올 텐데 그걸 왜 보내라 그럴까?"[7]

우리는 괴짜라는 말을 좋은 의미로 많이 쓰는데, 이에 적합한 영어 단어는 eccentric(익센트릭)이다. 천재성이나 창의성이 뛰어나 보통 사람들과는 다른 사고방식이나 행태를 보이는 사람이다. 부정적인 의미의 괴짜는 crank라고 한다.

eccentric은 "중심에서 벗어난off centre"이란 뜻을 가진 그리스어 ex kentron에서 유래된 것으로, 바퀴 만들기에서 나온 말이다. 바퀴를 만들 때에 가장 중요한 것은 바퀴의 중심에서 땅에 닿는 바퀴의 표면이 모두 같은 거리를 유지하게끔 하는 것이다. 즉, 완전한 원형이 되게끔 중심을 잘 잡는 것인데, 이게 말처럼 쉬운 일이 아니었다. 중심에서 벗어난 바퀴가 적잖이 생산되었던 만큼 이를 비유적으로 사람에 적용하는 건 당연한 일이었는지도 모르겠다. 중심에서 벗어났으니 괴짜 취급을 받을 수밖에 없었다.

eccentric이 '중심을 달리하는'이란 뜻으로 쓰였다면, 그 반대말은 concentric(중심이 같은)이다. concentric은 concentrate(집중하다), concentration(집중)과 같은 계열의 단어다. concentric fire는 "(군대 용어로) 집중포화"란 뜻이다.

He has eccentric ways(그에게는 이상한 버릇이 있다). He is rather eccentric, but his novels' messages are very familiar to us(그는 다소 별나지만 그의 소설 속의 메시지는 우리에게 매우 친근하다). Wilde was a popular celebrity for his wit and eccentric style(와일드는 그의 재치와 독특한 스타일 덕분에 유명인이 될 수 있었다). Surely, his music is eccentric(확실히, 그의 음악은 괴짜 같다). Throughout history, pioneers in their respective fields were considered eccentric(역사를 통틀어 각 분야의 선구자들은 괴짜로 여겨졌다).[8]

왜 dismal은
'음울한'이란 뜻을 갖게 되었는가?

dismal

dismal은 "음침한, 음울한, 우울한, 무서운"이란 뜻이다. 중세시대엔 한 달에 이틀, 1년에 24일을 '재수 없는 날evil days'로 여겨 달력에 표시까지 했다. evil days는 중세 라틴어로 dies mali였는데, 바로 여기서 dismal이라는 단어가 탄생했다.

dismal weather는 "찌무룩한 날씨", dismal news는 "우울한 뉴스", dismal face는 "우울한 얼굴", the dismal days of winter는 "겨울의 음산한 나날", be in the dismals는 "울적해 있다. 저기압이다", play a dismal game은 "참담한 경기를 하다"는 뜻이다.

The house looked very dismal(그 집은 겉보기에 아주 음침했다). She became dismal at twilight(그녀는 황혼이 깃들자 음울해졌다). More dismal is the nation's research in basic sciences(더욱 참담한 것은 국가 기초과학에 대한 연구다). However, a real good joke can "blow up" the most dismal audience(그러나 정말 훌륭한 농담은 최고로 엉망인 관중도 날려 버릴 수 있다). The band gave a dismal performance of

The house looked
very dismal

Beatles songs(밴드는 비틀스 노래 몇 곡을 형편없이 불렀다). Our team played a dismal game(우리 팀은 차마 볼 수 없는 서투른 경기를 했다).[9]

영국 역사가 토머스 칼라일Thomas Carlyle, 1795~1881은 1849년 경제학을 가리켜 'dismal science(음울한 학문)'라고 했다. 당시 시를 쓴다든가 하는 문학을 'gay science(즐거운 과학)'라고 부르던 것에 빗댄 말이다. 그 이후 한 세기 반 동안이나 대다수의 사람들이 경제학을 그런 학문으로 여겨왔다. 그저 수학적 모형 수립과 재정 분석에 그치는, 합리적으로 계산하고 사적인 이익 추구를 최대화하는, 극히 현실과 동떨어진 인간상에 빠져 허우적대는 학문이라는 것이다.[10]

미국에는 Dismal Swamp라고 부르는 습지가 두 군데 있다. 버지니아주와 노스캐롤라이나주에 걸쳐 있는 Dismal Swamp와 뉴저지주에 있는 Dismal Swamp가 바로 그것인데, 면적이 넓은 전자의 것을 가리켜 Great Dismal Swamp라고도 한다. 1728년 이 지역을 측량하던 사람들이 이 습지에 대해 온통 부정적인 평가만을 남겨 Dismal Swamp라는 이름을 얻게 되었다.[11]

왜 밭을 잘못 갈면
정신착란이 되나?

○
delirium

　　　　　　　　delirium은 "정신착란, 헛소리
를 하는 상태"를 말한다. 병명病名이라기보다는 병적 증상으
로, 의료인이 아닌 일반인들 사이에선 drowsiness(졸음, 기면
상태), disorientation(방향감각 상실), hallucination(환각, 환상,
망상) 등을 가리키는 말로도 쓰인다.

　　delirium은 라틴어 deliro에서 나온 말이다. 정신착란은
무시무시한 상태지만, 이 라틴어의 어원은 그렇게까지 심각한
의미는 아니다. 영어로 "to go out of the furrow in plowing
(쟁기질을 하는데 밭고랑을 이탈하다)"이란 뜻에 불과하다. 밭고
랑 이탈을 정신이 정상 궤도에서 이탈한 것으로 본 셈이다.

　　lapse into delirium은 "헛소리를 하다", fits of delirium
은 "발작적인 망상 증세(헛소리)", a delirium of joy는 "광희狂
喜", delirious는 "(보통 고열로 인해) 의식이 혼미한, 헛소리를
하는"이란 뜻이다. He became delirious and couldn't
recognize people(그는 의식이 혼미해져서 사람들을 알아보지
못했다).

　　아무래도 영어에선 furrow(밭고랑)를 중요하게 생각하는

147

것 같다. draw a straight furrow(정직하게 살아가다), have a hard furrow to plow(어려운 일에 직면하다), plow a lonely furrow(묵묵히 혼자 일해 가다) 등의 관련 숙어들이 그 점을 잘 말해준다.

Now she's having a hard furrow to plow at her work(그녀는 지금 직장에서 매우 곤란한 일에 직면해 있다). He kept plowing a lonely furrow regardless of what others think(남들 생각과는 관계없이 그는 혼자 묵묵히 일했다). I feel that I have ploughed a lonely furrow on this issue(나는 이 문제에 관해 독자적인 나만의 길을 간 것 같다).

furrow엔 "(배가 지나간) 자국, (수레바퀴의) 자국, (얼굴의) 깊은 주름살"이란 뜻도 있다. 농사로 쓰이면 "(쟁기로) 간다, 밭고랑을 내다, ~에 골자국을 내다"는 뜻이다. a face furrowed with age는 '늙어서 쭈글쭈글한 얼굴'이다. Worries caused her face to furrow(걱정 때문에 그녀의 얼굴에 주름이 생겼다). "What?" Her brow furrowed("예?" 눈썹을 찌푸리며 그녀가 물었다).[12]

왜 기진맥진을
'프래즐'이라고 하는가?

frazzle

2014년 12월 중소기업중앙회가 중소기업 임원 500명을 조사한 결과 2014년을 나타내는 사자성어로 조사 대상의 42.2퍼센트가 기진맥진氣盡脈盡을, 36.2퍼센트는 천신만고千辛萬苦를 꼽았다. 그만큼 경기가 어려웠다는 것이다.[13] 기진맥진은 "스스로 몸을 가누지 못할 정도로 기력이나 기운이 다함"이란 뜻이다. 영어로는 exhaustion이란 단어가 적합하지만, 좀더 생생하게 실감나는 표현을 찾자면 frazzle이라고 할 수 있다.

frazzle은 "너덜너덜해지다, 해지게 하다fray, 몹시 지치다, 몹시 지친 상태"라는 뜻이다. 원래 옷이 너덜너덜해지는 걸 가리키던 이 단어는 미국에서 19세기부터 기진맥진한 사람의 심신 상태에 대한 비유적 의미로 사용되었다. 너덜너덜 해진 옷의 모습이 지칠 대로 지친 심신과 비슷하다고 본 것이다.

frazzled는 "완전히 지친, 녹초가 된", a late party that left us frazzled는 "녹초가 되게 한 밤늦은 파티", to a frazzle은 "너덜너덜하게, 기진맥진하게, 엉망이 될 때까지", be worn to a frazzle은 "기진맥진해 있다"라는 뜻이다.

After dealing with the children all day, I just can't help being frazzled(온종일 아이들을 보느라 진이 빠졌어). Those six eight-year olds frazzled me(저 6명의 여덟 살짜리 아이들 때문에 녹초가 되도록 지쳤다). I am worn to a frazzle(나는 지쳐서 녹초가 되었다). He was worn to a frazzle by hard work(그는 격무에 시달렸다).[14]

미국 심리학자 대니얼 골먼Daniel Goleman은 『포커스: 당신의 잠재된 탁월함을 깨우는 열쇠』(2013)에서 "일부 직장인 그룹은 신경 생리학자들이 '기진맥진frazzle'이라고 부르는 상태에 빠져 있다"며 다음과 같이 말한다.

"이 경우에는 지속적인 스트레스가 코티솔과 아드레날린 분비를 자극함으로써 신경계에 과중한 부담을 주게 된다. 이들의 주의는 개인의 업무가 아니라 불안에 집중되어 있다. 그러한 감성적 고갈 상태는 극도의 피로감의 원인이 된다."[15]

왜 권태는 좌절, 고통, 폭력으로 이어지는가?

●
boredom

상대편을 질릴 정도로 지루하게 만드는 사람이 있다. 그런 사람을 가리켜 영어에선 bore라고 한다. '따분한(싫증나게 하는) 사람'이란 뜻과 더불어 '지루하게(따분하게, 싫증나게) 하다'는 동사로도 쓰인다. What a bore!는 "참 따분하군. 따분한 사람이군", be bored to death는 "아주 싫증이 나다, 지루해지다"는 뜻이다. 미국 독설가 앰브로즈 비어스Ambrose Bierce, 1842~1914는 『악마의 사전』에서 bore를 a person who talks when you wish him to listen(듣기를 바라는데 말하는 사람)이라고 정의했다.[16]

boredom은 '권태'다. 영국 소설가 찰스 디킨스Charles Dickens, 1812~1870가 1852년 소설 『황폐한 집Bleak House』에서 처음 사용한 단어다. 미국 비평가 수전 손태그Susan Sontag, 1933~2004는 "Boredom is only another name for a certain species of frustration(권태는 좌절감의 다른 이름이다)"이라고 했다.[17]

좌절은 고통을 낳기 마련이다. 슈테판 클라인Stefan Klein은 『행복의 공식: 인생을 변화시키는 긍정의 심리학』(2002)에서 "카사노바는 호기심에 내몰리는 인간의 극단적인 유형을 보여준다. 그러나 새로운 것에 대한 갈망은 우리 모두에게 내재해 있다. 변화가 없는 곳에는 권태가 똬리를 튼다. 그리고 권태야말로 가장 견디기 힘든 고통 중 하나이다"며 다음과 같이 말한다.

"독일의 작가 에른스트 윙거Ernst Jünger도 '권태는 옅어진 고통이다'라고 말하지 않았던가. 절망에 빠져 우리는 권태에서 벗어나려고 노력한다. 사람들을 만나 수다를 떨거나 TV를 보거나 유행을 좇는다. 여기서도 우선시 되는 것은 일이나 물건의 유용성이 아니라 뭔가 새로운 것을 경험하고 느낄 수 있는가 없는가이다. 새로움을 소화해내는 것, 이것은 뇌가 수행하는 가장 중요한 과제 중 하나이다. 신경세포는 충전되길 기다리는 것이다."[18]

19세기 영어에서 boredom이라는 단어가 처음 사용될 무렵, 프랑스에서는 ennui가 널리 쓰였는데 이는 영어의 annoy에 해당하는 말이었다. ennui의 어원은 라틴어 inodiare로 '증오심을 갖다'라는 뜻을 가진 단어다. 이와 관련, 황은주는 "따라서 권태라는 단어는 원래부터 증오심과 매우 밀접한 관계를 맺고 있으며 나아가 폭력과도 연결될 수 있는 가능성을 갖고 있었다"며 다음과 같이 말한다.

"에리히 프롬은 폭력을 수동적으로 즐기는 것이나 사디즘적인 또는 매우 파괴적인 행동으로 즉각적인 잔인성을 보이는 것이나 '양적인 차이만 있지 별다를 바가 없다'고 경고한다. 프롬은 권태에 빠진 사람은 종종 '미니 콜로세움'을 만든다고 주장한다. 과거 로마시대에 온갖 잔학성을 경기장 위에서 펼쳐놓았듯이 권태에 빠진 사람 역시 마음속에 미니 콜로

세움을 만들어 자신만의 잔학성을 행사하려고 한다는 것이다."[19]

1999년 4월 20일 콜로라도주 리틀톤시 콜럼바인고등학교Columbine High School에서 에릭 해리스Eric Harris와 딜런 클레볼드Dylan Klebold라는 이름의 두 학생이 총을 난사해 학생 12명과 교사 1명이 사망하는 참사가 벌어졌다. 그로부터 한 달 후인 5월 20일 유사한 총기사건이 조지아주에 있는 헤리티지고등학교Heritage High School에서 일어나 6명의 학생이 부상을 당했다. 경제학자 티보 스키토프스키Tibor Scitovsky, 1910~2002는 1999년 「권태-쉽게 지나쳐버린 질병?Boredom-An Overlooked Disease?」이라는 글에서 이 두 비극의 궁극적인 원인을 권태에서 찾았다. 이에 대해 황은주는 다음과 같이 말한다.

"스키토프스키의 주장에 따르면 배고픔과 권태의 가장 큰 차이는 배고픔이 음식으로 쉽게 해소될 수 있는 데 반해, 대부분의 평화로운 권태 해소 방법은 음악이나 미술 등과 같이 배우는 데 특별한 기술을 요구한다는 것이다. 반달리즘, 살인, 또는 다른 형태의 폭력을 행사하는 것은 특별한 기술을 요하지 않으며 쉽게 권태를 해소할 수 있는 방법이기 때문에 사람들은 권태로울 때 쉽게 폭력을 행사한다."[20]

왜 '셀프'는 아주 복잡하고 상징적인 단어가 되었나?

●
self

"물은 셀프!"(식당) 해석—물은 알아서 먹으삼. 우리는 손이 없어요.

"셀프 사면!" MB 해석—내가 많이 해봐서 아는데, 내 주변 사람들의 죄는 내가 제일 잘 알아. 그러니까 내가 사면하는 것이 가장 좋아!

"훈장은 셀프" MB 해석—내가 많이 해봐서 아는데, 전임에게 훈장을 주기는 싫어. 혹시 나중에 안 줄지 모르니까, 내가 높은 데 있을 때 스스로 받는 것이 낫지.

윤무영이 "아주 복잡하고 상징적인 영어인 셀프self를 알기 쉽게 풀어 드립니다"라면서 한 말이다. "MB정권 말기에 한때 '셀프'라는 단어가 유행한 적이 있다. 그런데 또 다시 '셀프'가 유행이다. 박근혜 대통령이 국정원 개혁에 대해 '개혁안을 스스로 마련해주기를 바란다'고 한 후 '셀프 개혁'이라는 단어가 등장했다. 이렇듯 셀프는 정말 이해하기 힘들고, 실천하기도 힘들다."[21]

이렇듯 말 많은 self의 역사는 의외로 짧다. 1400년경이 되어서야 self는 명사가 되었지만, "자신을 부정하고 전능하신 우리 주 하나님을 따르라"와 같은 구절에서 보듯 처음에는 부정적인 의미로 사용되었다. self는 16세기에 긍정적인 의미로 바뀌면서 복합어로 사용되기 시작했다. 1549년 '자찬self-praise'이 나온 후에 '자기애self-love', '자부심self-pride', '자존감self-regard' 등 수많은 복합어가 나타나기 시작했다. 명사 '의식consciousness'은 1678년에 등장했고, 1690년에 자아와 의식이 결합한 '자의식self-consciousness'이 근대의 신인간을 묘사하는 중심 개념이 되었다.[22]

Don't forget to love yourself(자기 자신을 사랑하는 걸 잊지 마라). 덴마크 철학자 쇠렌 키르케고르Søren Kierkegaard, 1813~1855의 말이다. 아니 자기 자신을 사랑하지 않는 사람도 있단 말인가? 그런 반문이 나올 법하지만, 의외로 자기 자신을 사랑하지 않는 사람이 많다. "자신을 돌보라Look after number one"라는 속담은 좀 다른 맥락에서 나온 것이긴 하지만, 행복의 제1계명으로 손색이 없다. 자기 자신을 사랑하는 순간 행복의 반 이상은 거저 굴러떨어진 거나 다름없다.

자기 자신을 사랑하기 위해선 self-acceptance(자기수용)가 필요한데, 이 또한 쉽지 않은 일이다. 자기수용을 위해선 '있는 그대로의 자신'을 인정하고 그걸 긍정적으로 보려는 자세가 필요하다. 미국 심리학자 로버트 홀덴Robert Holden, 1964~은 "Joy is self-acceptance—it is freedom from self-judgment(행복은 자신을 받아들이는 것, 즉 자신을 평가하는 것에서 벗어나는 것이다)"라고 말한다.[23]

아닌 게 아니라 끊임없이 자신을 분석하고 평가해 스스로 자신을 못 살게 구는 사람들이 의외로 많다. 물론 자기 발전을 위한 노력이겠지만, 적당한 선에서 멈출 줄 알아야 한다. 자기 발전을 꾀하더라도 일단 있는 그대로의 자신을 받아들이는 일부터 확실하게 해두는 게 행복으로 가는 길이다. self-acceptance 수준이 높은 사람은 자기 능력과 현실에 대한 객관적 인식을 바탕으로 자신의 욕구, 단점, 감정, 충동 등을 받아들이기 때문에 스스로 학대하거나 거부하지 않는다고 한다.[24]

'셀픽션selfiction'이나 '셀피selfie'와 같은 신조어의 출현도 self라는 단어의 복잡성과 상징성을 잘 말해준다. 셀픽션은 자기계발서Selp-Help와 소설Fiction의 합성어로, 소설적인 구성으로 메시지를 전하는 방식이다. 스토리에 감정을 이입하기가 쉽고, 그 메시지를 이해하기 쉬워 독자들은 부담 없이 자기계발서를 읽을 수 있었다. 우화식 자기계발서가 진화한 셈인데, 2007년에 유행했다. 인터파크도서에서 매주 발표한 주간 종합 베스트셀러 순위에서 2007년 1월 1주부터 3월 1주까지 종합 20위 내에 평균 5~6권의 셀픽션 도서가 포함되었다.[25]

2013년 11월 영국 옥스퍼드대학출판사는 2013년을 대표하는 단어로 '셀피selfie'를 선정했다. '셀피'란 우리나라의 '셀카'와 같은 의미로 SNS 활용이 활발해지면서 등장한 단어다. 2002년 호주 온라인 포럼에서 한 누리꾼이 아랫입술에 1센티미터가량의 상처가 난 자신의 얼굴 사진을 직접 찍어 공개하면서 '셀피라서 초점이 안 맞다'고 쓴 것이 최초로 알려져 있는데, 이후 유행의 물결을 타면서 헬피helfie(머리카락 사진), 벨피belfie(둔부 사진), 웰피welfie(운동 중 셀피), 드렐피drelfie(술에 취한 셀피) 같은 다양한 파생어가 나타났다.

전문가들은 "자신의 프로필을 많은 이에게 공개하는 소셜 미디어는 새로운 형태의 나르시시즘을 일깨우고 있다"면서, "셀피의 확산은 이런 시대 흐름을 상징한다"고 분석했다.

절벽 끝이나 고층빌딩에 아슬아슬 매달린 셀피, 비행기 조종석에서 또는 스카이다이빙 도중의 셀피 등 이른바 '극한의 셀피'를 찍다가 목숨을 잃는 사람들마저 나오는 걸 보면 그런 나르시시즘의 정도가 매우 심한 것 같다.[26] 개인이건 집단이건 '셀프'가 아주 복잡하고 상징적인 단어가 된 것도 바로 그런 나르시시즘 때문인지도 모르겠다.

'마음이 지워지는 병'이란 무엇인가?

●

dementia

dementia(치매)는 라틴어의 de(아래로)와 mens(정신)에서 나온 단어로, 말 그대로 '정신적 추락'을 뜻한다.[27] 다른 설명도 있다. "'dementia'를 뜯어보면 'de'는 '지우다, 없애다'는 뜻이고 'ment'는 'mental'에서 보듯 '마음'이라는 뜻이다. 거기에 병을 뜻하는 어미 'ia'가 붙은 것이니, 그대로 옮기면 '마음이 지워지는 병'이 적당할 듯하다."[28]

'인지 기능의 장애로 인해 일상생활을 스스로 유지하지 못하는 상태'를 가리키는 치매는 노인에게 많이 나타난다. 한 조사에선 65~74세의 사람 중에서 3퍼센트, 75~84세는 19퍼센트, 85세 이상은 거의 절반이 치매 증상을 보이는 것으로 나타났다.[29]

그러나 50대 이전에도 치매에 걸릴 수 있다. 1906년 독일 신경병리학자인 알로이스 알츠하이머Alois Alzheimer, 1864~1915 박사에 의해 보고된 최초의 환자는 발병 당시 51세였다. 알츠하이머의 이름을 딴 '알츠하이머병Alzheimer's disease'은 치매의 대용어로 쓰이고 있으나, 엄밀히 말하자면 알츠하이머병은

치매의 원인이 되는 여러 질병 중의 하나로 전체 치매 환자 중 약 50~60퍼센트를 차지하고 있다.[30]

치매癡呆라는 단어는 라틴어 어원인 'dementia'의 일본어 번역을 해방 후에 그대로 병명으로 갖다 쓴 것으로 보이는데, 이 번역의 적합성에 대해 이의를 제기하는 사람들도 있다. 성로요양병원장 김석대는 "'치매'라는 말의 뜻을 생각해보면 민망하기만 하다. 한자로 '어리석을 치癡'에 '어리석을 매呆'. 그대로 옮기면 '어리석고 또 어리석은'이라는 뜻이 된다. 그 뜻을 제대로 안다면 감히 입에 올릴 사람이 몇이나 될까?"라고 묻는다.

그는 "실은 옛 우리 어른들이 쓰던 '노망老妄(늙어서 잊어버리는 병)' 또는 '망령妄靈(영을 잊는 병)'이 '치매'라는 말보다는 그나마 어른에 대한 경외심을 조금이라도 나타내는 훨씬 인간적인 단어라고 생각한다. 하지만 이 단어들 또한 부정적 인상이 굳어져 탐탁지 않을 수 있다"며 다음과 같이 말한다.

"그래서 '백심증白心症'이라는 용어는 어떨까 제안한다. 우리는 '까맣게 잊었다'고도 하지만, 긴장하거나 당황해 아무 생각도 나지 않을 때 '머리가 하얘졌다'고 한다. 어린아이의 뇌는 하얀 도화지와 같고, 살아가면서 여러 가지 그림을 그려나간다. 나이가 들면서, 그 그림들이 하나씩 지워지고 다시 어린아이와 같은 '하얀 마음'으로 돌아간다는 뜻을 담고 있다. 평생 수고하며 살아오신 부모님 마음이 깨끗하게 변해간다고 생각한다면, 어려운 나날을 보내고 있는 환자나 가족은 나름대로 품위를 지키고, 용기와 위로를 받을 수 있지 않을까."[31]

그룹홈Group home은 가족이 아닌 이들이 공동생활할 수 있도록 한 시설로, 처음에는 장애인이나 노숙자의 자립을 돕기 위한 시설이었으나 최근에는 치매 등 특정 질환 환자들의 치료·재활을 위해서도 활용된다. 30여 년 전 스웨덴에서 시작된 그룹홈은 세계적 추세로 자리 잡았다. 스웨덴치매센터 소장 빌헬미나 호프만은 "치매 환자에게 가장 도움이 되는 것은 치매 발병 이전의 생활을 계속할 수 있도록 돕는 것"이라며, "그룹홈은 치매 위험 노인들이 주변 사람들과 함께 생활하며 끊임없이 뇌를 자극해 치매 증세 악화를 늦추는 긍정적 작용을 한다"고 말했다.[32]

디지털 기술은
우리에게서 무엇을 빼앗아가는가?

○
digital dementia

digital dementia(디지털 치매)는 "디지털 기기에 지나치게 의존해 기억력이나 계산 능력이 크게 떨어진 상태"를 말한다. 이는 국립국어원이 2004년 '디지털 치매'를 신조어新造語로 올리면서 내린 정의다.

독일 뇌과학자 만프레트 슈피처Manfred Spitzer는 『디지털 치매』(2012)에서 "디지털 치매는 정보 기술을 주도하는 한국의 의사들이 처음 이름 붙인 질병"이라며 책 제목을 고른 계기를 밝혔다. 그는 한국 초등학생의 12퍼센트가 인터넷 중독이라는 통계를 인용하며 독일 청소년도 조심해야 한다고 했다. 독일 14~16세 청소년 중에 인터넷 중독자가 4퍼센트에 그치지만 자꾸 늘고 있다는 것이다.[33]

슈피처는 "길 찾기는 내비게이션이, 연락처 암기는 휴대전화가 대신해주는 요즘 환경이 정신 활동을 이용하고 제어하는 능력을 퇴보시킨다"며, "디지털 치매는 무능해도 되는 삶에서 비롯된다"고 꼬집었다. 단축키나 버튼 하나로 기억력과 사고능력을 대신해주는 디지털 장비들이 '기억하려는 노력과 습관'을 불필요하게 만들고, 결국에는 디지털 치매를 악화시킨다는 것이다.

2013년 7월 온라인 설문조사 기업인 두잇서베이가 5,823명을 대상으로 한 설문조사에 따르면 전체 응답자 중 3분의 1(33.7퍼센트)은 가족인 부모·형제의 전화번호를 기억하지 못한다고 답했다. '직계 가족 외에 기억하고 있는 전화번호'를 묻는 질문에 36.2퍼센트가 1~2개라고 답했으며, 1개도 외우지 못하고 있는 사람도 16.7퍼센트로 집계되었다. 6개 이상 기억하고 있는 응답자는 15.6퍼센트에 그쳤다.[34] 전날 저녁 식사 메뉴를 바로 기억하지 못하는 사람이 30퍼센트, 전체 가사를 외우는 노래가 없다는 사람은 45퍼센트였다. 설문조사 참가자 10명 중 6명은 기억이 잘 나지 않을 때 어떻게 하냐는 질문에 "스마트폰으로 검색한다"고 답했다.[35]

디지털 치매에 대한 우려의 목소리가 높지만, 정보통신연구진흥원장 이성욱은 "편리함이 가져다준 디지털 치매는 환경의 변화에 따라 인간의 능력 또한 자연스럽게 변해가는 현상일 뿐 심각한 병은 아니다. 뇌 능력의 선택과 집중인 것이다. 미국인들은 단순한 수식을 계산할 때에도 일일이 계산기의 도움을 빌린다. 암산을 잘하는 우리나라 사람이 보기엔 '저런 것 하나 계산 못해?' 하고 웃을 일이다. 그러나 미국의 수학 분야는 오히려 우리나라보다 앞서 있다. 단순 계산은 계산기에 맡기고 증명이라든지 연구와 같은 보다 심도 깊은 분야에 매진하기 때문이 아닐까" 라면서 다음과 같이 말한다.

"캐나다의 문화비평가 마셜 매클루언은 '기술이 발달함에 따라 인간의 능력은 얼마든지 확장될 수 있다'고 했다. '자동차는 다리의 확장, 컴퓨터는 두뇌의 확장'이라고 생각하고 창조적 업무에 매진하라는 것이다. 매클루언의 말처럼 디지털 치매가 걱정되어 IT기기의 편리함을 외면하기보다는 이제 단순한 작업은 IT기기에 맡기고 우리는 보다 창조적인 일에 매진해야 할 것이다."[36]

디지털 치매와 비슷한 용어로 'intellectual torpor(지적 무기력)'라는 말도 쓰인다. 미국 아메리칸대학의 언어학자 나오미 배런Naomi Baron은 오늘날 디지털 시대의 학생들 사이에 지적 무기력이 존재한다고 주장한다. 시간을 아낀다는 이유로 무슨 일이건 부실하게 하고, 비논리적이고 단편적인 사고를 하고 있다는 것이다. 미국 터프츠대학 인지신경과학자 매리언 울프Maryanne Wolf도 학생들이 대충대충 건성으로 공부하는 경향이 있다고 지적한다. 마음만 먹으면 언제든지 구글에서 정보를 찾을 수 있는데, 굳이 기억하거나 따로 모아둘 필요가 있겠느냐는 것이다.[37]

·

남녀관계와 페미니즘

'픽업 아티스트'란
무슨 일을 하는 사람인가?

●
pickup artist

A pickup is a pickup(오다가다 길에서 만난 여자는 다 그런 거야). pickup은 "오다가다 만난 연인, 우연히 알게 된 연애 상대"를 뜻한다. pick up은 "우연히 손에 넣다, 만나다", pick up a bargain은 "뜻밖의 진귀물을 손에 넣다"는 뜻이다.[1] 임귀열은 "흔히 남자가 여성에게 접근하며 건네는 한 줄짜리 표현을 pick-up line이라고 말한다"며 몇 가지 사례를 다음과 같이 제시한다.

"남자가 길가는 여성에게 'Can I have directions(길 좀 물어도 될까요)?'라고 진지하게 묻자 여성은 'To where(어디 가시는데요)?'라고 응대한다. 남자가 다시 'To your heart(당신의 마음속으로 가고 싶네요)'라고 말하며 데이트에 성공한다. 초면의 여자에게 건네는 화법은 문화보다는 발상의 차이다. Bar에서 알게 된 여성에게 남자가 다가서며 'May I flirt with you(당신을 꼬셔도 될까요)?'라고 직설적으로 말하는 남자도 있다. 여자는 'May I walk away(저 가봐야겠네요)?'라고 점잖게 응수하는 경우도 있고, 'May I call my boyfriend?'나 'May I punch you in the face?'처럼 겁주는 경우도 있다."[2]

대부분의 사람들은 오다가다 만난 이성에게 첫눈에 끌리더라도 속만 태울 뿐 감히 접근할 생각을 하지 못한다. 하지만 그렇게 속을 태우는 사람이 많다면, 그들에게 조언을 해주는 직업이 생겨날 법도 하다. 그런 일을 하는 전문가를 가리켜 'pickup artist(픽업 아티스트)'라고 한다. 아예 줄여서 PUA라고도 한다.

pickup artist는 미국에서 제2차 세계대전을 전후로 생겨난 말이지만, 대중화된 것은 1970년대 이후다. 에릭 웨버Eric Weber가 1970년에 출간한 책 『여자를 꼬시는 법How to Pick Up Girls』, 1970년대 잠시 발간되다 사라진 잡지인 『픽업 타임스Pick-Up Times』, 1987년에 제임스 토백James Toback이 시나리오를 쓰고 감독한 로맨틱 코미디 영화 〈픽업 아티스트The Pick-up Artist〉 등이 대중화에 영향을 미쳤다.[3]

pickup artist는 원래 여성을 전문적으로 유혹하는, 이른바 '작업의 고수'들을 가리키는 말이었지만, 이들이 그 일을 아예 직업으로 삼으면서 산업적 규모로 성장했다. 한국도 그 추세를 따르고 있다. 김석종은 "이들이 운영하는 학원도 성업 중이라고 한다. 거리에서 여성을 유혹하는 헌팅이론, 나이트클럽에서 이성을 유혹하는 클럽이론, 즉석 만남에서 잠자리까지 이르는 홈런이론 등을 가르친다는 것이다. 이미 케이블 TV 등에 출연해 스타 대접을 받거나 『유혹의 기술』, 『미친 연애』 등 베스트셀러 저자가 된 이들까지 나왔다"며 다음과 같이 말한다.

"이번에는 줄리엔 블랑이라는 유명 미국인 픽업 아티스트의 한국 방문 계획 때문에 한바탕 소동을 빚었다. 그는 여성을 협박하거나 고립시켜 통제하라는 황당한 비법을 알려주거나 성희롱하는 장면을 공개하는 등 국제적으로 비난받는 인물이라고 한다. 결국 여성단체와 누리꾼들의 반발로 입국은 취소됐다. 픽업 아티스트에게 사랑은 '게임'이고, 성관계는 게임의 '최종 미션'일 뿐이다. 문제는 이런 '속성 유혹법'에는 최소한의 윤리 의식이나 상대에 대한 배려가 없다는 점이다. 이쯤 되면 '사랑의 기술'은커녕 인간에 대한 '폭력'에 더 가깝다."[4]

한국고용정보원은 2013년 이성 교제에 어려움을 겪는 사람들에게 전문적으로 조언을 해주는 '연애 코치'를 신규 직업으로 등록했는데, 이런 연애 코치는 dating coach라고 한다. dating coach는 pickup artist에 비해 한결 의젓한 직업이긴 하지만, 이마저도 좋게 보지 않는 사람이 많다. 연애를 코치한다는 건 비윤리적이며 가능하지도 않다는 이유에서다.[5] 그러나 이성만 만나면 얼어붙는 바람에 자신을 알릴 기회조차 누리지 못하는 사람들에겐 사치스러운 비판일 수도 있겠다.

가슴이 뛰어 사랑인가,
사랑이라서 가슴이 뛰는가?

●
love

love는 '즐겁게 하다'는 의미의 라틴어 lubet에서 유래했는데, 독일어에서 사랑을 의미하는 Liebe도 같은 어원을 갖고 있다. 우리나라에 처음 love라는 영어 단어가 소개될 때는 '연애戀愛'라고 번역한 일본어를 그대로 사용했지만, 물론 연애는 love의 여러 유형 중 하나일 뿐이다.[6]

영국 작가 조지 버나드 쇼George Bernard Shaw, 1856~1950는 "사랑은 한 사람과 다른 모든 사람의 차이를 한없이 과장한다"고 했는데,[7] 이를 과학적으로 입증한 실험이 있다. 이른바 '사랑의 다리' 실험이다. 흔들리는 다리rickety bridge 위에서 사랑을 고백하면 성공할 확률이 높다는 것인데, 왜 그럴까? 오리 브래프먼Ori Brafman과 롬 브래프먼Rom Brafman은 『스웨이: 사람의 마음을 흔드는 선택의 비밀』(2008)에서 다음과 같이 말한다.

"협곡 위 70여 미터 상공에 매달린 흔들다리를 걸어서 건넌다고 상상해보라. 발을 뗄 때마다 다리는 끊어질 것처럼 불안정하게 흔들거린다. 마음이 조마조마해지고 심장이 빨리 뛰며 이마에는 송골송골 땀이 맺힌다. 생리학적으로 볼 때 그런

상황에서 겪는 급격한 아드레날린 분비는 누군가 좋아하는 사람이 생겼을 때 겪는 홍분 상태와 동일하다."[8]

즉, 불안감과 아드레날린이 이성에 대한 관심 증가로 변형된다는 것이다. 생리적 반응이 인지에 영향을 끼친다는 말인데, 이는 마케팅에서 홍분을 유발하는 파티 등과 같은 이벤트 연출 효과와 비슷하다. 한 젊은 소비자가 파티에서 멋진 시간을 보낸 것과 특정 브랜드를 좋아하는 것 사이에서 의식적인 연관을 눈치 채지 못하지만, 이미 연관은 이루어졌다는 이야기다.[9]

이른바 '어둠 속 일탈Deviance in the Dark'이라는 실험도 있다. 서로 별 관심이 없는 남녀라도 두 사람을 적잖은 시간 동안 어둠 속에 두면 서로 사랑하게 될 가능성이 높다는 이야기다. 사랑으로 상처받은 과거가 있기 때문인가? 이렇듯 일부 심리학자들은 사랑을 과학적·인위적으로 만들어낼 수 있다며 '사랑의 허구'를 입증하려고 안달이다.[10]

그럼에도 우리는 가슴이 뛰어 사랑인 게 아니라 사랑이라서 가슴이 뛴다고 믿으며 또 그렇게 믿고 싶어 한다. 설사 이게 착각일망정 이런 착각은 길이 보존하는 게 좋지 않을까? 미국의 록밴드 피플People의 1965년 히트곡인 〈I Love You〉의 노랫말은 사랑은 맹목적일수록 좋다는 속설을 재확인해준다.

I love you, I love you, I love you/Yes I do but the words won't come/And I don't know what to say//I should tell you I love you, I do/The words should explain/But the words won't come/I shouldn't hide my love deep inside/The words should explain/But the words won't come//I should tell you just how I feel / And I keep try-y-y-ing / But something holds me back / When I try to tell you // I love you, I love you, I love you / Yes I do-o-o / I love you, I love you, I love you / Yes I do but the words won't come / And I don't know what to say.

당신을 사랑해요, 사랑해요, 사랑해요 / 예 사랑해요, 그러나 말이 안 나와요 / 그리고 난 무슨 말을 해야 할지 모르겠어요 // 당신을 사랑한다고 말해야 해요, 사랑해요 / 말로 설명해야 하는데 / 말이 잘 안 나와요 / 내 마음 깊은 곳에 내 사랑을 숨기지 말아야 해요 / 말로 설명해야 하는데 / 말이 잘 안 나와요 // 내가 어떻게 느끼는지 말해야 하는데 / 그리고 나는 계속 노력하는데 / 당신에게 말하려 하면 / 그 무언가가 나를 가로막아요 // 당신을 사랑해요, 사랑해요, 사랑해요 / 예 사랑해요 / 당신을 사랑해요, 사랑해요, 사랑해요 / 예 사랑해요, 그러나 말이 안 나와요 / 그리고 난 무슨 말을 해야 할지 모르겠어요.

참으로 이색적인 노래다. 거의 모든 사랑 노래가 사랑의 감정을 표현하기 위해 모든 과장법을 총동원하는 경향이 있는데 반해, 이 노래는 '사랑한다'는 말조차 할 수 없다는 걸 지겨울 정도로 반복해서 말하고 있으니 말이다. 어쩌면 이게 더 보통 사람들의 현실에 가까운 게 아닐까? 미국 작가 앨버트 허버드Elbert Hubbard, 1856~1915는 "당신의 침묵을 이해하지 못하는 사람은 당신의 말도 이해 못할 가능성이 높다He who does not understand your silence will probably not understand your words"고 했다. 이 말을 믿어야 할까? 이 노래를 들으면 들을수록 "꼭 말을 해야만 내 사랑을 알 수 있겠느냐"는 항변처럼 들리는 것도 우연이 아니다.

누가 '리버틴'을
'난봉꾼'으로 만들었는가?

libertine

       libertine은 "방탕자, 난봉꾼, 방탕한, 자유사상의, 자유사상가"를 뜻한다. 고대 로마에서 해방된 노예를 뜻하는 libertinus가 갑작스럽게 주어진 자유를 감당하지 못해 방종을 일삼았다고 해서 나온 말이다. 장 칼뱅John Calvin, 1509~1564이 가톨릭 교리를 거부해 1533년 파리에서 추방된 후 스위스로 피난을 가 그곳에서 개혁운동을 펴면서, 반대파들을 부정적으로 묘사하기 위해 처음 사용한 말이다.[1]

    반대파의 지도자는 제네바의 유력 지도자이자 부호인 아미 페랭Ami Perrin, ?~1561이었다. 그는 칼뱅을 제네바로 초청하는 등 처음엔 칼뱅의 적극적인 후원자였으나, 칼뱅의 교권 정치에 반대하면서 결별했다. 칼뱅은 '프로테스탄트의 로마'라는 말이 나올 정도로 제네바에 신정국가神政國家, Theocracy를 건설했다.

    칼뱅의 신정국가에선 연극, 오락, 민속축제, 춤 등 온갖 형태의 유희는 금지되었으며, 일요일에 2번, 주중에 3번의 설교에 참석해야만 했다. 이걸 집행하기 위해 '도덕 경찰관'이 밤

낮을 가리지 않고 아무 때나 불시로 주민들의 집을 방문했다. 지위의 고하를 막론하고 누구건 한 달에 한 번 이상 그런 방문을 받아야 했다. 여자들이 옷을 경건하게 입었는지, 허락된 요리 이외의 것을 먹었는지, 기도문을 잘 외우고 있는지, 왜 칼뱅의 설교에 오지 않았는지 등등 모든 게 감시와 탐문의 대상이 되었다.

'제네바의 교황'으로까지 불린 칼뱅은 검열과 탄압으로 지식인들의 입을 봉쇄했고, 거리의 사소한 주먹다툼을 난동으로 몰아 반대파를 붙잡아 고문하고 처형했다. 칼뱅의 예정설 **doctrine of predestination**에 반대 발언을 하면 화형에 처해졌다. 술에 취해 칼뱅을 욕한 어떤 출판업자는 불타는 쇠꼬챙이로 혀를 찔린 다음 도시에서 추방되었으며, 칼뱅을 위선자라고 불렀다는 이유만으로 처형당한 사람들도 있었다.[12]

사정이 이와 같다면, 칼뱅의 반대파였던 libertine이야말로 자유와 정의의 편이 아닌가. 그러나 역사는 승자의 편이다. 페랭파와의 싸움에서 이긴 칼뱅의 권위에 힘입어 libertine은 18~19세기에 debauchery(방탕)의 이미지까지 갖게 되었다. 오늘날에도 'a chartered libertine(천하가 다 아는 난봉꾼)'처럼 부정적인 의미로 쓰이며, 이런 속담까지 생겨났다. A libertine life is not a life of liberty(방탕한 삶은 자유로운 삶이 아니다).

하지만 당시 libertine의 호응 세력도 적지 않았다. 18세기 프랑스에선 libertine novel이라고 하는 소설 장르가 생겨났는데, 이 장르의 3대 특성은 anti-clericalism(반교권주의), anti-establishment (반체제주의), eroticism(에로티시즘)이었다.

libertine의 대표적 인물로 꼽히는 이들은 이탈리아 작가

자코모 카사노바Giacomo Casanova, 1725~1798, 프랑스 작가 마르키 드 사드Marquis de Sade, 1740~1814, 영국 시인 조지 고든 바이런 경Lord George Gorden Byron, 1788~1824, 프랑스 시인 샤를 보들레르Charles Baudelaire, 1821~1867 등이다.

자유사상가를 뜻하는 libertine에서 나온 자유분방주의 libertinism는 도덕률과 도덕적 구속력에서 자유로운 동시에 육체적 쾌락을 추구하는 기질이나 행태를 뜻한다. 영국 철학자 토머스 홉스Thomas Hobbes, 1588~1679와 그의 사상에 우호적인 사람들에게 붙여진 이름은 리버틴libertine이었는데, 바로 여기서 유래한 말이다.

당시 사람들이 홉스를 자유분방한 사람으로 부른 이유는 주로 그가 무신론자이고 국교를 믿지 않고 당시의 일반적인 도덕에 대해 비판적이었기 때문이다. 홉스는 결코 무신론자는 아니었지만 그렇게 오해되어 경멸적으로 불렸다. 그 시절엔 튀는 자유주의자였던 셈이다. [13]

'문란'과 '다양성'의
차이는 무엇인가?

promiscuous

promiscuous는 "(성생활이) 난잡한, (별 생각 없이) 이것저것 되는 대로의"란 뜻이다. '섞다mix'는 뜻을 가진 라틴어 miscere에서 나온 말이다. 'sexually active(성적으로 활발한)'와 비슷한 말이지만, 뉘앙스는 크게 다르다. sexually active는 그 어떤 가치판단도 내리지 않은 말이지만, promiscuous는 바람직하지 않다는 가치판단을 내재하고 있다.

promiscuous behaviour는 '문란한 행동', promiscuous bathing은 '남녀 혼욕混浴', promiscuous hospitality는 '아무나 가리지 않는 대접', promiscuous eating habits는 '불규칙한 식사 습관', a stylistically promiscuous piece of music은 '여러 스타일을 잡다하게 섞은 음악 작품', in a promiscuous manner는 '되는 대로, 닥치는 대로'란 뜻이다.

She came across as a very promiscuous girl(그 여자 행실이 안 좋은 걸로 알려졌지). Gimpel knows that she is really sexually promiscuous(짐펠은 그녀가 정말 성적으로 난잡하다는 걸 안다). Rumors spread that he is promiscuous(그는 사

생활이 문란하다고 소문이 났다). Brando loved eating food and was known for being promiscuous(브랜도는 식탐이 많았으며 성생활이 문란한 것으로 알려져 있다).

promiscuous의 명사형인 promiscuity는 '뒤범벅, 난잡, 상대를 가리지 않는 성행위, 난혼亂婚'이란 뜻이다. Of course, this doesn't provide any justification for polygyny or promiscuity now for males(물론 이것이 현대 남성들에게 일부다처제나 난혼을 정당화시켜 주지는 않는다). No evidence has proven that contraceptives and contraception education lead to sexual promiscuity of youths, however(피임약이나 피임 교육이 혼전 젊은이의 성생활을 문란하게 만든다는 증거는 없다).[14]

결코 쉽지 않은 일이건만 각국 국민의 성생활에서 promiscuity의 정도를 알아보려는 시도는 끈질기게 이루어지고 있다. 이런 연구를 가리켜 promiscuity study라고 한다.

2002년 조사에서 미국 여성 중 혼외정사婚外情事를 가진 비율은 45~55퍼센트, 남성은 50~60퍼센트인 것으로 나타났다. 2007년 미국 전국을 대상으로 한 조사에서 여성의 전 생애에 걸친 평균 섹스 파트너는 4명, 남성은 7명인 것으로 나타났다. 남성의 29퍼센트, 여성의 9퍼센트는 15명 이상이었다. 부유한 나라들의 평생 섹스 파트너 수는 평균 10명인 데 반해 가난한 나라들의 평균치는 6명에 불과했다. 2008년 조사에서 섹스 파트너가 많은 순위에서 세계 1위는 핀란드가 차지했지만, 인구 1,000만 명 이상되는 OECD 국가 '톱 10'은 영국, 독일, 네덜란드, 체코, 호주, 미국, 프랑스, 터키, 멕시코, 캐나다 순이었다.

세계적인 콘돔업체 듀렉스Durex의 2007년 'Global Sex Survey'에선 오스트리아 남성이 평균 29.3명으로 세계 1위를 차지했고, 뉴질랜드 여성이 20.4명으로 세계 1위를 차지했다. 뉴질랜드를 제외하고 모든 나라에서 여성보다는 남성의 섹스 파트너 수가 더 많은 것으로 조사되었다.[15]

'문란紊亂'은 '뒤죽박죽이 되어 어지러움' 또는 '도덕, 질서, 규범 따위가 어지러움'이란 뜻이다. '문란'은 부정적인 의미지만, '다양성'은 긍정적인 의미다. 그런데 '문란'과 '다양성'의 경계는 생각하는 것만큼 그리 분명하진 않다. 그런 점에서 볼 때에 promiscuous와 promiscuity는 역사적으로 부당한 대접을 받아온 단어다. 영국 작가 조지 버나드 쇼George Bernard Shaw, 1856~1950는 『지적인 여성을 위한 사회주의와 자본주의 입문The Intelligent Woman's Guide to Socialism and Capitalism』(1928)에서 다음과 같이 말한다.

"속물적인 우리 사회에서 '난잡함promiscuity'이라는 단어만큼 악의적이고 끔찍한 뜻을 내포하고 있는 단어는 없다. 하지만 만약 당신이 성적 문란이라는 이 단어의 제한된 용례를 넘어설 수 있다면……사회적 난잡함은 오히려 바람직한 태도의 비결이라는 사실을 깨닫게 될 것이다."[16]

revenue promiscuity는 여러 수입원에서 조금씩 수입을 얻는 '무차별적 수입 확보'를 가리킨다. 미국 IT 전문가 니코 멜레Nicco Mele는 『거대권력의 종말』(2013)에서 그 대표적 사례로 벤처사업가 존 선턴John Thornton과 저널리스트 에번 스미스Evan Smith가 2009년 11월에 개설한 비영리 보도 사이트 『텍사스트리뷴The Texas Tribune』을 들었다.

"2012년 겨울 기준으로 약 3,000명의 회원들이 연간 50달러 이상의 후원금을 내고 있으며, 특별한 행사나 특정 콘텐츠에 소요되는 비용은 기업의 후원금으로 충당한다. 또 프리미엄 콘텐츠를 통해 추가 수입을 얻는 한편, 많은 노력을 기울여 확보한 주요 후원자들로부터 5,000달러 이상의 기증품을 지원받는다. 이처럼 2년간 다양한 방식을 실험한 끝에 『텍사스트리뷴』은 1,000만 달러 이상의 수입을 거두었고, 이는 시간제 근무 직원을 포함해 직원 규모를 31명으로 늘리기에 충분한 금액이었다. 『텍사스트리뷴』은 다른 언론사에 비해 규모는 훨씬 작지만 기존 신문이나 잡지, 웹사이트에서 볼 수 없는 색다른 정치 뉴스를 제공하며 매달 20만 명에 이르는 방문객을 유지하고 있다."[17]

오스틴Austin에 자리 잡은 『텍사스트리뷴』은 그 밖에도 다양한 이벤트 개최 등으로 수입원을 확보할 뿐만 아니라 직접 독자들을 찾아나선다. 텍사스 내 지역신문·방송에 『텍사스트리뷴』의 기사를 마음껏 공짜로 쓰라고 권유하기도 한다. 이에 대해 에밀리 램쇼 부국장은 다음과 같이 말한다.

"왜 기자들이 다 똑같은 일에 목을 매고 있어야 하나요? 왜 똑같은 기자회견에 15명의 기자들이 필요하죠? 언론사 자원이 너무도 한정적인 현실에서 이건 너무 웃기는 일 아닌가요? 만약 그 15명의 기자들 가운데 11명이 기자회견장이 아닌 다른 곳에 가서 탐사보도를 하고 있다면, 우리 정부가 훨씬 더 효율적으로 작동하지 않을까요?"

2004년 11월 현재 각종 재단이나 단체 보조금으로 확보한 재원이 2,700만 달러에 이르는데, 이런 성공의 이유에 대해 램쇼는 다음과 같이 말한다.

"그런데 우리도 이렇게 잘될지 몰랐어요. 사람들이 이렇게 많이 우리를 후원해줄지 몰랐던 거죠. 사람들이 우리 기자들을 믿어야 하고 우리의 비정파성을 신뢰해야 가능한 일인데. 그래도 우리는 도박을 했고, 다행히 잘 풀렸어요. 텍사스 내 비정파적 뉴스를 중요하게 생각하는 사람들이 많았고 그들이 우리의 명분에 기꺼이 동의해줬어요. 한해 약 600만 달러가 모이는데, 이 돈으로 많은 기자들이 자기 일을 할 수 있게 됐어요."[18]

왜 이혼녀를
'그라스 위도'라고 하는가?

●

grass vvidovv

남편을 사별死別한 과부는 widow, 아내를 사별한 홀아비는 widower라고 한다. 사별은 bereavement라고 한다. 과부**widow**에게는 "Mary is John's widow"라고 할 수 있으나, 홀아비**widower**에게는 "John is Mary's widower"라는 소유형은 쓸 수 없다고 하니, 여기서도 남녀 차별이 드러난다. widowerhood라는 단어도 있긴 하지만, 남녀 불문하고 사별로 인해 홀로 남은 상태는 widowhood라고 한다. 같은 뜻이지만, 좀 어려운 단어로는 viduity가 있다. 형용사형인 widowed도 남녀 불문하고 쓰인다.

widow는 비유적으로 남편이 취미나 스포츠 등에 열중해 집에 혼자 남는 아내를 가리키는 말로도 쓰인다. 예컨대, a golf widow(골프 과부)라는 식으로 말이다. widow가 동사로 쓰일 땐 수동태 형식으로 "~을 과부가 되게 하다"는 뜻이다. My sister was widowed by the war(누이는 전쟁으로 남편을 잃고 과부가 되었다).[19]

16~18세기 유럽에서 개신교계엔 이른바 'Widow Conservation(과부 보호제)'이라는 제도가 있었다. 이는 특정

교구의 목사가 사망하면 후임 교구 목사가 과부가 된 전임 목사의 아내와 결혼하는 제도였다. 목사의 개인재산 축적이 없었던 시절인지라 목사가 사망하면 남은 가족들의 생계가 막막했기 때문에 생겨난 제도로, 특히 스칸디나비아 지역과 독일에서 성행했다. 과부는 후임 목사의 선정에 어느 정도 영향력을 행사하는 방식으로 새로운 남편을 고를 수 있었으며, 과부가 늙고 큰 딸이 있을 경우엔 후임 목사가 딸과 결혼하기도 했다. 나중에 과부를 도울 수 있는 'widow fund(과부 기금)'가 마련되면서 사라졌다.[20]

grass widow는 "별거 중인 아내, 이혼한 여자"다. 반대로 별거 중인 남편, 이혼한 남편은 grass widower다. 왜 하필 grass widow(풀 과부)라고 했을까? 여기서 grass를 '풀 침대 bed of grass'로 보는 설이 있다.

'풀 침대'는 정상적인 가정이 아니라 야외 풀밭으로 대표되는 부정한 상황에서 성관계를 갖는다는 걸 시사하는 말이다. 매춘부가 되는 걸 가리켜 "gone on the grass(turf)"라고 했다거나, 16세기까지만 해도 grass widow는 결혼하지 않은 채 하나 또는 그 이상의 남자와 사는 여자, 미혼모, 버림받은 여자를 뜻했다는 것이 이 설을 뒷받침한다. 시간이 흐르면서 grass widow에서 grass의 의미가 약해지면서 이와 같은 뜻을 갖게 되었다는 해석이다.[21]

독일과 네덜란드에도 비슷한 단어가 있는데, 영어로 옮기면 straw widow다. 풀 침대 대신 헛간의 밀짚 침대를 이용했다는 걸 시사하는 말이라 할 수 있겠다.[22]

이런 단어가 있다는 것일 뿐, 이혼녀를 grass widow라고 부르는 건 큰 결례다. 이혼녀는 divorcee, 이혼남은 divorce

나 divorced man이라고 하는 게 무방하다. Grass Widow는 미국 캘리포니아주 샌프란시스코에서 활동하는 인디 록밴드의 이름이다.

'가가 페미니즘'이란 무엇인가?

Gaga feminism

Gaga feminism(가가 페미니즘)은 새로운 페미니즘 심벌로 떠오르면서 성性 정체성에 대한 사회적 편견을 꼬집은 노래와 퍼포먼스를 보여온 미국 팝 가수 레이디 가가Lady Gaga, 1986~의 페미니즘을 말한다. 그녀의 본명은 스테파니 조안 안젤리나 제르마노타Stefani Joanne Angelina Germanotta이며, 이탈리아계 미국인의 딸로 뉴욕에서 태어났다. 뉴욕대학의 예술학부 2학년 때 중퇴해 언더그라운드에서 활동하면서 브리트니 스피어스Britney Spears를 위한 곡도 작곡하는 등 작곡의 재능을 보이다가 2008년 데뷔했다. 그녀는 퀸Queen의 리드 보컬 프레디 머큐리Freddie Mercury, 1946~1991를 숭배하는데, '레이디 가가'라는 예명은 퀸의 유명한 노래 〈레이디오 가가Radio Gaga〉에서 따온 것이다.

가가 페미니즘은 미국 남캘리포니아대학USC 교수 주디스 할버스탐Judith J. Halberstam이 2012년에 출간한 책 제목이기도 하다. 가가는 "나는 페미니스트가 아니며, 남성을 찬미hail합니다"라고 말하지만, 학계의 관심은 뜨겁다. 미국 버지니아대학 예술과과학 대학원 과정에서 '가가 포 가가Gaga for Gaga:

185

Sex, Gender, and Identity'라는 강좌로 개설되어 화제가 되었고, 사우스캐롤라이나대학에서도 '레이디 가가와 명성의 사회학 Lady Gaga and the Sociology of the Fame'이란 강좌가 열려 레이디 가가의 영향력을 입증했다.

할버스탐은 "오늘의 페미니즘은 10년 전 페미니즘과도 전혀 다르다. 임신한 남자, 이성애의 몰락, 체외수정, 동성애 등 가족의 개념이 근본적으로 바뀌어가는 문화의 흐름을 고전적 페미니즘이 따라잡지 못한다"며, 기존 여성주의는 허위 phoniness고 고리타분하다는 비판의 의미에서 페미니즘의 영문 'feminism'을 'pheminism'으로 쓴다.[23]

"마돈나가 과감한 의상과 춤으로 여성을 가둬온 사회적 장벽을 깨나갔다면, 가가는 '동성애를 허하라'는 수준까지 올라간다. 마돈나가 파격을 시도하면서도 여성적 매력을 마음껏 발산했다면, 생고기 드레스를 만들어 입고 나오는 레이디 가가는 '여성'이라는 기존의 캐릭터를 완전히 해체하면서 자기만의 독자적인 미의식을 눈치 보지 않고 펼쳐나간다. 가가 페미니즘은 고전적 의미의 페미니즘이 급속히 쇠퇴하고 있음을 보여주는 상징이기도 하다."[24]

2009년 7월 10일 레이디 가가는 영국 타블로이드 『더 선』과의 인터뷰에서 "나는 싱글 여성"이라며 "난 나와 함께 일하는 밴드의 남성과 잔다. 그것이 간편하기 때문"이라고 고백해 사람들을 깜짝 놀라게 만들었다.[25]

2010년 MTV 비디오 뮤직어워드MTV Video Music Awards에서 '올해의 뮤직비디오상'을 수상한 레이디 가가는 시상식에 생고기로 만든 드레스, 신발, 머리 장식, 핸드백 차림으로 등장해 사람들을 또 깜짝 놀라게 만들었다.

『타임』이 '2010년 최고의 시사 패션'으로 선정한 이 '생고기 드레스meat dress'는 레이디 가가가 미군의 성소수자 정책, 즉 군부대 안에서 자신의 성적 기호를 밝히는 것을 금지하는 DADTDon't Ask, Don't Tell 정책에 반대하기 위해 벌인 이벤트였다. 피부색, 종교, 신념을 넘어서 우리는 결국 같은 살과 뼈를 가진 사람이라는 점을 알리기 위해서였다나. 시상식이 끝난 후 레이디 가가는 인터뷰에서 다음과 같이 말했다.

"저에겐 인권유린같이 느껴졌어요. 제 게이 팬들이 정부로부터 억압받은 듯이 느끼고 있기 때문이에요. 그게 바로 제가 생고기를 걸치고 나온 이유예요. 우리가 신념을 지키지 않거나 권리를 위해 싸우지 않으면 곧 뼈에 붙은 고기만큼의 권리만 남을 거라고 생각해요."[26]

2010년 말 상원은 드디어 DADT 법안을 폐지했고 버락 오바마 대통령은 이에 서명했다. 이와 관련, 재키 후바Jackie Huba는 『광팬은 어떻게 만들어지는가: 레이디 가가에게 배우는 진심의 비즈니스』(2013)에서 "생고기 드레스가 법안 폐지의 기폭제가 되었다고 주장하는 건 아니다"며 다음과 같이 말한다.

"하지만 세계의 이목을 집중시킨 스테이크로 만든 드레스는 성소수자 인권을 상징하는 심벌로 각인되었다. 가가의 유명세가 정점에 올랐을 때 생고기 드레스를 입고 등장함으로써 자신과 게이 커뮤니티가 중요하게 생각하는 사안에 대한 자신의 입장을 세상을 향해 확실히 보여주었다. 그리고 평등과 인권이 무시된 기존 법안을 수정하기 위해 리틀 몬스터가 직접 행동하고 참여하도록 선동했다."[27]

리틀 몬스터Little Monster는 레이디 가가의 팬클럽 이름이다. 팬들은 레이디 가가를 '마더 몬스터Mother Monster'라고 부른다. 리틀 몬스터 사이에서 가장 널리 알려진 심벌은 바로 '몬스터의 손'이다. 몬스터나 무시무시한 동물의 손 모양을 모방해서 손가락 사이를 벌리고 끝을 살짝 구부리는 손동작이다. 그녀는 공연 중 팬들에게 "Paws up!"이라고 외치는데, 이는 "몬스터 손 위로!"란 뜻이다. paw는 '동물의 앞발'인바, 몬스터에겐 그게 바로 손인 셈이다.[28] 고잉 가가Going Gaga는 '광기, 망각, 정신 나간, 열정의' 등 중의적 의미를 지니며, 레이디 가가로 상징되는 미치기, 그런 세계로 향하기, 그것을 추구하기 등의 총체적인 의미를 포함한다.[29]

아버지가 인터넷 사업에 종사한 탓인지, 레이디 가가는 '소셜 네트워크의 여신'으로 불릴 정도로 SNS의 활용에 능하다. 2013년 기준으로 트위터 팔로어 3,800만 명, 페이스북 친구 5,800만 명 등을 보유하며 SNS에서 강력한 파워를 과시하고 있다. 그래서 SNS는 레이디 가가가 누리는 인기의 기반이자 마케팅 통로라는 평가를 받는다. 유튜브를 통한 동영상 클릭 수는 10억 회를 넘어선 지 오래다. 레이디 가가는 2011년 『포브스』가 선정한 '올해의 영향력 있는 인물 100인'에서 '토크쇼의 여왕' 오프라 윈프리를 제치고 1위를 차지했다.[30]

레이디 가가는 자신이 마돈나를 존경하며 그녀의 열렬한 팬이라는 걸 전제하면서도 자신이 마돈나의 아류로 비교되는 것에 대해 이렇게 항변한다. "I don't want to sound presumptuous, but I've made it my goal to revolutionize pop music. The last revolution was launched by Madonna 25 years ago(주제넘게 들릴지 모르겠지만, 팝 음악의 혁명을 추진하는 게 제 목표였어요. 그 이전의 마지막 혁명은 25년

전 마돈나에 의해 시작되었지요)." [31]

　수전 팔루디Susan Faludi, 카밀 팰리아Camille Paglia 등 일부 페미니스트들은 레이디 가가에 대해 비판적이다. 마돈나의 추종자이면서 1990년대 페미니스트 아이콘이었던 팰리아는 2010년 런던 『선데이 타임스 매거진』에 기고한 논평에서 레이디 가가가 그저 '데자뷔의 여왕'이고, 멍한 눈의 인터넷 클론 세대를 사로잡은 따라쟁이copycat며, 아이폰 앱이나 트위터를 손에 쥐지 않고는 아무것도 알거나 생각할 수 없는 그 세대의 무능력을 갈취하고 있다고 주장했다. [32]

　그러나 대세는 레이디 가가의 편이다. 레이디 가가는 미국의 경제 전문지 『포브스』가 선정한 '2013년 세계에서 가장 영향력 있는 음악인'에서 1위를 차지했다. 『포브스』는 최근 1년간의 수입, 인쇄 매체와 방송 노출도, 시장성, 페이스북 등 11개 SNS 영향력 등을 고려해 순위를 매기니, 레이디 가가가 1위를 차지하는 건 당연한 일인지도 모른다. [33] 이게 과연 멍청이 세대의 무능력을 갈취한 결과인지는 더 두고 볼 일이겠지만 말이다.

왜 세릴 샌드버그는
'린 인'을 외치는가?

●
lean in

여성으로서 페이스북 최고운영책임자COO인 세릴 샌드버그Sheryl Sandberg, 1969~는 2013년 3월 『린 인Lean In』이라는 책을 출간했다. lean in은 "뛰어들다, 기회에 달려들다"는 뜻이다. 즉, 이 제목은 "기회에 달려들어라"라는 뜻으로 "여성들은 기회 앞에서 멈칫하며 주저한다pulling back when we should be leaning in"는 비판이 담겼다.

'린 인'은 샌드버그가 2010년 사회적 강연 TED에서 했던 말에서 따온 것이다. 당시 샌드버그는 여성들을 향해 "자신의 사회적 이력을 쌓는 과정에서 움츠리지lean back 말고 과감히 앞으로 나아가라lean in"고 했는데, 이 발언이 큰 호응을 얻자 본격적으로 성 차별 문제에 대해 입을 열기 시작했다.

미국에서 발간 즉시 베스트셀러가 되었고 한국 등 36개국에서 출간된 『린 인』은 화제가 된 만큼 격렬한 논쟁을 일으켰다. 그녀가 일찍 퇴근이 가능한 건 잘나가는 기업의 '2인자' 여성이라는 지위 때문이며 일반 여성 노동자와는 거리가 멀다는 비판이 거셌다. 샌드버그 스스로 "(출간 뒤) 안 들어본 비난이 없다"고 털어놓았을 정도다.

Pulling back when we should
be leaning in

하지만 샌드버그는 "남성과 여성이 인구의 절반씩인데도 리더는 압도적 다수가 남성인 세상을 바꾸기 위해서는 나와 같은 여성이 더 나서야 한다고 여전히 믿고 있다"고 말했다. 그녀는 2013년 7월 3일 서울 신촌동 연세대학교 대강당에서 열린 '여성의 일과 삶'을 주제로 한 강연에서 "항상 당당하게 회의 테이블에 앉고, 남자들에게 주눅 들지 말고 매사에 적극적으로 도전하라"고 격려했다.[34]

우리 한국인이 보기엔 'in'이나 'on'이나 비슷한 것 같지만, lean in과 lean on의 차이는 매우 크다. lean on은 lean in과는 정반대로 "기대다, 의지하다, 압력을 가하다"는 뜻이다. 빌 위더스Bill Withers, 1938~가 1972년에 발표한 불후의 명곡 〈Lean On Me(나에게 기대요)〉 덕분에 우리에게도 익숙해진 표현이다. 이 노래는 마이클 볼턴Michael Bolton 등 여러 가수에 의해 다른 스타일로 다시 불려졌다.

He is a person who needs someone to lean on(그는 누군가 기댈 사람이 필요하다). If you don't pay up, we'll have to lean on you(네가 빌린 돈을 전부 갚지 않으면, 우리는 너에게 압력을 가할 수밖에 없을 거야).[35] Do not lean on anyone, and let no one lean on you(남에게 기대지도 말고 남이 내게 기대게도 하지 마라). 마지막 문장은 미국 작가 앨버트 허버드Elbert Hubbard, 1856~1915의 말이다.

왜 매력적인 여성이
부당한 차별을 받는가?

It Girl

　　매력적인 여성은 직장 생활에서 어느 정도의 혜택을 볼 수도 있지만, 고위직으로 올라갈수록 부당한 차별을 받게 된다. 이를 잘 보여준 사례가 여성으로서 페이스북 최고운영책임자COO에 오른 셰릴 샌드버그Sheryl Sandberg, 1969~다. 샌드버그는 2013년 3월 『린 인Lean In』이라는 책을 출간하는 등 본업을 제쳐 놓으면서까지 사실상 여성 운동가 역할을 하고 나섰다. 왜 그럴까?

　　그럴 만한 사연이 있다. 샌드버그가 전 세계를 무대로 발 벗고 나선 데엔 2012년 5월 한 블로거가 『포브스』에 기고한 「셰릴 샌드버그는 킴 폴레이제이Kim Polese가 과거에 그랬던 것처럼 실리콘밸리의 잇 걸It Girl이다」라는 글이 결정적 계기가 되었다.

　　잇 걸It Girl이란 무엇인가? 여기서 It은 젊은 여성이 갖고 있는 절대적 매력을 가리키는 단어다. 영국 시인 러디어드 키플링Rudyard Kipling, 1865~1936이 1904년에 최초로 쓴 용법으로 알려져 있지만, 1927년 영국 소설가 엘리너 글린Elinor Glyn, 1864~1943이 쓴 「It」이라는 글을 토대로 만든 영화 〈It〉이 화제가 되면서 널리 쓰이기 시작했다. 글린은 그 기사에서 다음과 같이 말했다.

With 'It' you win all men if you are a woman and all women if you are a man. 'It' can be a quality of the mind as well as a physical attraction('잇' 만 있다면, 여자는 모든 남자를, 남자는 모든 여자를 사로잡을 수 있다. '잇' 은 신체적 매력뿐만 아니라 정신적인 자질이기도 하다).[36]

다시 앞서 이야기로 돌아가자. 문제의 글을 쓴 블로거는 초기 기술 분야에서 활약했던 사업가 킴을 1990년대 중반의 '선각자' 로 묘사하면서 진정한 의미로는 결코 성공하지 못했지만, "시기와 장소가 맞아떨어졌고, 젊고 아름답고 말을 잘했다" 라고 썼다. 그러면서 그는 "나는 폴레이제이가 셰릴 샌드버그에게 좋은 경고가 된다고 생각한다" 라고 덧붙였다. 이에 대해 폴레이제이(1961년생)가 공개적으로 반박하고 나섰다.

"이 글을 읽자마자 정말 슬프다는 생각이 들었다. 산업계와 사회가 여성과 리더십을 바라보는 시선이 지난 20여 년 동안 전혀 발전하지 못했다는 사실이 정말 안타깝다. 이처럼 나태하고 고정관념에 찌든 글은 사실까지 왜곡하고 있다.……이런 주장은 지나치게 진부할 뿐 아니라 여성 리더를 과소평가하고 품위를 손상시키며 하찮은 존재로 전락시키는 흔한 형태다."

샌드버그는 이 이야기를 소개한 뒤, "많은 독자가 킴의 주장에 동조해서 그 블로그의 글이 성차별적 성격을 띠었다고 비판하자 해당 블로거는 사과문을 게재했다. 나는 킴이 공개적으로 목소리를 내주어서 고마웠다. 서로 보호해주는 여성이 많아질수록 상황은 개선될 것이다. 안타깝게도 현실이 늘 그런 것은 아니다"며 다음과 같이 말했다.

"모든 사회운동의 내부에는 갈등이 존재한다. 운동가들이 열정적인 데다가 각자의 입장과 해결책이 다를 수 있기 때문이다. 베티 프리던이 어리석게도 글로리아 스타이넘과 일하기를 거부하고, 심지어 악수조차 거부한 일화는 매우 유명하다. 여성의 인권 신장을 위해 많은 활약을 한 두 사람이 손잡고 일했다면 어땠을까? 여성의 권리를 훨씬 크게 신장시킬 수 있지 않았을까?"[37]

글로리아 스타이넘Gloria Steinem, 1943~도 It Girl로 평가받던 매력적인 여성이었다. 제1세대 여성운동가인 베티 프리던Betty Friedan, 1921~2006은 자신보다 22세 연하인 스타이넘의 자유분방한 운동 방식이 마음에 안 들어 스타이넘을 적대시했다. 샌드버그는 이런 불화에 안타까움을 표한 것이다. 샌드버그는 '감사의 말'에서 자신에게 큰 영향을 미친 스타이넘의 비전과 능력에 대한 찬사를 보낸 후 다음과 같이 말한다.

"이 책에서 내가 그녀의 말을 자주 인용한 것도 그 때문이다. '혁명을 내면화하자Internalizing the Revolution'라는 표현은 글로리아가 한 말로, 그녀가 쓴 책의 제목『내부로부터의 혁명Revolution from Within』을 응용한 것이다."[38]

'왕관 증후군'이란 무엇인가?

Tiara syndrome

티아라T-ara는 6인조 걸그룹의 이름인데, 가요계의 여왕이 되어 왕관을 쓰겠다는 의미에서 티아라tiara는 이름을 쓰게 되었다고 한다. 티아라는 원래는 고대 페르시아의 왕들이 쓰던 왕관이었지만, 로마 가톨릭에서 교황관敎皇冠을 부르는 라틴어 낱말로 널리 알려져 있다.

교황관은 꼭대기에 십자가를 정점으로 하여 3개의 층을 가지는 삼중관三重冠으로 앞이 뾰족한 원형이며 높이는 38센티미터다. 이 3개의 층은 교황이 가지는 3가지 직무 즉 신품권, 사목권, 교도권을 암시한다. 티아라는 오늘날에는 보석으로 장식된 반원형 또는 원형의 띠로 된 왕관이나 여성이 착용하는 왕관 모양의 머리 장식을 부르는 말로 쓰인다.[39]

미국에서 티아라를 유행시킨 주인공은 1920년대 성 혁명의 선두 주자였던 '플래퍼flapper(건달 아가씨, 왈가닥)'였다.[40] 티아라는 이들의 파티에서 활용되었다. 대중문화 영역에서 티아라 열풍의 계보를 잇는 주인공은 미국의 '원더우먼Wonder Woman'과 일본의 '세일러 문Sailor Moon'이라고 할 수 있겠다.[41]

오늘날 티아라는 결혼식에서 신부용으로 애용되고 있으

며, 특히 한국에서 그 인기가 폭발적이다. 그래서 유명인이 쓴 티아라가 몇 억 원짜리니 하는 기사들이 끊이지 않는다. 예컨 대, 배우 최정윤이 결혼식 때 착용했던 티아라는 희소성이 높 은 물방울 다이아몬드로 세팅된 것으로 가격이 무려 7억 원대 에 달해 화제를 모았다든가 하는 식이다.[42]

미국 니고시에이팅 위민 주식회사Negotiating Women, Inc.를 공동 설립한 캐럴 프롤링어Carol Frohlinger와 데버러 콜브 Deborah Kolb는 "여성은 자신이 직무를 충실히, 제대로 수행하 고 있으면 누군가가 알아보고 자기 머리에 왕관을 씌워줄 것 이라고 기대한다"며, 이러한 현상을 '왕관 증후군Tiara syndrome'이라고 불렀다. 이와 관련, 여성으로서 페이스북 최 고운영책임자COO인 셰릴 샌드버그Sheryl Sandberg, 1969~는 다음 과 같이 말한다.

"여성은 업무성과가 좋으면 당연히 보상을 받으리라고 믿으면서도 충분히 자격이 있을 때조차도 승진하겠다고 지원 하는 것을 남성보다 꺼리는 경향이 있다.……물론 완벽한 능 력 위주의 사회라면 적임자에게 왕관을 씌워주겠지만 그런 사 회는 아직까지 실현되지 않고 있다. 위험을 감수하고, 성장을 선택하고, 한계에 도전하고, 승진을 요구하는(물론 얼굴에 미소 를 띠면서) 것은 경력을 관리하는 데 하나같이 중요한 요소다."

흑인 여성 작가 앨리스 워커Alice Walker, 1944~는 "사람들 이 영향력을 포기하는 가장 흔한 이유는 자신에게 아무런 영 향력도 없다고 생각하기 때문이다"고 말했다. 이 말을 즐겨 인 용한다는 샌드버그는 "영향력이 저절로 주어지기를 기다리지 마라. 영향력은 왕관과 마찬가지로 호락호락 손에 쥐어지지 않는다"고 말한다.[43]

'선행 릴레이'를
영어로 뭐라고 할까?

●

pay it forward

"루게릭병 환자를 돕기 위한 '얼음물 끼얹기'로 나눔의 새 유행을 창조한 미국에서 이번에는 400명에 가까운 사람들이 연속 생면부지인 뒷사람의 커피 값을 대신 내주는 훈훈한 장면을 연출했다. (2014년 8월) 21일(현지시간) 일간지 USA 투데이와 지역 신문 탬파베이 타임스에 따르면, 전날 플로리다주 세인트피터즈버그의 한 스타벅스 커피 매장 드라이브 스루(차를 타고 주문하는 곳) 코너를 방문한 378명의 고객이 11시간 가까이 차례로 뒷사람의 커피 값을 대신 내줬다."[44]

이와 같은 '선행 릴레이'를 영어로 뭐라고 하는 게 가장 적합할까? 바로 "pay it forward"다. pay it forward는 자신이 누군가에게서 받은 혜택을 그 사람에게 갚지 않고 다른 사람에게 갚는 것을 말한다. 그 기원은 오래되었지만 이 말은 릴리 하디 해먼드Lily Hardy Hammond가 1916년에 출간한 『기쁨의 정원In the Garden of Delight』이란 책에서 처음 사용한 것이다.[45]

미국 소설가 캐서린 라이언 하이드Catherine Ryan Hyde, 1955~가 1999년에 출간한 소설 『Pay It Forward』를 원작으로

해서 2000년에 개봉한 영화 〈Pay It Forward〉는 국내에서 〈아름다운 세상을 위하여〉라는 제목으로 상영되었다. 하이드의 소설을 원작으로 한 뮤지컬도 2007년에 이어 2011년 국내에서 공연되었다. 이런 내용이다.

"한 아이가 세 사람을 돕는다. 그러면 그 세 사람이 또 다른 세 사람을 돕는다. 이런 식으로 계속 세 사람을 돕다 보면 세상 모든 사람들이 도움을 받는다. 단순하고 황당해 보이지만 그럴듯하기도 하다. 이 도움주기 프로젝트를 다루는 뮤지컬 '아름다운 세상을 위하여'가 4년 만에 대학로 알과핵 소극장에서 11월 12일부터 내년 1월 1일까지 재공연된다.……국내 공연에서는 12살 어린이 지홍이로부터 시작되는 다단계식 도움릴레이가 전개된다."[46]

pay it forward와 비슷한 뜻의 말로 '우연한 친절RAK · Random Acts of Kindness'이 있다. 오다가다 만난 누군가에게 작은 기쁨을 주는 친절을 말한다. 미국 작가 앤 허버트Anne Herbert, 1952~가 1982년에 만든 말이다. 미국엔 'RAK재단'과 더불어 '페이 잇 포워드 재단'이 있어 작은 친절로 세상을 바꾸는 운동을 벌이고 있다.[47]

pay it forward는 미국의 일부 기업들 사이에서 개방적이고 서로 돕는 조직 문화를 만들기 위한 수단 중의 하나로 장려되고 있다. 즉, pay it forward는 협업 시스템의 구축에 필요한 사원들의 행동 양식인 셈이다.[48]

미국에서 '실리콘밸리의 대부'로 불리는 스티브 블랭크Steve Blank는 실리콘밸리의 혁신적인 문화가 끊기지 않고 계속 이어지는 이유로 '페이 잇 포워드' 문화를 들었다. 그는 "안면도 없는 사람에게서 도움을 청하는 연락을 받고 도와주는 것을 사회적 책무라 생각한다. 실리콘밸리에서 반도체 산업이 태동할 때 실패를 경험하는 기업이 허다했다. 그때 페어차일드를 비롯하여 60여 개 기업 엔지니어들이 같이 점심을 먹으며 자신들의 경험과 시행착오, 노하우를 나누는 문화가 생겼다"며 다음과 같이 말한다.

"인도, 중국, 러시아 출신 등 인종적 장벽을 경험한 기업인들도 연합을 결성해 서로 돕기 시작했다. 그 문화가 다음 세대에까지 이어졌다. 몇몇 기업 간부가 1주일에 한 시간씩 시간을 내 엔지니어들을 만나 조언을 주기도 했는데, 장발의 20대 청년이 당시 55세였던 인텔 창업자 로버트 노이스 연락처를 전화번호부에서 찾아 조언이 필요하다고 면담을 청했다는 일화는 유명하다. 그 젊은이가 바로 스티브 잡스였다. 지식은 유전을 통해 자동으로 다음 세대에게 전달되지 않는다. 그래서 학교가 필요한 것 아닌가. 실리콘밸리는 그런 의미에서 학교였다. 혁신을 원한다면 다음 세대에게 페이 잇 포워드 문화를 가르쳐야 한다."[49]

남자들 사이에선 페이 잇 포워드 문화가 제법 작동하는지 몰라도 여성은 그렇지 못한 것 같다. 여성으로서 페이스북 최고운영책임자COO에 오른 셰릴 샌드버그Sheryl Sandberg, 1969~는 2013년 3월에 출간한 『린 인Lean In』이라는 책에서 직장 내 여성 차별을 넘어서기 위해 여성들 간 선행 릴레이가 필요하다고 말했다.

샌드버그는 "여성끼리 발목을 잡는다고 생각하니 마음이 아프다. 전 국무장관 매들린 올브라이트Madeleine Albright는 '다른 여성을 돕지 않은 여성에게는 지옥에서도 특별한 자리가 기다리고 있다'고 얘기했다. 여성끼리 돕지 않는 행동에 따른 결과는 개인이 고통을 겪는 수준을 넘어선다. 여성 동료에게 여성이 품는 부정적 견해는 종종 객관적인 평가로 받아들여지고, 남성의 견해보다 믿을 만하다고 여겨진다"며 다음과 같이 말한다.

"여성은 자신도 깨닫지 못하는 사이에 여성을 경시하는 문화를 내면화해서 다시 내보낸다. 결과적으로 여성은 성차별주의의 피해자에 그치지 않고 가해자도 될 수 있다. 하지만 다행스럽게도 이런 태도는 변하고 있다. 최근 조사 결과에 따르면 비즈니스 분야에서 활동하는 '핵심 여성 인재'는 '선행 릴레이pay it forward'를 하고 싶어 하고, 그중 73퍼센트는 다른 여성이 재능을 개발하도록 돕는다."[50]

talking stick
alma mater
faculty
curriculum
sabbatical
walk the chalk
pundit
hack
theory
anti-proverb

학교 · 교육 · 지식

왜 소통을 하는 데
지팡이가 필요한가?

talking stick

" '단순한 들기(청취hearing)'와 '귀 기울여 듣기(경청listening)'를 정확히 구분하지 못하기 때문에 일상생활에서 많은 혼란과 불화가 야기된다. 이 두 단어를 바꿔 써도 무방하다고 생각하니까 이런 일이 벌어지는 것이다. 사실 이 두 단어는 전혀 다르다. 단순히 듣는 행위는 감각적 행동이다. 청각기관이 귀를 통해 정보를 두뇌에 전달하는 '생리적' 과정이다. 반면 귀를 기울여 듣는 경청은 '심리적' 과정이다. 해석과 이해의 과정을 나타내며, 들은 말에서 의미를 끌어낸다는 뜻이다."[1]

미국 정신분석학자 제임스 보그James Borg의 말이다. hearing과 listening이 다르듯이, talk와 speak도 다르다. talk는 일방통행식 대화인 반면, speaking은 듣는 사람의 공감을 끌어내는 게 목적이다. 그런 취지에서 독일의 시인 하인리히 하이네Heinrich Heine, 1797~1856는 "A fool may talk, but a wise man speaks(바보는 자기 말에 열중하지만 현명한 사람은 소통에 노력한다)"고 말했다.[2]

이런 이치를 오래전에 깨달은 북미 인디언들은 집회 시

'talking stick(토킹 스틱)'을 사용했다. 긴 지팡이로, speaker's staff라고도 한다. 'support oneself with a staff(지팡이에 몸을 의지하다)'라는 표현에서 볼 수 있듯이, staff에도 지팡이란 뜻이 있다.

인디언 부족 회의에선 이 지팡이를 들고 있는 사람에게만 발언권이 허용되었으며, 지팡이를 갖고 있는 동안에는 누구의 간섭도 받지 않고 다른 사람들을 충분하게 이해시킬 때까지 자신의 의견을 말할 수 있었다. 지팡이가 매우 긴 것으로 보아선 채로 회의를 했을 것으로 추정된다. 발언자는 자신이 강조하고 싶은 대목에선 지팡이로 땅을 두들기기도 했다. 다른 사람들이 자신의 말을 이해한 것 같으면 그때 지팡이를 옆 사람에게 넘겨주었다.

이런 커뮤니케이션 방식은 오늘날 소통이나 자기계발 분야에서 왕성하게 도입되고 있다. 예컨대, 미국의 성공학 전도사 스티븐 코비Stephen R. Covey, 1932~2012는 『성공하는 사람들의 8번째 습관』(2004)에서 다음과 같이 말한다.

"이런 식으로 모든 사람들이 말하고 들으면서 완전한 커뮤니케이션의 책임을 진다. 모두가 자신의 말을 이해시켰다고 느끼는 순간, 놀라운 일이 일어난다. 부정적 감정과 논쟁이 사라지면서 상호존중의 분위기가 형성되고, 그들은 창조적으로 변한다. 새로운 아이디어가 생겨나고, 제3의 대안이 나온다.……인디언 토킹 스틱 커뮤니케이션 방식에서 또 한 가지 중요한 요소는 침묵이다. 다른 사람들의 말에 공감하기 위해서는 조용히 듣고 있어야 한다."[3]

둥글게 둘러앉은 상태에서 토킹 스틱 커뮤니케이션 방식을 도입하는 소모임을 가리켜 talking circle 또는 council circle이라고 한다. 이는 최근 한국에서도 일부 학교들이 실시하고 있는 '회복적 생활교육'에서 활용되고 있다. 회복적 생활교육에서 이루어지는 모든 대화의 기본은 '서클' 형태로 이루어진다. 서클은 구성원들이 토킹 스틱을 들고 순서대로 돌아가면서 이야기하는 것이다. 단 한 사람도 빠지지 않고 참여해야 하며 토킹 스틱을 손에 든 사람이 말할 때는 누구도 끼어들 수 없다는 원칙이 있다. 또 서클에서 나온 이야기를 서클이 끝난 다음 다른 자리에서는 말하면 안 된다.[4]

왜 자신의 출신 학교를
'모교'라고 하는가?

○
alma mater

　　　　　　　　　　　　alma mater는 "모교母校, 모교의
교가"다. 라틴어로 "길러준 어머니nourishing mother, fostering
mother"란 뜻이다. 원래는 고대 로마에서 케레스Ceres, 키벨레
Cybele 등과 같은 어머니 신神들을, 나중에는 기독교에서 성모
마리아Virgin Mary를 가리키는 말이었다.[5]

　이후 학교가 학생들의 정신과 지식을 길러준다는 의미에
서 '모교'라는 의미로 쓰이게 되었다. 1088년에 세워져 세계
에서 가장 오랜 역사를 자랑하는 이탈리아의 볼로냐대학
University of Bologna의 원래 이름이자 모토motto는 "Alma Mater
Studiorum(Nourishing Mother of Studies)"이다.[6]

　alma mater는 영국 시인 알렉산더 포프Alexander Pope,
1688~1744가 1718년 '모교'의 의미로 최초로 사용했다는 설과
더불어, 1696년 alumnus(대학의 졸업생)의 경우처럼 미국이 만
든 미국 영어라는 설이 있다. 미국은 1713년엔 classmate,
1759년엔 valedictorian(졸업식에서 고별사를 읽는 1등 졸업생),
이후 salutatorian(졸업식에서 인사말을 하는 2등 졸업생) 등과
같은 말도 만들어냈다. 라틴어에 기원을 둔 valedictorian은

'안녕을 말하는 자farewell sayer'란 뜻이다.[7]

alma mater와 족보를 같이하는 단어로는 alimony와 aliment가 있다. alimony는 "(별거 중이거나 이혼 후 남편이 아내에게 주는) 부양금, 별거(이혼) 수당", aliment는 "영양물, 음식물, 생활의 양식, 필수품"이란 뜻이다. alimentary canal은 "(입에서 항문까지의) 소화관"이다.[8]

It seems high time that his alma mater hand over the diploma(그의 모교가 그에게 학위를 주어야 할 적절한 때인 듯 보인다). This is a university that is the alma mater of the last three presidents(이 대학이 3명의 전직 대통령의 모교입니다). He started for his new post as an English teacher in his alma mater(그는 모교에 영어 교사로 부임했다). We ended our class reunion by singing the alma mater(우리는 교가를 부르면서 동창회를 마쳤다).[9]

왜 대학 교수진을
'패컬티'라고 하는가?

◉
faculty

faculty는 "능력, 재능, 기능, 재력, (대학의) 학부, 교수단"을 뜻한다. "power" 또는 "ability" 란 뜻의 라틴어로 프랑스어를 거쳐 1490년경부터 영어로 쓰이기 시작했다. 그런데 왜 대학의 교수단을 faculty로 부르게 된 걸까? 대학이 많이 생겨나면서 가르칠 '능력'이 있는 사람들이 필요했는데, 이들을 가리켜 '능력'에 무게를 두어 faculty라 부르게 되었다. '학부'라는 뜻으로도 쓰였는데, 중세 대학의 4학부the four faculties는 신학, 법학, 의학, 문학이었다.[10]

미국의 일부 대학들은 faculty를 academic faculty와 administrative faculty로 나누는데, 전자는 방학 중 연구에 전념하라는 뜻에서 대학 당국과 9개월 계약을 맺는 반면 후자는 12개월 계약을 맺는다. 그래서 각각 nine-month faculty, twelve-month faculty라고도 한다.[11]

오케스트라엔 악장樂長, concertmaster과 더불어 각 악기 파트별로 그룹 티칭을 담당하는 임상 교수인 패컬티가 존재한다. 악장과 패컬티는 지휘자를 도와 파트 전체의 기술적 문제를 해결하고 지휘자가 요구하는 음악적 지시를 정확히 이해하고 기술적으로 해석해 파트별로 가르치는 단원이면서 단원들의 교수이자 지휘자의 최고 조력자들이다.[12]

Google Faculty Research Award(구글 패컬티 리서치 어워드)는 구글이 전 세계의 대학교수와 연구진을 대상으로 매년 두 차례 진행하는 산학협력 프로그램으로 공개 선발된 사람에겐 최대 15만 달러의 연구비를 지원한다.

the faculty of speech는 '언어 능력', the faculty of hearing은 '청각', mental faculty는 '정신능력, 지능', reasoning(rational) faculty는 '추리력', volitive faculty는 '의지력', a faculty meeting은 '(학부) 교수회', the faculty of law는 '법학부', the legal faculty는 '변호사단'이란 뜻이다. She has a faculty for making friends(그녀는 친구를 사귀는 재주가 있다). Faith is a higher faculty than reason(믿음은 이성보다 한 수 위의 능력이다). 영국 시인 필립 제임스 베일리Philip James Bailey, 1816~1902의 말이다.

왜 로마의 전차 경주에서
커리큘럼이 나왔나?

●
curriculum

curriculum은 "커리큘럼, 교육(교과) 과정, 이수 과정"이며, 복수는 curricula 또는 curriculums로 쓴다. 로마시대에 전쟁이 없을 땐 군인들이 벌이는 전차chariot 경주는 당대의 인기 있는 관중 스포츠였다. 그런 인기를 타고 가벼운 작은 전차little chariot도 만들어졌는데, 이를 라틴어로 curriculum이라 불렀다. curriculum이란 말이 광범위하게 사용되면서 전차 경주는 물론 전차가 달리는 코스course까지도 curriculum이라고 했다.

curriculum vitae는 "course of life(인생의 행로)"라는 뜻으로 이력서履歷書를 말한다. 줄여서 CV라고 많이 쓴다. 영어에서도 '이력서'라는 의미로 사용되는 프랑스어 résumé(또는 resume)는 '요약summary'이란 뜻인데, résumé보다는 CV가 훨씬 상세하고 포괄적인 정보를 담은 이력서로 통용되고 있다.

로마제국의 몰락과 함께 curriculum은 사라졌다. 그러다가 르네상스Renaissance(14~16세기 유럽의 예술 부흥) 시대에 고전에 대한 관심이 높아지면서, 스코틀랜드 대학들의 학자들은 학생들이 공부해야 할 코스의 이름을 정하는 데에 로마제국 시대에 코스라는 뜻으로 쓰인 curriculum이란 단어를 발굴해 냈다. 이게 curriculum이 오늘날과 같은 의미를 갖게 된 역사적 배경이다.[13]

extracurricular는 "과외의, 정식 과목 이외의, 본 업무 이외의", extracurricular activity는 '과외활동'이란 뜻이다. 일반적으로 자원봉사 활동volunteer activity은 과외활동으로 간주되지 않는다. 싱가포르에선 과외활동과 자원봉사 활동을 결합시킨 걸 가리켜 co-curricular activity라고 한다.[14]

Extracurricular activities are activities that are outside of the school curriculum(과외활동이란 정규 수업 계획 이외에 있는 활동들을 말한다). Instead, they focus on their studies and enjoy other extra curriculum activities after school(대신, 그 아이들은 공부에 집중하고 방과 후에는 과외 활동을 즐긴다).

Tenure protects academic freedom because it allows teachers to teach curricula that differ or even contradict prevailing opinion(종신 재직권은 학업의 자유를 보호한다. 왜냐하면 그것은 교사들로 하여금 대세의 흐름과 다르거나 모순되는 교육 과정을 가르칠 수 있게 하기 때문이다). The city of New York launched a unique curriculum titled, "Respect For All"(뉴욕주는 "모두를 존경하라"는 제목의 특별한 커리큘럼을 시작했다).[15]

왜 6년 일하고 1년 쉬는 걸 '서배티컬'이라고 하는가?

sabbatical

sabbatical 또는 sabbatical year(안식년, 안식 휴가)는 휴양, 여행, 연구를 위해 보통 7년마다 대학교수나 선교사 등에게 주어지는 1년간의 유급 휴가를 말한다. 땅을 쉬게 하기 위해 7년마다 한 번씩 1년간 경작을 하지 않았던 옛날 히브리Hebrew 전통에서 유래된 말이다.

sabbatical은 Sabbath(안식일)와 마찬가지로 "to rest(쉬다, 그만두다)"라는 뜻의 히브리어 shabath(샤바트)에서 나왔다. 유대인들은 오늘날에도 안식일(금요일 일몰부터 토요일 일몰까지)에는 자동차를 타지 않고 회당에 걸어가며, 심지어 엘리베이터 단추도 누르지 않는다.[16]

요즘 대학에선 안식년을 연구년이라고 부르는데, 연구년을 누린 고려대학교 국문학과 교수 권보드래는 "참 좋았지만 많이 미안했다"며 이렇게 말한다. "다들 7일에 하루 쉬듯 7년에 한 해 쉰다면 세상은 얼마나 바뀔까. 오래 제대로 쉬기 위해선 공동의 지지가 필수적이다. 내 일을 누군가 대신해야 하고, 그러면서도 돌아올 자리가 있어야 하고, 경제적 지원까지 있어야 한다. 그런 지원이 장기적으로 더 큰 효율을 낳으리라는 합의가 있어야 한다. 꿈같은 얘기지만 그런 날을 떠올려 본다."[17]

오늘날에는 일반 직장에서도 재충전을 위한 장기 휴가를 sabbatical leave라고 부른다. career break(직무 휴직)라고도 하는데, 이는 '육아 휴직' 개념이 발전한 것이다. 영국은 2005년 기준으로 전체 기업의 20퍼센트가 이미 career break 제도를 실시하고 있으며, 10퍼센트가 도입을 검토 중이다.[18]

sabbatical과 유사한 제도로 gap year(갭 이어)라는 것도 있다. 원래 1960년대 영국에서 처음으로 사용된 이 제도는 대학에 입학 허가된 이후에 1년 동안 해외 봉사 활동, 여행, 해외 워킹 홀리데이Working Holiday 등의 경험을 한 후, 학교로 복귀하는 것을 말한다. 이에 대해 윤병국은 다음과 같이 말한다.

"이 제도의 취지는 대학 입학 예정자들이 자신의 특정 관심 분야에 대한 경험과 생각을 충분히 정리한 다음 대학 생활을 한다면 입학 이후의 학업과 인생의 비전이 더 커질 것이라는 취지이다. 서구의 학생들은 대부분 자신의 인생 중에서 이러한 Gap Year를 체험한다. 현재는 Gap Year의 개념이 보다 확대돼 현대인에게 있어서 인생의 어느 일정 부분에서 자신의 삶을 관조하고, 앞으로의 삶을 보다 더 충실하게 살기 위해 '인생의 방학 기간'을 설정하는 계층들이 늘어가고 있다."[19]

sabbatical year로 부르기도 하는 gap year 제도는 미국에선 하버드대학, 프린스턴대학, MIT, 뉴욕대학 등 일부 대학에서만 실시하고 있지만, 인기가 높아 다른 대학들로 확산되는 추세다. 2013년 gap year 프로그램을 이용한 학생은 4만 명에 이르렀다.[20]

한국의 고 3 학생들에게 gap year는 상상할 수조차 없는 사치며, 그들에겐 오직 '재수'나 '삼수'만 있을 뿐이다. 재수·삼수생은 "징역 1년에 벌금 2,000만원"이라는 형벌을 받는다는 이유로 '죄수생'으로 불린다. 2014학년도 전국의 4년제 189개 대학의 신입생 중에서 재수생은 19.3퍼센트에 달한 반면, 서울 지역 대학의 재수생 비율은 전국에서 가장 높은 31.8퍼센트를 기록했다. 서울에서도 잘 사는 지역일수록 재수생 비율이 높아 강남구은 74.3퍼센트에 달했다.[21] 서울대학교의 2014학년도 정시모집 선발에선 재수생 합격자 수(52.9퍼센트)가 사상 처음으로 재학생 합격자 수(46.1퍼센트)를 넘어섰다.[22]

왜 음주 측정을
분필로 하는가?

⊙

vvalk the chalk

walk the chalk는 "엄밀히 명령을 좇다, 신중히 행동하다"는 뜻이다. 최초의 음주 테스트는 선상船上에서 이루어졌다. 선장이 배의 갑판 위에 분필chalk로 선을 그은 뒤 선원들로 하여금 그 위를 똑바로 걷게 해 취한 선원들을 가려내던 데서 유래된 말이다. 미국에선 지금도 자동차 운전과 관련해 이런 음주 측정법이 사용되고 있다.[23]

by a long chalk는 "훨씬, 단연by far, 큰 차이로, 철저히"란 뜻으로, by long chalks라고도 한다. 여기서 chalk는 운동 경기에서 점수를 흑판에 기록하던 분필을 가리키는데, 큰 점수 차가 났다는 걸 그리 표현한 것이다.

I beat him by a long chalk(나는 그보다 훨씬 앞서 있었다). Lions beat Tigers by a long chalk(라이언 팀이 타이거 팀에 완승했다). They are grateful words, but not true by a long chalk(그것은 감사의 말이지만 본심에서 우러난 것은 전혀 아니다). Most of the stone and marble missed to fit the building color by a long chalk(대부분의 돌과 대리석이 그 빌딩의 색깔을 맞추는 데 큰 차이를 내며 벗어났다).

chalk up은 "(득점 등을) 기록으로 적어두다, ~의 탓으로 하다, 마음에 새기다", come up to chalk는 "표준에 달하다, 훌륭하다, 다시 시작하다"는 뜻이다. chalk it up to는 "~의 계정(외상)으로 하다"는 뜻이다. 옛날 가게 등에서 외상을 흑판에 적어두던 관행에서 유래한 말이다. 이걸 응용해 chalk it up to experience(깊이 명심하다)라는 말도 쓰이는데, 이는 누군가 실수를 저질렀을 때에 해줄 수 있는 표현이다.

They chalked two runs in the first inning(그들은 1회에 2점을 올렸다). I chalk up the student's failure to laziness(그 학생의 낙제는 태만 때문이다). It was a poor performance, but may be chalked up to lack of practice(연주는 서툴렀는데 그것은 연습 부족 탓일 것이다). Chalk mine up, will you(내 몫을 외상으로 달아놓겠습니까)?

as different as chalk from cheese(as like as chalk and cheese)는 "겉만 비슷하고 실질은 전혀 다른"이란 뜻이다. Your characters are as different as chalk from cheese(너희들의 성격은 전혀 다르다). chalk엔 "창백하게 하다, 희게 하다"는 뜻도 있다. Terror chalked her face(그녀의 얼굴은 무서워서 새파랗게 질렸다).[24]

왜 미디어는
'펀딧'이란 말을 즐겨 쓰나?

●
pundit

pundit은 "(인도의) 학자, 박식한 사람, 정치 분석가", pundit class는 "식자층識者層", punditry 는 "현자의 학식, 박학자"란 뜻이다. pundit은 힌두어로 "knowledge owner(지식의 소유자)", "learned man(지식인)" 이란 뜻이다.

미국 예일대학 학생들은 예일대학 영문학 교수 윌리엄 라 이언 펠프스William Lyon Phelps, 1865~1943의 후원으로 Pundits 라는 이름의 클럽을 결성했다. 『타임』의 발행인 헨리 루스 Henry R. Luce, 1898~1967는 자신의 예일대학 학생 시절을 떠올리 면서 pundit이라는 단어를 『타임』에 적극 사용함으로써 이 단어의 대중화에 결정적 역할을 했다.[25]

pundit은 오늘날엔 주로 언론계의 정치 분석가들을 가리 키는 말로 쓰이고 있다. 언론계가 스스로 주도한 일종의 자화 자찬自畫自讚인 셈이다. pundit은 사람마다 각자 다른 의미로 쓰지만, 다소 경멸적인 의미로 쓰는 경우도 있다. 특히 텔레비 전에 출연하는 pundit을 가리켜 'talking head'라고 한다. talking head는 텔레비전 앵커나 기자는 물론 정치 광고에서

부자연스럽게 원고를 또박또박 읽는 후보자까지 가리킨다. 펀딧의 정치 분석이나 예측이 틀리면 그만한 지위를 누리지 못하는 정치 분석가들의 좋은 '비판 먹이감'이 된다.[26]

펀딧이라는 말이 멋있어 보였던지, 이젠 분야를 가리지 않고 전문가를 펀딧이라고 부르는 경향이 있다. 예컨대, 다음 기사를 보자. "영국 방송사 스카이스포츠의 펀딧(축구 전문가)으로 방송 데뷔를 한 아스널의 '킹' 티에리 앙리가 친정팀 아스널에 조언을 남겼다. 앙리는 맨시티 대 아스널 전 경기에 대한 분석을 통해서 '알렉스 송이라면 아스널을 향상시킬 것이다'라며 '그와 같은 유형의 선수가 수비진 앞에서 좋은 활약을 할 수 있는 선수다'라고 말했다."[27]

pundit과 비슷한 말로 maven(박식한 사람, 통달해 있는 사람, 숙달한 사람)이 있다. 특정 분야에 박식한 사람으로 지식 전파를 위해 애쓴다. "one who understands(이해하는 사람)"란 뜻의 히브리어에서 온 단어다.[28]

Some pundits are worried about the degree of seriousness of school violence these days(일부 전문가들은 최근 학교폭력의 심각성에 대해서 우려하고 있다). Sports pundits are assuming that the future is extremely bright for Park(스포츠 전문가들은 박주영의 미래는 매우 밝다고 추측하고 있다). Political pundits say there even may be a revolution(정치 전문가들은 혁명이 일어날 수도 있다고 말한다).[29]

왜 돈을 위해 급하게 글을 쓰는 사람을 '해크'라고 하나?

○
hack

영국 런던 근교의 Hackney는 중세시대에 말로 유명한 마을이었다. 특히 말을 빌려주는 걸로 유명했다. 그런데 이 사업이 번창하다 보니 말들은 혹사당하기 일쑤였다. Hackney에서 비롯된 hack은 이렇듯 특정 목적을 위해 창녀에서 변호사에 이르기까지 그 누구건 사람이나 사람의 서비스를 돈을 주고 빌리거나 고용한다는 의미와 더불어 돈을 위해 혹사당한다는 의미를 갖게 되었다.

그런 혹사 이미지는 나중엔 주로 글을 쓰는 사람에게 적용되었다. 그래서 돈을 위해 급하게 글을 쓰는 사람을 가리켜 hack라고 한다. 18세기부터 사용된 말이다. hack work는 매문賣文, 남의 밑에서 하는 고된 일 등을 뜻한다. 세계적인 유명 문인들 중엔 hack writer 출신이 많다. 예컨대, 안톤 체호프 Anton Chekhov, 1860~1904, 아서 케스틀러Arthur Koestler, 1905~1983, 사뮈엘 베케트Samuel Beckett, 1906 ~1989, 윌리엄 포크너William Faulkner, 1897~1962 등이 바로 그들이다.

미국 정치권에선 그 어떤 정치적 이념이나 신념 없이 보상을 바라고 여기저기 기회 닿는 대로, 늘 해오던 대로 상투적으로 일하는, 선거운동원을 가리켜 hack라고 한다. 정치적인 비판을 위해 고용된 글쟁이는 political hack라고 하는데, 이들의 도덕성을 비판하기 위해 hired gun이라고 부르기도 한다.

영국에선 hack의 여성형으로 hackette를 쓰는 경우도 있는데, 이 단어는 속어로 여성 언론인을 뜻하기도 한다. hack는 "택시, 택시 운전사hackie"의 뜻으로도 많이 쓰이는데, 이는 주요 교통수단이 말에서 자동차로 바뀌었다는 걸 감안하면 쉽게 이해할 수 있겠다.

hackney가 형용사로 쓰이면 "임대의, 써서 낡은, 흔한, 진부한", hackneyed는 "낡아(흔해) 빠진, 진부한 익숙해진", a hackneyed phrase는 "판에 박힌 말"이란 뜻이다. "혹사당하는→낡아 빠진→진부한"으로 이어지는 단계를 거쳐 의미가 확대된 것으로 이해할 수 있겠다.[30]

hack엔 "잘게 썰다"는 뜻이 있는데, 이와 관련된 hack sleep은 '조각 잠'을 말한다. 극도의 효율성을 강조하는 티모시 페리스Timothy Ferriss는 『네 시간 몸The 4-Hour Body』이라는 책에서 조각 잠을 자는 방법을 알려준다. 그는 한번 자리에 누워 6~9시간 동안 수면을 취하지 말고 나누어 잠자는 법을 익히면 4시간 간격으로 20분씩 수면을 취하는 것으로 일상생활을 영위할 수 있다고 주장한다.[31] 도대체 무엇을 위해 그렇게까지 해야 필요가 있는지는 의문이지만 말이다.

왜 이론은
어리석거나 위험한가?

theory

theory(이론)의 어원은 그리스어
인 'theoria'인데, 여기서 'theo'라는 단어는 '본다'는 뜻이다.
막연히 눈으로 보는 것을 의미하는 'see'와는 달리, 겉으로 보
이는 현상을 관찰하는 것만으로는 파악할 수 없는, 사물의 본
질을 본다는 뜻이다. 즉, 이론theory이란 사물을 달리 바라보게
하는 것이란 의미를 지니고 있다.[32]

미국의 남북전쟁(1861~1865) 당시 남부에서 병력이 모자
라 흑인 노예들을 무장시켜 전쟁터로 내보내는 방안이 논의되
었을 때 남부연합 하원의장 하월 코브Howell Cobb, 1815~1868는
"노예로 군대를 만드는 그날이 바로 혁명이 끝나는 날이다. 노
예가 훌륭한 군인이 된다면 노예에 대한 우리의 모든 이론은
틀리게 된다"고 말했다. 또 남부연합 대통령 제퍼슨 데이비스
Jefferson Davis, 1808~1889는 "만약 남부연합이 몰락한다면 그 묘
비에 '이론의 죽음'이라는 글이 새겨질 것이다"고 말했다.[33]

물론 남부연합은 몰락했고, 그들의 이론은 죽었다. 이론
의 어리석음이나 위험을 말해주는 에피소드로 볼 수 있겠다.
같은 맥락에서 영국의 추리 작가 아서 코넌 도일Arthur Conan

Doyle, 1859~1930은 셜록 홈스Sherlock Holmes의 입을 통해 "증거를 얻기 전에 이론을 세우는 것은 중대한 실수다It is a capital mistake to theorize before you have all the evidence"라고 했다.[34]

학계 역시 그런 위험에서 자유롭지 않다. 심리학자이자 행동경제학자인 대니얼 카너먼Daniel Kahneman은 분명하게 반박 가능한 사례들을 만들 수 있는 이론이 오랫동안 버틸 수 있는 건 학자들의 사고방식이 가진 취약성 때문이라며, 그런 취약성을 가리켜 '이론으로 인한 맹목theory-induced blindness'이라고 불렀다.

"일단 어떤 이론을 받아들여서 사고 도구로 사용했다면 그것의 문제를 파악하기란 매우 어려워진다. 모델에 부합하지 않아 보이는 관찰 결과를 발견했다면, 당신이 뭔가 놓치고 있는 완벽하게 좋은 설명이 분명 존재한다고 가정한다. 당신은 그 이론을 수용한 전문가 집단을 신뢰하면서 의심스럽더라도 일단은 믿고 본다."[35]

새뮤얼 아브스만Samuel Arbesman은 '이론으로 인한 맹목'을 "세상이 돌아가는 방식에 대한 믿음에 집착하는 바람에 세상이 실제로 어떻게 돌아가는지를 보지 못하는 것"으로 정의한다. "인간은 새로운 지식이 등장하면 그것이 자신의 세계관과 일치하든 일치하지 않든 이를 수용해야 하는데도 그렇게 하기보다는 이미 알고 있는 것과 어울리는 사실만 자신의 머릿속에 들어 있는 지식의 창고에 추가하려 한다."[36]

이론은 여러 분야에서 거센 도전에 직면하고 있다. 인문학은 1960~1980년대에 이론의 전성기를 맞았다가 그 후 이론의 몰락과 죽음을 이야기하는 지경에 이르렀다. 이에 대해 뉴질랜드 예술철학자 데니스 듀턴Denis Dutton은 다음과 같이 말한다.

"1960년대에 프랑스에서 수입된 이후, 예일대학교 등을 거치면서 발전한 이론들은 일종의 지적인 유행이거나, 영리한 슬로건, 혹은 제스처에 불과했다. 그 이론은 진리의 탐구나 지식의 발견과는 거리가 멀었다. 오로지 비밀암호 같은, 그 이론이 담고 있는 전문용어 때문에 주목을 받았다. 그것은 학문적 경력과 기득권을 지키기 위한 것이었다.……이론이 위축된 것은 이론이 반박되었기 때문이 아니라, 누구든지 이론에 싫증이 났기 때문이다."[37]

인문학 이외의 분야에서도 이론을 둘러싼 논쟁이 뜨겁다. 경영학 분야에선 "엉터리 경영이론이 세상을 어지럽힌다"며 "어설픈 경영이론의 죄악"을 고발하는 일이 심심치 않게 일어나고 있다.[38] 독일 심리학자 스티브 아얀Steve Ayan은 『심리학에 속지 마라: 내 안의 불안을 먹고 자라는 심리학의 진실』(2012)에서 "모든 이론은 임시적이다"며 다음과 같이 말한다.

"보이는 것만큼 나쁘지 않다는 말은 연구에 정반대로 적용할 수 있다. 처음 보기에는 사실인 것 같던 몇몇 이론이 거짓으로 판명될 때도 있다. 그러므로 이론을 판단할 때는 아무리 그럴듯하게 들리더라도 어떤 신조나 믿음에 집착하지 말고 열린 마음으로 임해야 한다."[39]

왜 속담을
비틀어 쓰는 게 유행하나?

anti-proverb

"Proverbs are the wisdom of the streets(속담은 거리의 지혜다)"라는 말이 있을 정도로, 속담은 우리의 일상적 삶에서 자주 활용되는 지혜의 원천이다. 프랑스엔 "A proverb can't lie(Proverbe ne peut mentir · 속담은 거짓말하지 않는다)"라는 속담까지 있다.[40]

그렇다면 anti-proverb란 무엇인가? anti-proverb는 직역하자면 '반反속담'인데, 이미 널리 쓰이는 속담을 비틀어 씀으로써 재미와 더불어 때로 의미를 던져주는 고급 언어 유희다. 무엇보다도 속담의 높은 인지도에 편승하는 효과가 있기 때문에 유머 · 풍자 · 비판의 용도로 널리 유행하고 있다. 예컨대, "Don't bite the hand that feeds you(너를 먹이는 손은 물지 마라)"라는 속담을 "Don't bite the hand that looks dirty(더럽게 보이는 손은 물지 마라)"로 바꾼다면, 바로 이게 반속담이다.

anti-proverb는 1982년 미국 버몬트대학의 독일어학과 교수 볼프강 미더Wolfgang Mieder, 1944~가 만든 말로, 그가 안나 리노프키나Anna T. Litovkina와 같이 출간한 『Twisted Wisdom:

Modern Anti-Proverbs』라는 책으로 인해 널리 알려지게 되었다.[41]

베스트셀러의 제목을 바꾸는 것도 넓은 의미의 anti-proverb로 볼 수 있다. 미국 처세술 전문가 데일 카네기Dale Carnegie, 1888~ 1955가 1936년에 출간한 『친구를 얻고 사람을 움직이는 방법How to Win Friends and Influence People』은 카네기가 사망한 1955년까지 31개 언어로 번역되어 500만 권 이상 판매되었으며, 오늘날까지 전 세계적으로 1,500만 권 이상 판매되었다.

그런 영향력 덕분에 이 책의 제목을 흉내낸 수많은 변종이 책이나 드라마의 제목으로 등장했다. 'How to Talk Dirty and Influence People', 'How to Shoot Friends and Influence People', 'How to Lose Friends and Alienate People', 'How to Win Friends and Influence Monsters' 등등. 카네기 자신도 1948년 『걱정을 멈추고 삶을 시작하는 법How to Stop Worrying and Start Living』이라는 제목의 책을 출간했다.[42]

proverb는 "소문난 사람(것), 비난(경멸)의 대상, 웃음거리"라는 뜻으로도 쓰인다. He is a proverb for stinginess(=His stinginess is a proverb=He is stingy to a proverb. 그는 구두쇠로 소문나 있다). The stupid man passed into a proverb in the town(마을에서 그 어리석은 남자는 웃음거리가 되었다). to a proverb는 "평판(정평)이 날 정도로"란 뜻이다. He is punctual to a proverb(그가 시간을 잘 지킨다는 것을 모르는 사람은 없다).[43]

proverbial은 "속담의, 소문난, 유명한"이란 뜻이지만,

경우에 따라선 "표본적, 보편적"으로 번역하는 게 어울린다. 안정효의 『오역사전』에 따르면, 〈살인광시대〉란 영화엔 이런 대사가 나온다. "That's it. He's the proverbial sailor." 자막엔 "바로 그거야. 유명한 선원 얘기 있잖아"로 번역되었는데, 안정효는 영화의 맥락에 맞게 "맞아. 항구마다 여자를 만들어 놓는 그런 뱃놈 같아"가 좋은 번역이라고 말한다.[44]

to the hilt
a flash in the pan
bistro
balloon
blooper
magazine
shoot from the hip
third degree
waterboarding
derrick

군사 · 전쟁 · 고문

왜 '칼자루까지'가
'완전히'라는 뜻을 갖게 되었는가?

to the hilt

"Everybody expects a guy to a thing like that pretty hard, so you used it. You played it to the hilt." 영화 〈갈채The Country Girl〉(1954)에서 "술을 마시게 된 이유가 아들의 죽음 때문"이라고 거짓말을 일삼던 비겁한 배우 빙 크로즈비Bing Crosby의 속셈을 알아차린 연출자 윌리엄 홀든William Holden이 크로즈비에게 따지듯이 한 말이다.

영화 자막엔 "사람들은 그런 당신을 동정해주길 바랐어요. 당신은 늘 칼자루처럼 그걸 변명거리로 얘기했죠"라고 번역되어 있다. 그러나 안정효는 『오역사전』에서 올바른 번역을 이렇게 제시한다. "그런 사건을 당한 사람이라면 상당한 충격을 받았으리라고 누구나 다 당연하게 생각하고, 그래서 당신은 그런 심리를 이용했어요. (기회가 날 때마다) 아낌없이 말이에요."[1]

오역의 핵심은 to the hilt다. hilt는 "(칼, 도구 따위의) 자루, 손잡이", to the hilt는 "완전히, 철저하게"란 뜻이다. 왜 '칼자루까지'가 '완전히'라는 뜻을 갖게 되었을까? 이 표현은 적을 향해 단검을 던졌는데, 적에게 명중한 건 물론이고 자루

밑까지 파고들 정도로 깊이 박힌 것을 가정한 데서 유래한 말이다. 이 해석은 비교적 점잖은 편에 속한다. 칼로 직접 상대편 사람을 찌르는 모습을 상상해보라. 끝까지 찔러야 한다는 뜻이니, 끔찍하지 않은가.[2]

The formula was proved to the hilt(그 공식은 완전히 입증되었다). We're mortgaged up to the hilt(우리는 담보 대출을 최대한도로 받은 상태다). When she criticizes someone, she does it to the hilt(그녀가 누군가를 비난할 때에는 아주 혹독하게 해요). I hope all your supporters back you to the hilt(나는 모든 당신의 후원자가 당신을 최대한 후원해주기를 희망한다). I shall stand by them to the hilt on this matter(나는 이 문제에 관련해 끝까지 그들을 지지할 것이다). Good teachers would exploit an idea like this to the hilt(훌륭한 교사들은 이러한 아이디어를 최대한 활용한다).[3]

영화나 텔레비전 사극에 등장하는 칼을 조금이라도 눈여겨보면 알겠지만, hilt는 guard, grip, pommel의 세 부분으로 구성되어 있다. 칼날이 끝나는 부분에 받침대처럼 나와 있는 게 guard, 손으로 잡는 부분이 grip, 제일 끝의 뭉툭하거나 동그란 부분이 pommel이다. pommel은 '작은 사과'란 뜻을 가진 앵글로노르만Anglo-Norman어의 pomel에서 나온 단어로, 칼날 무게와의 균형을 유지하기 위해 꼭 필요한 부분이다. pommel이 동사로 쓰이면 "~을 칼자루 끝(주먹)으로 때리다, 호되게 때리다"는 뜻이며, pommel to a jelly는 "늘씬하게(녹초가 되도록) 때리다"는 뜻이다.[4]

용두사미를
영어로 뭐라고 할까?

○

a flash in the pan

우리가 즐겨 쓰는 사자성어四字成語인 용두사미龍頭蛇尾는 머리는 용이나 꼬리는 뱀이라는 뜻으로, 처음은 좋으나 끝이 좋지 않음을 비유적으로 이르는 말이다. 이를 영어로 뭐라고 표현하는 게 좋을까? "an anticlimax; a tame ending; bathos; bright beginning and dull finish" 등이 가능하겠지만, 많이 쓰이는 관용구는 a flash in the pan 이다.

발화發火 장치를 가진 총flintlock musket을 쓰던 시절에 만들어진 말이다. pan은 이런 구식 총의 약실을 말하는데, 방아쇠를 당겼더니 약실에서만 발화가 되고 정작 총알 발사엔 실패한 경우를 가리켜 a flash in the pan이라고 한다. 사정이 그러하니, 비유적으로 다음과 같은 응용이 가능하지 않겠는가.

The plan was a flash in the pan(그 계획은 용두사미로 끝났다). I'm looking for a steady worker, not a flash in the pan(처음에만 반짝하는 사람 말고 꾸준하게 일할 사람을 찾고 있어요). The player's first-rate performances early in the season turned out to be something of a flash in the pan,

235

as they've not been so good since(시즌 초에 보여준 그 선수의 일급 실력은 시즌 내내 지속되지 못해 용두사미가 되고 말았다).

hang fire는 "좀처럼 발화하지 않다, 꾸물대다, 늑장부리다, 결단을 내리지 못하다"는 뜻인데, a flash in the pan에서 나온 말이다. hang fire는 '발사지연發射遲延' 또는 '폭발지연爆發遲延'으로 군사용어, 사격 등과 같은 스포츠 용어, 광산 등에서 쓰는 작업 용어로도 쓰인다. 외래어로 '행파이어'라고도 한다.

I think we should hang fire and wait for other information(우리는 여기서 기다리면서 다른 소식이 있기를 기다려야 한다고 생각한다). The project had hung fire for several years for lack of funds(그 사업은 자금 부족으로 몇 년째 진척이 안 되고 있는 상태였다). Thus is settled forever the question which has for a long time hung fire(오랫동안 미결이었던 문제가 이렇게 해서 영구히 해결되었다).[5]

왜 작은 술집이나 레스토랑을 '비스트로'라고 하나?

○
bistro

2014년 9월 미국 뉴욕관광청은 뉴욕의 대표적인 관광 관련 업소들을 소개했는데, '맛 집' 중의 하나로 인기 레스토랑인 '베이크하우스 비스트로 & 바 Bakehouse Bistro & Bar'를 소개했다. Bistro는 미국에만 있는 게 아니다. 한국에서도 'Coffee & Bistro'라는 식으로 영문 간판을 내건 집들을 심심치 않게 볼 수 있다. 이런 상호에서 Bistro는 무엇을 뜻하는 말일까?

bistro(비스트로)는 "작은 술집, 작은 레스토랑"을 뜻한다. 요즘 유행하는 '비스트로노미bistronomy'는 bistro와 '정통 미식'을 뜻하는 gastronomy의 합성어로, 비교적 작고 까다로운 격식이 없는 캐주얼한 식당에서 미식을 즐기는 걸 말한다. 최근 서울의 강남 지역에도 등장해 점차 그 영역을 넓혀가고 있는 중이다.[6]

비스트로의 원산지는 프랑스다. 심순철은 『프랑스 미식기행』에서 "일반적으로 작고, 자유스럽고 편안한 분위기의 공간을 비스트로라고 부른다"며 이렇게 말한다. "비스트로에서 메뉴의 주를 이루는 것은 격식을 차리는 고급 음식이 아닌, 비교적 빠르게 서비스되는 편안한 음식들이다. 흑판에 크레용으로 거의 매일 바뀌는 '오늘의 특선 메뉴'를 적어놓는데, 괜찮다고 소문난 비스트로에서 그것을 주문하고 후회하는 일은 없을 것이다."[7]

비스트로는 1815년 나폴레옹 보나파르트Napoleon Bonaparte, 1769~1821가 워털루 전투에서 패배하면서 나폴레옹과 싸우던 유럽 연합군 군대가 파리를 점령했던 시절에 만들어진 말이다. 러시아 군인들은 식당에 들어가 bweestra, bweestra라고 외쳤다고 하는데, 이는 러시아어로 quickly라는 뜻이었다. 이후 음식이건 술이건 빨리 내놓는 싼 식당이나 술집을 가리켜 bistro라 부르게 되었으며, 이 프랑스어가 그대로 영어에 편입된 것이다.[8]

그러나 일부 프랑스 언어학자들은 bistro가 19세기 말에 생겨난 단어라는 점을 들어 이 설을 부정한다. 또 다른 설로는 bistro가 식전 반주, 즉 아페리티프aperitif의 일종인 bistrouille에서 유래한 것이라는 주장이 있다. bistrouille는 알코올을 조금 첨가해 커피 특유의 향과 맛을 응축시킨 리큐르 커피 liqueur coffee로 값이 비교적 저렴한 레스토랑에서 제공되는 음료였다.[9]

왜 풍선이
올라가면 큰 일이 나는가?

balloon

the balloon goes up은 "큰일 (야단)나다, 소동이 일다, 활동을 시작하다", when the balloon goes up은 "(예상하던) 사태(문제)가 벌어질 때"라는 뜻이다. The balloon goes up, and I don't know what to do(큰 소동이 벌어져서 나는 무엇을 해야 할지 모르겠다).

the balloon goes up은 제1차 세계대전 때 영국 포병이 포격의 신호로 풍선을 띄우던 데서 유래된 말이다. 제2차 세계대전 때도 독일의 공습을 뜻하는 완곡어법으로 쓰였다. 〈The Balloon Goes Up〉은 1942년 영국에서 상영된, 반反나치를 표방한 흑백 뮤지컬 영화 제목이다. the balloon goes up은 오늘날엔 재판을 시작하거나 상점이 영업을 시작하는 등의 활동 개시를 가리키는 말로도 쓰인다.[10]

balloon juice(또는 balloonjuice)를 많이 쏟아내는 것도 큰일이다. 사람들의 신망을 잃게 될 테니까 말이다. balloon juice는 "내용이 없는 귀찮은 수다, 엄청난 허풍, 쓸데없는 말, 헛소리"를 뜻하는 신조어다. Can the balloonjuice and get back to work(쓸데없는 말 그만하고 일해). 이 문장에서 can은

The balloon goes up, and
I don't know what to do

'깡통에 담다'는 뜻이다.[11]

lead balloon은 "실패한 기도企圖", like a lead ballon은 "전연 효과 없이", go over like a lead balloon은 "처절하게 실패하다"는 뜻이다. 무거운 납lead으로 만들어진 풍선이 날 수 있을까? 너무도 뻔한 말이기에 재치도 없거니와 싱거운 말이지만, 메시지는 분명하다. 성공이 불가능하며 처절한 실패를 경험할 수밖에 없다는 것이다. I asked to go to Antarctica for vacation, but my idea went over like a lead balloon(나는 방학 때 남극에 가겠다고 요청했지만, 내 생각은 어림도 없는 실패로 끝나고 말았다.)[12]

a captive balloon은 '계류繫留 기구', balloon glass는 '둥근 대형의 브랜디 글라스', balloon tyre는 '벌룬 타이어(험난한 노면을 달리는 데 이용되는, 폭이 넓은 저압 타이어)', trial balloon은 '(대중의 반응을 알아보기 위한) 시안試案(제안)', balloon whisk는 '(철사를 풍선 모양으로 동그랗게 구부려 만든) 거품기', weather balloon은 '기상 관측 기구氣球', barrage balloon은 '방공 기구(과거 적의 비행기가 다니기 어렵게 케이블로 묶어 띄워 놓던 대형 풍선 같은 기구)'를 말한다.

왜 '큰 실수'를
'블루퍼'라고 부르게 되었나?

blooper

blooper는 "큰 실수"를 뜻한다. 영국에서 제2차 세계대전 중 언론에 공개되어선 안 될 정보를 '블루 펜슬blue pencil'로 삭제하던 검열 관행에서 비롯된 말이다. 즉, blooper는 blue pencil에서 나온 말이다. 야구에서 텍사스 히트Texas hit, 근처 라디오에 잡음을 나게 하는 라디오, 라디오 아나운서들 사이에서 말실수 등도 블루퍼라고 한다. 실수의 정도는 비슷한 뜻의 단어들 가운데 goof보다는 강하고 blunder보다는 약하며, gaffe에 해당한다.

1948년 미국 대선 유세 시 공화당 후보 토머스 듀이Thomas E. Dewey, 1902~1971는 기차를 타고 가다가 도중에 크게 덜커덩거리자 "What's the matter with that idiot engineer?(저 바보 같은 기관사에게 무슨 일이 생긴 거야?)"라고 외쳤다. 이에 대해 『뉴욕타임스』 기자 카벨 필립스Cabell Phillips는 다음과 같이 썼다.

This turned out to be a magnificent blooper. In the skilled hands of the Democratic propagandists, it became overnight a jeering anti-Dewey slogan in railroad roundhouses and Union halls all across the country(이것은 엄청난 실수임이 드러났다. 민주당의 전문 선전꾼들의 능숙한 솜씨에 의해 그 말은 하룻밤 사이에 전국의 모든 기관차고들과 철도노조 사무실에서 야유조의 반反듀이 슬로건이 되고 말았다.)[13]

　　스포츠, 특히 야구의 텔레비전 중계나 구장 내 전광판에선 선수들의 blooper를 모아서 보여준다. 물론 시청자나 관중의 재미를 위해서다. 이와 관련, 미국 사회학자 토드 기틀린 **Todd Gitlin**은 다음과 같이 말한다.

　　After fans started to abandon baseball for basketball, baseball teams went to some lengths to punch up the game with loud music, sideshows, cheerleaders, video displays featuring blooper footage and pop tunes nominated by the players, to the point where, as the sociologist Michael Schudson says, "There is not a moment between innings or when a relief pitcher is coming in when the scoreboard or sound systems are empty."(팬들이 농구를 보기 위해 야구에서 관심을 돌리자, 야구팀들은 시끄러운 음악과 고만고만한 작은 쇼, 치어리더, 실수 장면 **blooper footage**, 선수들이 선정한 팝 음악들을 이용해 관심을 끌려고 집요하게 노력한다. 이를 가리켜 사회학자인 마이클 셔드슨은 "이닝과 이닝 사이에, 혹은 구원투수가 나올 때, 스코어보드나 사운드 시스템이 비어 있는 순간이란 없다"고 말한다.)[14]

왜 탄창이나 화약고가
잡지로 오해받는가?

magazine

2012년 12월 미국 대통령 버락 오바마Barack Obama가 추진한 총기규제 관련법의 핵심 규제 대상은 'assault weapons and high-capacity ammunition magazines(공격용 무기와 대용량 탄창)'였다. 그런데 국내 한 언론은 2012년 12월 31일 워싱턴발 AP통신의 기사를 번역·소개하면서 magazines를 '잡지'로 오역해 '공격용 무기와 고성능 총기를 소개하는 잡지들'이라고 했다.[15]

도대체 잡지와 탄창이 무슨 관계이기에 magazine이라는 단어는 동시에 2가지 뜻을 지녀 사람들을 헷갈리게 만드는 걸까? magazine은 '잡다한 것을 모아두는 창고'라는 뜻을 가진 아랍어 makhzan에서 비롯된 말이다. 이탈리아magazzino와 프랑스magasin가 이 단어를 먼저 받아들인 뒤, 영어엔 1580년경에 유입되었다. magazine엔 지금도 창고라는 뜻이 있으며, 특히 탄약(화약)고를 가리킨다. "총알들의 창고"라는 의미에서 연발총의 탄창이란 뜻도 있어, magazine gun(rifle)은 연발총을 뜻한다.

magazine은 '잡다한 것을 모아두는 정기간행물'의 뜻으로까지 발전했다. magazine을 제목으로 내건 최초의 잡지는 1731년 영국 런던에서 발간된 『신사의 잡지The Gentleman's Magazine』다. magasin이라는 단어를 빌려주어 magazine이라는 단어를 탄생시키는 데에 기여한 프랑스는 다시 이 영어 단어를 그대로 수입해 잡지라는 의미로 쓰고 있다.[16]

1970년대 후반 미국에서 탄생한 『메가로그megalog』는 잡지magazine와 카탈로그catalog의 합성어로, 카탈로그처럼 상품과 가격을 알리는 기능과 라이프스타일과 이미지에 대한 잡지 기사와 예술사진들이 함께 실리는 혼합된 특성을 갖고 있다. 소매상들이 표적 소비자들과의 체험적 연결을 증가시키기 위한 방법으로 많이 활용하는데, 사치품의 대명사인 에르메스 Hermes가 이를 활용한 체험 마케팅을 성공적으로 펼치고 있다.[17]

ragazine은 rag(걸레, 누더기, 넝마, 3류 신문)와 magazine의 합성어로, 가십 위주의 싸구려 신문이나 잡지를 가리키는 말이다. 1980년대 중반 미국에서 할리우드의 가십을 다룬 『할리우드 키즈Hollywood Kids』란 간행물이 나오면서 만들어진 말이다.[18]

왜 엉덩이 쪽에서
쏘는 사람이 명사수인가?

●

shoot from the hip

"Good shot. From the hip."

영화 〈공격Attack!〉(1956)에서 비겁하고 비열한 중대장 에디 앨버트 대위를 사살한 부관에게 버디 엡슨 병사가 건넨 말이다. 영화 자막엔 "잘 쐈습니다"로 되어 있으나, 안정효는 『오역사전』(2013)에서 from the hip의 번역이 빠졌다며 이런 번역을 제시한다. "명중이군요. 대단하십니다."[19]

from the hip은 미국에서 서부시대에 총잡이들 간의 결투에서 유래한 말이다. 총을 빨리 꺼내는 건 물론이고 상대를 정확히 맞힐 수 있는 가장 좋은 방법은 총을 엉덩이 쪽에서 꺼내 쏘는 것이다. 그래서 from the hip은 빠르다는 걸 뜻한다.

그런데 이 말이 비유적으로 쓰이면서 속도가 강조된 나머지 shoot from the hip이라는 말이 나오게 되었는데, 이는 "깊이 생각하지 않고 말을 하다(행동하다), 성급하게 반응하다"는 뜻이다. 비슷한 표현으로 shoot off one's mouth가 있다. 생각 없이 아무렇게나 말하는 사람은 hip-shooter라고 한다. 'Shoot from the Hip'은 영국 가수 소피 엘리스벡스터 Sophie Ellis-Bextor, 1979~가 2003년에 낸 2집 앨범의 제목이기도

It's just his nature to shoot
from the hip

하다.

John tends to shoot from the hip, but he speaks the truth(존은 앞뒤 생각 없이 함부로 말해버리는 경향은 있으나, 사실대로는 말한다). Don't pay any attention to John. He means no harm. It's just his nature to shoot from the hip(존에 대해서는 신경 쓰지 마라. 그에게 악의는 없단 말이야. 솔직하게 말하는 것이 그의 성격이니까).

I do not intend to shoot from the hip(나는 성급하게 반응하려는 의도는 없다). Judges don't have to shoot from the hip. They have the leisure to think, to decide(판사들은 성급하게 결정을 내릴 필요가 없다. 그들은 충분히 생각하고 결정할 여유를 가지고 있다). In the interview, Perry just shot from the hip and got himself into a lot of trouble(인터뷰에서 페리는 깊이 생각하지 않고 말을 해 큰 곤경에 빠졌다).[20]

왜 고문이나 가혹한 신문을 '서드 디그리'라고 하나?

●
third degree

the third degree(서드 디그리)는 "고문, 가혹한 신문"을 뜻한다. 제3도 화상(열상)이 가장 심한 화상이듯이, 일반적으로 3도third degree는 어떤 일의 등급을 매길 때 가장 심한 경우를 말한다. 범죄소설·영화 등에서 3도를 경찰의 신문과 관련해 많이 사용하면서 3도 자체가 가혹한 신문이나 고문의 뜻을 갖게 되었다. 비밀 결사단체인 프리메이슨Freemason의 지도자급을 Third Degree Masons라고 하는데, 이 위치에 오르기까진 혹독한 심사 과정을 거쳐야 하기 때문에 나온 말이라는 설도 있다.[21]

the third degree가 경찰의 신문과 관련해 최초로 쓰인 건 1904년 『뉴욕타임스』의 다음과 같은 기사에서다. "He was at first arrested merely as a suspicious person, but when put through the 'third degree' at the station admitted that he entered the house last night(그는 처음엔 단지 용의자로 체포되었지만, 경찰서에서 신문을 받은 끝에 지난 밤 그 집에 들어갔다는 것을 시인했다)."[22]

이 표현은 오늘날 미국인들의 일상생활에서 의미를 변용

해 유머스럽게 사용되기도 하는데, 다음과 같은 식이다. If I'm out past my curfew, my folks give me the third degree about where I've been.(내가 집에 늦게 들어가면 우리 가족은 내가 어디에 있었는지 집요하게 추궁한다). Jane gave Martha the third degree about her good-looking new boss(제인은 마사에게 새로 온 그녀의 잘 생긴 상관에 대해 꼬치꼬치 캐물었다).[23]

오늘날 웬만한 나라에선 '서드 디그리'는 불법이지만, 심리적 '서드 디그리'라고 할 수 있는 '리드 기법Reid technique'은 합법이어서 논란이 되고 있다. 리드 기법은 존 리드John E. Reid가 개발한 9단계 신문 기법interrogation technique으로 범죄 혐의자에게서 자백을 받아내는 데에 매우 효과적인 것으로 알려져 있다. 하지만 반대자들은 리드 기법이 자주 거짓 자백을 끌어 낸다고 비판한다.[24]

왜 물고문을
'워터보딩'이라고 하는가?

waterboarding

waterboarding(워터보딩)은 물
고문의 일종으로 판에 몸을 고정시킨 후 머리를 아래로 향하
게 해서 얼굴에 천을 덮은 후 물을 부어서 질식의 고통을 느끼
게 하는 고문 방법이다. 16세기 스페인의 종교재판Inquisition
때부터 시작된 것으로, 미국 언론에 고문 방법으로 처음 등장
한 것은 1976년이다. 견뎌낼 수 있는 시간의 상한선은 14초라
고 한다.

고문을 당하는 사람이 고통을 받는 건 물론 심각하고 영
구적인 장애를 입을 수 있으며, 심하면 죽음에 이를 수 있다.
미국이 테러 용의자들에게 이 고문 방법을 사용해 논란이 되
고 있지만, 미 정부당국은 '강화 심문enhanced interrogation'이라
는 말장난으로 책임을 회피해왔다. 다리우스 라잘리Darius
Rejali는 2007년에 출간한 『고문과 민주주의Torture and
Democracy』에서 surfboarding을 연상시키는 waterboarding
은 고문의 완곡어법이자 말장난이라고 비판했다.[25]

크리스토퍼 히친스Christopher Hitchens, 1949~2011는 "최근
까지 '워터보딩'은 미국인들이 다른 미국인들에게 하는 행동

이었다"며 이렇게 말했다. "특수부대원들이 SERE Survival, Evasion, Resistance, Escape(생존, 회피, 저항, 탈출)라고 불리는 고도의 훈련을 받을 때 견뎌내야 하는 프로그램 중 하나였다는 뜻이다. 이 가혹한 훈련을 통해 용감한 특수부대 대원들은 제네바협약을 무시하는 무법자들의 손에 잡혔을 때 당할 수도 있는 야만적인 행위를 접할 수 있었다. 그러나 미국인들이 훈련을 받는 것은 그런 행위에 저항하기 위해서이지, 남에게 그런 행위를 하기 위해서가 아니었다." [26]

SERE 프로그램에 관여했던 맬컴 낸스Malcolm W. Nance는 『이라크의 테러리스트들The Terrorists of Iraq: Inside the Strategy and Tactics of the Iraq Insurgency』(2007)이라는 책에서 이렇게 말했다. "고문 찬성자들은 미국의 구체적인 신문 기법에 대해 공개적으로 논의하는 것이 적을 돕는 행위가 될 것이라는 주장 뒤에 몸을 숨긴다. 그러나 유죄판결을 받은 알카에다 조직원들과 석방되어 고국으로 돌아간 무고한 사람들이 이미 수백 건의 인터뷰, 영화, 다큐멘터리 등을 통해 자신들이 정확히 어떻게 심문을 받았고 어떻게 견뎌냈는지 전 세계에 알린 뒤다. 우리 자신의 과실로 테러리스트들을 위한 알카에다판 SERE 학교에서 강의할 수 있는, 대단히 경험이 풍부한 요원들이 탄생한 것이다." [27]

사정이 그와 같은 즉 SERE(세레) 훈련이 미국에서 큰 논란이 되고 있는 것은 당연한 일이라 하겠다. 1995년 세레 훈련을 받았다는 미국 해병대 출신 언론인 데이비드 모리스는 2009년 『슬레이트』 기사에서 훈련 당시를 회고하며, "나는 동물처럼 살았다. (그들은) 두건을 씌웠고, 때렸고, 굶겼고, 발가벗겼고, 12월에 저체온증이 걸릴 때까지 내게 물을 뿌렸다"고

적었다. 그는 "불과 며칠 만에 나는 실제 전쟁포로 캠프에 갇혀 있다고 확신하게 됐다"며 "이를 당장 중단해야 한다"고 말했다. 그럼에도 한국에선 이렇다 할 문제 제기조차 없이 미국의 세례 훈련이 직수입되어 실시되고 있다. 지난 2014년 9월 군 특수부대원 2명이 포로 체험 훈련 중 사망한 사건은 세례 훈련의 위험성을 잘 말해준다.[28]

2014년 12월 9일 미국 상원이 공개한 중앙정보국CIA의 고문 사례에서도 물고문의 실상이 상세히 밝혀졌다. 물고문은 대상자에게 더 고통을 주도록 다양하게 변형되었다. 턱 주변에서 물이 흘러내리지 못하도록 막아 대상자의 입과 코가 물에 잠기게 했다. CIA가 자체 기준으로 정해놓은 물고문 최대 지속 시간 20분을 넘겨 30분 이상 물고문을 했다. 대상자들은 '입 안 가득 거품을 물어 대답할 수 없는 상태'나 '거의 죽기 직전'까지 물고문을 당했다. 183번이나 당한 대상자도 있었다.[29]

왜 사형 교수대가
기중기가 되었나?

○

derrick

　　　　　　　　derrick은 화물을 선창에 쌓거나 배에 실을 때 사용하는 하역용 기중기起重機인 데릭 크레인 derrick crane의 약칭이다. 보통 화물선에는 5~10톤의 데릭이 있고, 이 밖에도 20~40톤에 이르는 중량물 데릭을 설비한 것이 많다.[30]

　　derrick의 기원은 17세기 초 영국으로 거슬러 올라간다. 영국 런던 근처에 있는 미들섹스 카운티County of Middlesex에 있는 타이번Tyburn이란 마을은 독특하게 만든 교수대gallows로 런던의 중범죄자들을 사형시킨 곳으로 유명했다. 일명 '타이번 나무Tyburn tree'로 불린 교수대는 기중기의 원리를 이용했는데, 17세기 초에 이를 고안한 사형집행인의 이름이 토머스 데릭 Thomas Derrick인 데서 유래한 말이다. 이 사형 시설은 1793년까지 사용되었다.

　　당시 영국에선 사형수 가족의 보복이 두려워 아무도 사형집행인을 하지 않으려고 했기에 죄를 경감시켜주는 조건으로 범죄자들을 사형집행인으로 썼다. 강간범이었던 데릭도 교수형을 면하는 조건으로 사형집행인 노릇을 했다. 그는 3,000명의 사형을 집행했는데, 그중엔 데릭을 사실상 사면해준 에섹스 백작Robert Devereux, 2nd Earl of Essex, 1565~1601도 포함되어 있었다. 에섹스 백작은 런던에서 폭동을 교사한 반란 혐의로 처형되었다.[31]

기중기와 관련된 재미있는 표현으로 'lower the boom'이 있다. boom은 "(사업 · 경제의) 붐, 호황, (운동 종목 · 음악 등의) 갑작스런 인기, 붐" 이라는 뜻 외에 옛날 배에서 짐을 옮기는 데에 쓰던 긴 막대기로, 오늘날 기중기의 일부 기능에 해당하는 것을 가리킨다. 극장에서 무대장치를 옮기는 데에 이용하기도 했다. 그런데 boom을 밑으로 내려 사람의 머리에 닿게 한다면 어떤 일이 벌어질까? 사람이 쓰러지는 대형사고로 이어질 게 뻔하다.

이를 비유적으로 사용해 lower the boom(비난하다, 벌하다, 단속하다)이라는 숙어가 나오게 되었다. When the counselor saw that the campers had put frogs in his bed, he lowered the boom on them(야영 캠프에 간 학생들이 자신의 침대에 개구리들을 집어넣은 걸 안 지도교사는 학생들에게 벌을 주었다). Father lowered the boom on him for misbehaving(아버지는 그가 품행이 단정치 못해서 그를 엄격히 처벌했다). If Bob won't behave better, I'll have to lower the boom on him(밥이 버릇을 고칠 생각이 없다면 나는 그를 엄하게 단속해야 한다).[32]

chair

belly

activism

slacktivism

purist

advance man

governance

hidebound

rogue state

sanction

정치 · 민주주의 · 국제관계

왜 의자가
'권위'라는 뜻을 갖게 되었는가?

chair

        chair는 "의자, 강좌, 권위 있는 지위"란 뜻이다. 중세시대에 등받이와 팔걸이가 있는 1인용 의자는 매우 비싸고 귀해 왕이나 주교 등 귀족계급만 사용할 수 있는 것이었다. 그런 의자를 가리켜 라틴어로 cathedra라고 했다. 성당도 주교가 앉는 의자cathedra를 위한 건물이라는 뜻에서 cathedral이라고 했다. 13세기 이후 대학들이 늘어나면서 권위 있는 정교수직도 cathedra, 즉 chair로 불리기 시작했다. cathedra는 영어로 편입되어 오늘날에도 "주교좌, 대학 교수의 강좌(지위), 권좌", ex cathedra(from the chair)는 "명령적으로, 권위로써"를 뜻한다.

        의사당 정리를 요구하며 "Chair! Chair!(의장! 의장!)"라고 하는 데서 알 수 있듯이, 오늘날 chair는 '의장'의 뜻으로 많이 쓰이며, 이와 관련된 숙어도 많다. in the chair는 "의장석에 앉아, 의장직을 맡고", take the chair는 "의장석에 앉다, 개회하다, 취임하다", leave the chair는 "의장석을 떠나, 폐회하다", support the chair는 "의장을 지지하다"는 뜻이다. chair엔 '전기의자'라는 뜻도 있어, send(go) to the chair는 "사형

에 처하다(처해지다)"는 뜻이다.[1]

물론 의장이라는 뜻의 chair는 chairman의 줄임말이다. 재벌그룹의 회장도 chairman이라고 하는데, 한국의 재벌그룹 회장들은 범법을 저질러 재판을 받게 되면 한결 같이 비슷한 모습을 보이는 걸로 유명하다. 이를 두고 외국 언론은 한국의 재벌그룹 회장들은 휠체어나 바퀴 달린 들것에 누워in wheelchairs or lying on gurneys 환자복 차림으로 법정 출두 모습을 보인다고roll up for their court appearance dressed in hospital pajamas 비아냥댔다. 그래서 회장님은 'chairman'이 아니라 'wheel-chairman'이라는 조롱 섞인 용어a derisive term도 소개했다.[2]

「당신의 사무실 의자가 당신을 죽이고 있다Your office chair is killing you」. 2010년 5월 1일 경제주간지 『비즈니스위크』인터넷판이 '의자가 오늘날 직장의 공적 1호a public enemy No.1 in today's workplace'라는 부제와 함께 내세운 기사 제목이다. 의자 생활이 건강에 엄청난 해악을 끼치고 있다는exert an evil influence on your health 것이다. 버클리대학 교수 갤런 크랜츠 Galen Cranz는 "척추는 앉은 자세로 오랫동안 머물도록 만들어져 있지 않다be not meant to stay for long periods in a seated position"고 말한다.[3]

영어에서 "가라앉히다"를 의미하는 동사 sedate는 라틴어에서 "앉다"를 의미하는 단어에서 유래했다. 이와 관련, 독일 철학자이자 역사가인 하요 아이코프Hajo Eickhoff는 의자는 온순한 사람들로 하여금 비판을 하게 만들거나 정치적으로 적극적인 사람이 되지 못하도록 만드는 진정제 역할을 한다고 주장했다.[4]

배가 불러야
민주주의가 가능한가?

belly

로마제국 시절의 가정주부들은 생활비로 쓸 돈을 작은 가죽 가방인 bulga(bag)에 담아두고 꺼내 썼다. 이 단어가 기원이 되어 중세 프랑스에선 작은 가죽 가방을 bougette라 불렀다. 영국에서 재무장관Chancellor of the Exchequer은 의회에 출석해 정부의 수입과 지출을 설명할 때에 관련 서류들을 bougette에 담아 가지고 다녔는데, budget(예산)이란 단어는 바로 이 bougette에서 나온 것이다.[5]

budget과 비슷하게 belly(배, 부풀다)라는 단어 역시 그 어원은 bag(가방)과 관련이 있다. belly의 어원은 'swell(부풀다)'이라는 뜻을 가진 인도−유럽어 bheigh인데, 여기서 가방을 뜻하는 영어 고어古語인 baelg, belg, bylg 등이 나왔다. belly는 인간 신체의 내장을 담는 가방이라는 뜻으로 생겨난 단어다.[6]

go belly up은 "죽다, 실패하다, 도산하다"는 뜻인데, 물고기가 죽을 때 배를 위로 향하고 죽은 모습에서 유래한 말이다. 교통사고로 뒤집힌 자동차를 'belly up'이라고 하기도 한다. The store has gone belly up(그 상점은 망해버렸어요).

The bank, I should say, will go belly-up(그 은행은 곧 파산하고 말 것입니다). You know my company is going belly up! Please understand me(우리 회사가 요즘 파산 직전인 거 아시잖아요. 제발 좀 이해해주세요). Last year the business went belly up after one of the partners resigned(작년에 동업자 한 명이 사직한 후 사업이 완전히 망했다).[7]

fill the belly(배를 채우다)는 우리가 즐겨 쓰는 "~이 밥 먹여주느냐"는 냉소적 용법으로 자주 사용된다. Pride doesn't fill the belly(자존심이 밥 먹여주느냐). Voting doesn't fill the belly(투표가 밥 먹여주느냐). Saints don't fill the belly(성인군자가 밥 먹여주느냐).[8]

"A hungry belly has no ears. The belly has no conscience(배고프면 보이는 게 없고 양심도 없어진다)"는 말이 있는데,[9] 여기서 나온 게 바로 the 'full-belly' theory다. 배가 불러야 민주주의며 표현의 자유 등에 대해 관심을 갖는다는 이론이다. 대체적으론 맞을지 몰라도 예외적인 사례도 많다.[10]

라틴어에서 나온 ventriloquism은 '복화술複話術'인데, belly와 관련이 있는 단어다. venter는 "the belly", loqui는 "to speak"인바, '배로 말하는 법'이란 뜻이 되겠다. 로마인들은 복화술사ventriloquist가 위 속의 공기를 이용해 말을 한다고 생각했다. ventriloquize는 "복화술로 이야기하다", ventriloquial은 "복화(술)의, 복화술을 쓰는"이란 뜻이다.[11]

악의 승리에 필요한
유일한 조건은 무엇일까?

activism

                   악惡의 승리에 필요한 유일한 조건은 무엇일까? 영국 사상가 에드먼드 버크Edmund Burke, 1729~1797는 다음과 같은 답을 내놓았다.

"The only thing necessary for the triumph of evil is for good men to do nothing(악의 승리에 필요한 유일한 조건은 선한 사람들이 아무 일도 하지 않는 것이다)." [12]

그런 비극을 방지하기 위해 나타난 것이 바로 activism, 즉 "(정치적 목적을 위한) 행동주의, 능동주의, 활동주의"다. activism industry(액티비즘 산업)는 행동주의 원리에 따라 움직이는 비영리·비정부 기구non profit organization, non-governmental organization를 가리키는 말이다. 어느 분야에서건 activism은 나타나기 마련인지라, 이에 따라 다양한 유형의 행동주의가 존재한다.

activism은 오래전부터 있었던 것이지만, 많은 사람의 참여와 결집을 쉽게 만들어준 인터넷은 행동주의 전성시대를 활짝 열어젖혔다. 정치적 목적을 위해 인터넷을 활용하는 행동주의를 가리키는 말은 cyberactivism, internet activism, online activism, digital campaigning, digital activism, online organizing, electronic advocacy, e-campaigning, e-activism 등 매우 다양하다.[13]

hacktivism(핵티비즘)은 해커hacker와 행동주의activism의 합성어로, 인터넷이 일반화되면서 나타난 새로운 유형의 정치적·사회적 행동주의를 말한다. 주로 정치·사회적인 목적을 위해 자신과 노선을 달리하는 정부나 기업·단체 등의 인터넷 웹사이트를 해킹하는 행위를 가리킨다.[14]

maptivism(맵티비즘)은 mapping과 activism의 합성어로, 케냐에서 2007년 대통령 선거 직후 유혈사태가 벌어지자 사회운동가들이 목격자들의 보고서를 SMS나 이메일을 통해 크라우드소싱하고 곧바로 구글맵Google Map에 표시하는 플랫폼을 만들어내면서 생겨난 신조어다.[15]

shareholder activism(주주 행동주의)은 주주들이 배당금이나 시세 차익에만 주력하던 관행에서 벗어나 지배 구조까지 손을 대면서 경영에 개입해 이익을 추구하는 행위를 말한다. 한국에선 1997년 이래 경제개혁연대의 소액주주운동이 지배 구조 개선의 필요성에 대한 인식을 확산시키는 데 크게 기여함으로써 이를 모방한 개별 기업의 소액주주모임이 활발하게 이루어지기 시작했다.[16]

judicial activism(사법 적극주의)은 판사가 헌법의 모호하고 추상적인 조문을 적극적으로 해석해, 정부가 경제 문제나 소수자, 여성, 범죄 피의자들의 정치·사회·법적 권리를 촉진하는 문제에서 정부의 권한을 확대할 수 있도록 허용하는 방식을 말한다. 역사학자 아서 슐레진저Arthur Schlesinger, Jr., 1917~2007가 『포춘Fortune』 1947년 1월호에 기고한 「연방대법

원: 1947The Supreme Court: 1947」이란 글에서 처음 쓴 말이다. judicial activism은 그 나름의 장점이 없는 건 아니나, 입법부의 권한을 침해하는 것으로 3권 분립의 정신에 반한다는 비판도 있다. 자신의 마음에 들지 않는 판결을 비판하기 위해 쓰는 상투적 정치 용어라고 보는 시각도 있다.[17]

judicial activism의 반대말은 judicial restraint(사법 소극주의, 사법 절제)다. 연방대법관 올리버 웬들 홈스Oliver Wendell Holmes, Jr., 1841~1935와 펠릭스 프랑크푸르터Felix Frankfurter, 1882~1965가 대표적인 주창자로, 그 기본 정신은 과거의 판결을 존중하는 'doctrine of stare decisis(선례구속성의 원칙)다.[18]

행동주의가 꼭 좋은 것만은 아니다. 확신을 가진 사람들의 과잉 참여는 사회를 대결과 투쟁의 아수라장으로 몰고 가기 십상이다. 누구는 참여하고 누구는 참여하지 않는 불평등 참여는 '참여의 대표성 편향representation bias 문제를 낳아 사회적 합의를 어렵게 만든다. 특히 사이버공간의 불평등 참여cyber divide가 그런 문제를 잘 보여주고 있다.

사이버공간에선 상대적으로 청년층의 과다 참여와 노장층의 과소 참여 현상이 나타나는데, 이러한 불평등 참여가 국가의사의 결정에 그대로 영향을 미친다면 그 결정은 편파성을 벗어나지 못하며, 따라서 사회적 갈등을 공정하게 해소하지 못하는 건 물론 오히려 갈등을 더 부추기는 경향이 있다.[19]

혁명은 트윗될 수 있는가, 없는가?

●
slacktivism

　　slack은 '느슨한, 침체된, 태만한'이란 뜻이다. 명사와 동사로도 쓰인다. a slack belt는 '느슨한 벨트', slack muscles는 '늘어진 근육', a slack official은 '태만한 공무원', slack one's pace는 '걸음을 늦추다', slack up one's speed는 '속도를 늦추다', slack off in one's junior year of college는 '대학 3학년을 태만히 지내다', slack at one's job은 '일을 게을리하다'는 뜻이다.

　　Discipline is slack(기강이 해이해져 있다). She is very slack in her work(그녀는 일에 매우 태만하다). He is slack in managing his affairs(그는 일을 처리하는 것이 느리다). I accused her of slacking off on the job(막 화를 내면서 업무가 태만하다고 욕도 좀 해주었지). She was staring into space, her mouth slack(그녀는 입을 헤 벌린 채 허공을 응시하고 있었다). The breeze slacked(바람이 약해졌다).

　　slacker는 '태만한 사람, 게으름뱅이, 징병 기피자'다. 1790년경부터 사용된 말이지만, 20세기 전반 영국의 식민지였던 수단Sudan의 노동자들이 태업怠業 형식으로 저항을 하는 걸 가리켜 slacking이라고 하면서 널리 사용되는 말이 되었다. 미국에서는 제1차 세계대전 동안 징병 기피자를 가리켜 slacker라고 했으며, 이런 용법은 제2차 세계대전 기간 중에도 사용되었다.

slacker가 일반적인 의미에서 게으름뱅이를 가리키는 말로 인기를 얻게 된 건 1985년에 나온 할리우드 영화 〈Back to the Future〉, 1991년에 나온 〈Slacker〉 덕분이다. 1990년대부터는 정치에 무관심하거나 냉소적인 젊은이들을 가리키는 말로 많이 쓰였다.

He landed his breakout role as a sensitive slacker in River's Edge(그는 영화 〈리버스 에지〉에서 자기에게 출세의 길을 열어준 감성이 예민한 게으름뱅이 역을 얻었다). The negative stereotype of the unemployed slacker who just lives at home with his parents is a familiar one from the movies(일자리를 얻지 못하고 부모님과 함께 거주하는 젊은이들은 영화에서 부정적으로 묘사되는 무기력한 젊은이들의 전형적인 모습이다).[20]

slacktivism(슬랙티비즘)은 '게으른 사람slacker'과 '행동주의activism'의 합성어로, 사람들이 사회의 여러 문제에 대해 분명한 의사를 가지고 있음에도 행동으로 옮기는 것은 주저하면서 최소한의 관여만으로 최소한의 영향을 끼치는 참여, 즉 수심하고 게으른 저항을 말한다. 이런 참여니 저항을 하는 사람들을 슬랙티비스트slacktivist라 한다. slacktivism은 1995년 드와이트 오자드Dwight Ozard와 프레드 클락Fred Clark이 만든 말로, 처음엔 긍정적 의미로 사용되었다.

슬랙티비즘은 시민참여나 집단행동을 촉진시키기 위한

수단으로 인터넷과 소셜 미디어를 활용하는 사람들이 증가하면서 등장한 말로, 지식인들 사이에 열띤 쟁점이 되고 있다. 온라인 공간에서는 치열한 토론을 벌이면서도 막상 실질적인 정치·사회 운동에 참여하지 않는 네티즌을 비꼬는 말로도 쓰인다.[21]

clicktivism(클릭티비즘)은 클릭click과 액티비즘activism의 합성어로, 슬랙티비즘의 전형적인 한 유형이다. 인터넷과 소셜 미디어를 사용해 시위를 조직하는 활동가를 설명하는 데 종종 쓰이기도 한다. 클릭티비즘은 참여의 한 방법으로 각광받고 있지만, 사회 운동을 광고 캠페인과 비슷하게 만든다는 지적도 있다. 효과를 높이기 위해 쉬운 요구와 단순한 행동을 강조함으로써 오히려 사회운동을 위축시킨다는 것이다.[22]

에브게니 모로조프Evgeny Morozov는 2011년에 출간한 『넷 환상: 인터넷 자유의 그늘Net Delusion: The Dark Side of Internet Freedom』에서 언론의 주목을 끄는 것이 운동 조직을 약화시키거나 몰락하게 만들 위험성을 지적한다. "슬랙티비즘은 게으른 세대에게 이상적인 형태의 행동주의다. 가상공간에서 요란하게 운동을 펼쳐나갈 수 있다면 연좌 농성이나 체포될 위험, 경찰의 잔인한 진압이나 고문을 두려워할 이유가 있겠는가?"[23]

슬랙티비즘을 둘러싼 구체적인 논쟁은 2009년 한 해 동안 '올해의 단어'로 선정될 만큼 선풍적인 인기를 끈 트위터 Twitter를 중심으로 일어났다. 전 세계의 트위터 사용자는 2010년 3월 1억 명을 돌파했고, 8월엔 1억 4,500만 명(한국 137만 명)에 이르렀다. 2009~2010년 '트위터 혁명'이라는 말이 나올 정도로 트위터가 세계 곳곳에서 민주화 시위의 확산에 큰 영향을 미치자, "과연 트위터는 혁명의 촉진제인가?"라는 주제를 놓고 열띤 논쟁이 벌어졌다.

2010년 10월 미국의 기자이자 작가인 맬컴 글래드웰Malcolm Gladwell은 그간의 트위터 예찬론과는 다른 견해를 제시하고 나섰다. 그는 『뉴요커New Yorker』에 쓴 「조그만 변화: 혁명은 왜 트윗되지 않는가?Small Change: Why the Revolution Will Not Be Tweeted?」에서 '강한 결속strong-tie'과 '약한 결속weak-tie'이라는 개념을 차용해 소셜 미디어가 소소한 사회적 변화를 일으킬 수 있을지 몰라도 중대한 사회변화를 일으키는 데는 역부족이라고 주장했다. 글래드웰은 자신의 글을 이런 냉소적인 구호로 끝맺었다. "네트워크로 연결된 약한 결속의 세계는 월스트리트 사람들이 10대 소녀에게 휴대전화를 찾아주는 데엔 좋은 도구다. 혁명 만세!"[24]

반면 소셜 미디어 전도사로 활약하는 뉴욕대학 교수 클레이 서키Clay Shirky는 글래드웰은 '약한 결속'이 '강한 결속'으로 변모하거나 그것을 지지할 수도 있다는 사실을 간과했다고 비판했다. 사회학자 제이넵 투페키Zeynep Tufekci도 소셜 미디어에 대한 과도한 기대와 찬양을 비판하는 글래드웰의 핵심적 주장에는 공감한다면서도, 글래드웰이 '약한 연결'과 '강한 연결'이 상호작용할 수 있는데, 양자를 너무 대립적이고 모순적인 것으로 파악했다고 비판했다.

이에 대해 배우인은 "사람들의 네트워크라기보다는 정보전달이라는 미디어 기능이 더 큰 트위터는 약한 연결의 요소가 더 많다. 페이스북ㆍ트위터 친구들과 맺어지는 이 약한 연결에 기대어 다시 강한 연결이나 더 나아가 약한 연대에서 강한 연대로 나선적 상향을 경험할 수 있을까? 소셜 미디어의 새로운 가능성은 약한 연결을 통한 이슈의 형성과 강한 연대로의 상향에서 나올 것이다. 친구들 간의 수다, 기술 동향 정보 공유, 이웃돕기 같은 캠페인, 연예계 비평, 감상공유 등은 분명 사회적 행동주의social activism에는 못 미치는 것들이다"며 다음과 같이 말했다.

"소셜 네트워크는 현실 세계에서 강한 연결을 갖고 있는 사람들에서 출발한다. 때로 약한 연결이 여기에 끼어들어 '약한 연결→강한 연결→약한 연대→강한 연대'라는 나선적 발전의 기적을 일으키기도 한다. 그러나 일상적 차원에서 보면 강한 연결은 강한 연결대로, 약한 연결은 약한 연결대로 반쯤 폐쇄된 닫힌 집합체를 형성하기도 한다. 집단적 공감과 공유를 만들어나가는 과정에서 배타적 집단의식이 강화될지도 모른다. 우리나라의 경우 현재의 트위터와 페이스북 실태를 근거로 사회운동과 연결해 논하기는 아직 이른 듯하다. 그러나 이건 '올드 보이'의 생각이고, 최근의 20~30대 젊은 층은 완전히 다를 수 있다. 페이스북과 트위터 등 소셜 미디어의 새로움은 이미 있던 곳이 아니라 이전에는 없었던 곳에서 생겨날 것이다."[25]

왜 순수주의자가
정치를 죽이는가?

purist

activism을 실천하는 행동가를 가리키는 activist는 무보수로 일하면서도 뜨거운 정열로 적극적인 활동을 하기 때문에 미국 정치의 중요한 한 축을 형성해 왔다. 미국 정치에서 '문화적 전사cultural warriors'로 불리는 '풀뿌리 행동주의자grassroots activists'는 전체 인구의 5~8퍼센트 규모인 것으로 추산되고 있다.[26] 우파 행동주의자와 좌파 행동주의자는 서로 다른 것보다는 닮은 게 더 많다.[27] 이들이 갖는 장점에도 이들 간의 충돌은 미국 정치를 자주 오도 가도 못 하는 교착 상태에 빠뜨리는 등 사실상 정치를 죽이고 있다.

미국 정치학자 아론 윌다브스키Aaron Wildavsky, 1930~1993는 '행동주의자activist'와 비슷한 말로 '순수주의자purist'라는 용어를 사용했다.[28] 순수주의자들은 가능성을 추구하는 정치를 이상을 추구하는 종교처럼 대하기 때문에 타협을 거부하는 강경파로 활약하기 마련이다.[29] 어느 집단에서건 이런 강경파는 소수임에도 지배력을 행사한다. 강경파와 강경파 지지자들의 강점은 뜨거운 정열이기 때문이다.

순수주의자들은 합리적 토론 대신 분노의 공격을 선호한

다. 그래서 이들은 국민 관점에서 더 중요한 문제보다는 피를 끓게 만드는 이슈가 더 부각되게 함으로써 사회적 의제 설정을 왜곡하는 결과를 초래한다. 1995년 한 연구에 따르면, CNN을 포함한 주요 방송 뉴스에서 대부분이 purists인 시민단체들의 보도가 공익·사익 이익집단 인터뷰의 45.6퍼센트를 차지할 정도로 급증한 것으로 나타났다. 이는 purists의 로비력은 미미하다는 점에 비추어 놀랍게 여겨졌다. 미국 정치에서 '순수주의 전성시대'가 나타나고 있는 이유는 다음 3가지를 들 수 있다.

첫째, 정치 참여에 대한 물질적 이익의 감소 때문이다. 각종 제도와 법 등과 같은 개인 보호 장치가 발달하고 시민사회가 성숙해지면서 일반 대중의 정치 참여가 쇠퇴한 반면 순수주의자들의 참여가 상대적으로 부각되었다. 둘째, 선거 캠페인에서 돈의 중요성이 심해지면서, 돈을 아끼지 않는 순수주의자들의 목소리가 커졌다. 셋째, 자극을 찾는 미디어들이 순수주의자들의 전투성을 선호하기 때문이다.[30]

purist라는 단어가 최초로 사용된 기록은 1706년인데, 당시엔 '전통에 지나치게 집착하는 사람'으로 특히 언어의 순수성에 집착하는 사람을 가리키는 의미로 쓰였다. 물론 오늘날엔 모든 분야에 걸쳐 애초에 존재하던 본질에 수정을 가하는 그 어떤 것도 반대하는 사람을 가리키는 말로 사용된다. 대중문화 분야에선 주로 자신이 좋아하는 소설이 영화로 만들어지는 걸 반대하거나 원작의 변형을 질타하는 사람들을 가리켜 purist라고 한다.[31]

purist의 사상이나 생각을 purism(순수주의)이라고 할 수 있겠지만, Purism은 1918년에서 1925년 사이에 프랑스 미술과 건축에 영향을 미친 운동을 가리킨다. 그 중심인물은 화가이자 작가였던 아메데 오장팡Amédée Ozenfant, 1886~1966이다. 수전 볼Susan Ball은 『오장팡과 순수주의Ozenfant and Purism: The Evolution of a Style 1915~1930』(1981)에서 순수주의를 "제1차 세계대전의 상처를 겪은 프랑스에서 질서regularity를 회복하기 위한 시도"라고 평가했다.[32]

'애드밴스 맨'은
무슨 일을 하는가?

advance man

advance는 "나아가게 하다, 앞으로 나아가다, 진전, 진보, 가격 인상, 승진", advance notice는 "사전통고", advance payment는 "선불先拂", the advance sale은 "(표의) 예매", an advance copy는 "근간 서적 견본", advance ticket은 "예약표"를 뜻한다. I'd like to buy an advance ticket(예약표를 한 장 사려고 합니다).

make advance는 "(주로 남자가 여자에게) 접근을 시도하다"는 뜻이다. "Princes don't get fresh. They occasionally make advances"는 영화 〈황태자의 첫사랑〉에 나오는 대사다. 영화 자막엔 "황태자께선 그런 분이 아니오. 가끔 말을 걸긴 하지만"으로 번역되었지만, 안정효는 "황태자쯤 되면 집적거리는 짓은 하지 않아요. 가끔 접근을 시도하긴 하지만요"가 옳은 번역이라고 말한다. 여기서 fresh는 "어린 나이에 제멋대로 굴다, 별것도 아닌 것이 연애를 걸자고 수작을 부린다"는 의미로 쓰이는 속어俗語다.[33]

advance man은 "(미국 선거에서 후보를 위한) 사전 작업을 하는 요원"이다. 예컨대, 대통령 후보가 다른 지역을 방문할

advance man

때 미리 그 지역에서 해두어야 할 일들이 있다. 그 지역의 정치인들은 물론 언론을 포함해 각계의 여론선도자들을 상대로 사전 정지작업整地作業을 해두어야 하는데, 이때에 그곳에 미리 파견되어 그런 일을 하는 사람을 가리킨다. 언론 인터뷰나 의전儀典 문제 등을 사전에 확인하거나 조정하는 일도 한다. 원래 서커스단이나 순회 악극단의 사전 흥행 준비 작업을 하는 advance agent를 원용한 말이다. 워터게이트 사건 때엔 조사에 앞서 사건의 은폐를 위한 준비 작업을 가리켜 black advance라는 말이 쓰였다.[34]

advance man의 기능을 포함한, 좀더 일반적인 용어로는 publicist(홍보요원)라는 단어가 쓰인다. 이 단어는 컬럼비아대학 법대 교수 프랜시스 리버Francis Lieber, 1800~1872가 19세기 말 internationalists(국제주의자들)의 역할을 묘사하기 위해 만든 말이다. 전문적인 publicist를 가리켜 press agent 또는 flack이라고 한다.[35]

좀더 오래된 말로는 팸플릿(소논문)을 써서 정치적 주장을 펴던 이들을 가리키는 pamphleteer가 있다. 이들은 프랑스혁명기와 미국 독립전쟁 시기에 맹활약을 했으며, 오늘날엔 블로그blog가 팸플릿을 대체했다고 볼 수 있겠다.[36]

왜 '거버넌스'라는 말이 유행하는가?

●

governance

        governance(거버넌스)는 사회 내 다양한 기관이 자율성을 지니면서 함께 국정운영에 참여하는 변화 통치 방식을 말하며, 다양한 행위자가 통치에 참여·협력하는 점을 강조해 '협치協治'라고도 한다. 오늘날의 행정이 시장화, 분권화, 네트워크화, 기업화, 국제화를 지향하고 있기 때문에 기존의 행정 이외에 민간 부문과 시민사회를 포함하는 다양한 구성원 사이의 소통과 네트워크를 강조한다는 점에서 생겨난 용어다.[37]

        governance는 steer(키를 잡다, 조종하다)를 뜻하는 그리스어 kubernáo에서 나온 말로, 이를 비유적 의미로 최초로 사용한 이는 고대 그리스 철학자 플라톤Platon, B.C.427~B.C.347이다. 오늘날과 비슷한 의미로 이 단어를 영어에서 최초로 사용한 것은 1885년 영국 역사가 찰스 플러머Charles Plummer, 1851~1927가 쓴 「영국의 거버넌스The Governance of England」지만, 본격적으로 유행하게 된 것은 1990년대에 UN, IMF, 세계은행World Bank 등과 같은 국제기구들에 의해서였다.

        governance는 global governance, regulatory

governance, corporate governance, project governance, participatory governance, non-profit governance 등 다양한 분야에서 다양한 의미로 쓰이고 있다. metagovernance는 governance에 관한 governance, 즉 governance의 모든 과정에 적용되는 원칙과 규범을 세우는 걸 말한다.[38]

이렇듯 다양성이 두드러져, 각 분야별 의미가 조금씩 다르다. governance의 터줏대감이라 할 행정학 분야의 정의를 살펴보자. 『행정학용어사전』은 "'국가경영' 또는 '공공경영'이라고도 번역되며, 최근에는 행정을 '거버넌스'의 개념으로 보는 견해가 확산되어가고 있다. 거버넌스의 개념은 신공공관리론新公共管理論에서 중요시되는 개념으로서 국가 · 정부의 통치기구 등의 조직체를 가리키는 'government'와 구별된다"며 다음과 같이 말한다.

"즉, 'governance'는 지역사회에서부터 국제사회에 이르기까지 여러 공공조직에 의한 행정서비스 공급체계의 복합적 기능에 중점을 두는 포괄적인 개념으로 파악될 수 있으며, 통치 · 지배라는 의미보다는 경영의 뉘앙스가 강하다. 거버넌스는 정부 · 준정부를 비롯하여 반관반민半官半民 · 비영리 · 자원봉사 등의 조직이 수행하는 공공활동, 즉 공공서비스의 공급체계를 구성하는 다원적 조직체계 내지 조직 네트워크의 상호작용 패턴으로서 인간의 집단적 활동으로 파악할 수 있다."[39]

각국 정부의 투명성 · 효율성 제고 등을 연구 · 조언하는 '유엔 거버넌스 센터'가 2006년 9월 서울에 개설되었다. 초대 유엔 거버넌스 센터 원장으로 내정된 김호영은 "거버넌스 센터는 우리나라에 설립된 최초의 유엔본부 산하기구"라면서 "거버넌스 센터는 정부혁신과 지방분권, 시민사회와의 협력으로 유엔 회원국의 역량을 개발하고 세계인의 '삶의 질'을 향상시키는 데 기여하는 것이 목표"라고 설명했다.[40]

이후 거버넌스는 전국적으로 유행어가 되었다. 예컨대, 2007년 11월부터 본격 가동한 전북지역 농업 관련 5개 기관 협의체의 이름은 '전북농정 거버넌스'이며, 또 전북에선 새만금사업에 사회 구성원들의 다양한 참여와 합의를 끌어내기 위한 '새만금 거버넌스'가 활발하게 거론되었다. 2013년 6월 서울시 도봉구청은 '지역맞춤형 안전마을 사업'과 관련, 각 동 생활안전 거버넌스와 협약식을 갖고 생활안전 거버넌스 교육을 실시한다고 밝혔으며, 2014년 11월 전북 전주시는 민·관·산·학 거버넌스 행정을 강화하는 차원에서 '전주전통문화관광 다울마당' 발대식을 갖고 관련 분야 교수와 기관·단체 전문가, 연구원, 업체 전문가 등 50여 명의 문화·관광 전문가를 운영위원으로 위촉했다.

2015년 3월 경기도지사 남경필은 중국 하이난성 보아오진에서 열린 2015 보아오포럼 연차총회의 빅데이터 세션 회의에서 '빅데이터 거버넌스를 만들자Let's Build a Big Data Governance'란 제목의 영어 연설을 했다. 그는 이 연설에서 "지금까지 축적하고 앞으로도 계속 쌓일 광범위한 데이터는 매우 강력한 것이다. 구글이 두려운 것은 구글이 그 많은 데이터로 무엇을 어떻게 하는지 아무도 알 수 없기 때문"이라며 "우리는 이것을 감시할 필요가 있고, 거버넌스를 통해 가능하다고 생각한다"고 국제적 표준으로서 거버넌스의 필요성을 강조했다.

왜 보수주의자를
'하이드바운드'라고 하나?

hidebound

hide는 "(소·말 등의) 가죽, (인간의) 피부"를 뜻한다. 사람에게 쓸 땐 피부가 비유적으로 '일신의 안전, 목숨'의 의미까지 갖게 되는데, 이를 잘 보여주는 게 "get back with a whole hide(무사히 돌아오다)"와 같은 표현이다.

막 벗긴 동물의 가죽은 skin, 무두질tanning한 가죽은 leather라고 하는데, hide는 이 2가지뿐만 아니라 fur(모피)까지 포함하는 개념이다. 무두질을 하지 않은 hide를 가리켜 rawhide(생가죽)라고 하는데, 이는 마찰에 강한 특성이 있어 북, 말안장, 활, 야구 글러브, 부츠, 개껌 등을 만드는 데에 사용된다. rawhide엔 "생가죽 채찍(으로 때리다)"이라는 뜻도 있다.[41]

hidebound는 "편협한, 도량이 좁은narrow-minded, 옹졸한, 완고한"이란 뜻이다. 가축이 병에 걸리거나 영양 부족으로 마르기 시작하면 가죽hide과 뼈 사이의 기름기가 빠져 가죽과 뼈가 들러붙는, 즉 피골皮骨이 상접하는 지경에까지 이르게 된다. 그래서 hidebound는 원래 "피골이 상접한, 나무가 껍질이 말라붙은"이라는 뜻인데, 이것이 비유적으로 사람의 성격에 쓰인 것으로 볼 수 있다. bound는 bind(묶다, 동여매다, 굳히다)의 과거분사로 '들러붙은'으로 생각하면 되겠다.

미국 정치에서 hidebound는 주로 완고한 보수주의자에 대한 비난조의 딱지로 쓰인다. 즉, hidebound conservative를 줄인 말로 보면 되겠다. hidebound conservative에 상응하는 반대편의 표현은 bleeding-heart liberal이다. bleeding-heart liberal을 직역하자면 '심장에서 피를 흘리는 진보주의자'인데, 이는 보수파가 약자에 대해 동정하는 진보주의자를 조롱하는 투로 부르는 말이다. 진실성이 없는 동정 또는 실천 능력도 없으면서 감성만 앞세우는 무책임이라는 의미가 내포되어 있다.[42]

a hidebound pedant는 "편협하고 형식만 차리는 학자", a hidebound philosopher는 "몹시 보수적인 철학자"란 뜻이다. We are not hidebound in one model(우리는 단일 모델만 고집하지 않는다). To be fair, many on the left are just as hidebound as Bolton(냉정하게 바라보면, 좌파의 대부분은 볼턴만큼이나 편협해요). You are too hidebound in your thinking.(너는 너의 생각에 대한 고집이 아주 강해).[43]

과연 누가
'불량 국가'인가?

rogue state

rogue는 "악한, 불량배, 깡패", play the rogue는 "사기치다"는 뜻이다. rogue state는 '불량 국가'로, 미국이 1980년대 후반부터 쿠바, 이란, 이라크, 리비아, 북한, 수단, 시리아 등 미국에 적대적인 나라들을 지목하면서 쓴 말이다. 미국 대통령 조지 부시George W. Bush는 2002년 1월 대통령 연두교서에서 이라크, 이란, 북한을 '악의 축axis of evil'으로 규정하는 동시에 그들을 '불량 국가rogue nations'라고 했다.

그러나 미국의 외교·안보 싱크탱크인 '포린 폴러시 인 포커스FPIF'의 신임연구원인 존 페퍼John Feffer는 부시 대통령이 사용한 '불량 국가'라는 용어는 문제가 있다며 이렇게 말했다. "이중기준을 적용하고 있기 때문이다. 불량 국가는 통상적으로 국제법과 규범을 위반한 국가를 의미한다. 그러나 이스라엘은 국제법을 어기고 팔레스타인을 억압하고 있고, 중국도 티베트의 민주인사들을 투옥하고 있다. 그러나 이들은 불량 국가가 아니다. 국제법 위반으로 따지면 미국만 한 위반 국가가 없다."[44]

미국의 반전反戰운동가 윌리엄 블룸William Blum은 2000년에 출간한 『불량 국가Rogue State: A Guide to the World's Only Superpower』에서 '불량 국가'의 의미를 뒤집어 썼다.

1933년생으로 폴란드계 유대인인 블룸은 테러를 반대하고 비판하는 동시에 미국의 국제적 죄악과 과오를 폭로하고 비난하는 운동을 맹렬히 해왔지만, 미디어의 주목을 전혀 받지 못했다. 그러다가 2006년 1월, 테러리스트 조직 알카에다의 지도자 오사마 빈 라덴Osama Bin Laden, 1957~2011이 자신의 커뮤니케이션 수단인 비디오테이프에서 미국인들이 블룸의 책을 읽으면 유익할 것이라고 말함으로써 이 책의 운명이 달라졌다. 이후 이 책이 유명해져 아랍어를 포함한 12개국 이상의 언어로 번역되어 세계적으로 널리 읽히게 되었다.[45] 그는 이 책에서 다음과 같이 말한다.

From 1945 to the end of the century, the United States attempted to overthrow more than 40 foreign governments and to crush more than 30 populist-nationalist movements struggling against intolerable regimes. In the process, the U.S. caused the end of life for several million people, and condemned many millions more to a life of agony and despair(1945년부터 1999년까지 미국은 40개국 이상의 외국 정부를 전복시키고, 견딜 수 없는 정권에 저항하는 민중민족주의운동을 30회 이상 진압하는 시도를 해왔다. 그 과정에서 미국은 수백만 명의 인명 손실을 초래했으며, 수백만 명을 고통과 좌절의 삶으로 몰아넣었다).

블룸은 2002년 10월 21일 콜로라도주 볼더에서 행한 연설에선 이렇게 말했다. No Matter how paranoid you are, what the government is actually doing is worse than you imagine. Don't believe anything until it s been officially denied(당신이 아무리 편집증적일지라도 정부가 실제로 하는 일은 당신이 상상하는 것보다 나쁩니다. 공식적으로 부인될 때까지 어떤 것도 믿지 마십시오).[46] 또 그는 이 연설에서 다음과 같이 말했다.

If I were the president, I could stop terrorist attacks against the United States in a few days. Permanently. I would first apologize–very publicly and very sincerely–to all the widows and orphans, the tortured and impoverished, and all the many millions of other victims of American imperialism. Then I would announce that America's global interventions have come to an end and inform Israel that it is no longer the 51st state of the union but–believe it or not–a foreign country. I would then reduce the military budget by at least 90% and use the savings to pay reparations to our victims and repair the damage from our bombings. There would be enough money. Do you know what one year's military budget is equal to? One year. It's equal to more than $20,000 per hour for every hour since Jesus Christ was born. That's what I'd do on my first three days in the White House. On the fourth day, I'd be assassinated(제가 미국 대통령이라면 수일 내로 미국을 향한 테러리스트 공격을 중단시킬 수 있습니다. 영원히. 저는 먼저 미 제국주의의 희생자가 된 모든 과부와 고아, 고통 받은 사람과 가난해진 사람, 그 밖의 수많은 희

생자에게 공개적으로 충심으로 사과할 것입니다. 다음에 저는 미국의 국제적 개입을 중단하겠다는 걸 선언하고 이스라엘에 이스라엘은 이제 미국의 51번째 주가 아니며 믿거나 말거나 외국이라는 걸 알려주겠습니다. 그리고 국방 예산을 적어도 90퍼센트 줄이고 그 돈을 우리의 희생자들에게 보상하고 우리의 폭격으로 인한 파괴를 복구하는 데에 쓰겠습니다. 돈은 충분할 것입니다. 미국의 1년 국방 예산이 얼마나 되는지 아십니까? 단 1년 예산인데도 예수 그리스도가 탄생한 이래로 매 시간당 2만 달러 이상이 돌아갈 수 있는 액수입니다. 이게 제가 백악관에 들어가 3일 동안에 할 일입니다. 4일째 되는 날 저는 암살당할 것입니다).[47]

왜 sanction은 '허가'와 '제재'라는 상반된 뜻을 동시에 갖게 되었는가?

sanction

sanction은 "허가(하다), 제재(하다), 처벌(하다)"을 뜻한다. sanction은 '거룩하게 하다'는 뜻을 가진 sanctus에서 나온 말인데, 오늘날 Sanctus(상투스)는 3성 창聖唱, 즉 3번의 '거룩하시다'("Sanctus, sanctus, sanctus")로 시작되는 찬송가를 뜻한다.

영어 단어 중엔 서로 상반되는 2개의 뜻을 동시에 가진 단어들이 있는데, 그 대표적인 게 바로 sanction이다. gave sanction to는 "~을 허가하다"는 뜻이지만, take sanction against는 "~에 대해 제재 조치를 취하다"는 뜻이다.

이렇게 된 이유는 sanction이 1500년대 중반 "법, 법령"의 뜻으로 쓰였는데, 법이 잘 지켜지지 않자 1635년경부터 법을 준수하게끔 하는 제재나 처벌의 뜻으로 쓰였기 때문이다. 이와 비슷한 단어로 dust와 trim을 들 수 있다. dust는 "먼지를 떨다"와 "먼지투성이로 만들다", trim은 "~을 잘라내다"와 "~을 보태 장식하다"는 2개의 상반되는 뜻을 동시에 갖고 있다.[48]

법률 용어로서 sanction은 주로 복수로 쓴다. 판사가 단

하나의 사건에 대해 피고에게 벌금형을 선고한 경우에도 "The judge imposed sanctions"와 같이 표현한다는 것이다. 국제관계에서도 마찬가지다. international sanctions(국제적 제재)엔 diplomatic sanctions(외교적 제재), economic sanctions(경제적 제재), military sanctions(군사적 제재), sport sanctions(스포츠 제재) 등이 있다.[49]

The Petition of Rights was reluctantly sanctioned by Charles I in 1628's English parliament(권리청원은 1628년 영국 의회에서 찰스 1세에 의해 마지못해 인준되었다). Lifting sanctions on trade would economically benefit both the United States and Cuba(무역에 대한 제재를 해제하면 미국과 쿠바 양국 모두에게 이익이 있을 것이다). Doctors involved in assisted suicide shouldn't be under criminal sanctions(안락사를 시키는 의사들은 범죄자로 취급 받아서는 안 된다).[50]

boreout
adhocracy
matrix
starfish
cash-and-carry
vest
beta release
empowerment
Nordstrom effect
LTE

조직 · 기업 · 경영

왜 아무 일도 하지 않으면서 바쁜 척하는가?

◉
boreout

2014년 6월 30일 방송된 MBC 다큐스페셜 〈오늘도 피로한 당신, 번아웃〉이 번아웃에 대한 적잖은 관심을 불러일으켰다. 번아웃burnout은 "(신체적 또는 정신적인) 극도의 피로, (로켓의) 연료 소진"이란 뜻인데, 심리학적 유행어가 되면서 이른바 '번아웃 신드롬burnout syndrome'이 이처럼 언론 매체의 주목을 받고 있다. 번아웃 신드롬은 한 가지 일에 몰두하던 사람이 신체적·정신적으로 모든 에너지가 소진된 상태에서 피로를 호소하며 무기력증, 자기혐오, 직무 거부 등에 빠지는 현상을 말한다. '탈진 증후군', '소진 증후군', '연소 증후군'이라고도 한다. 2013년 12월 『매경이코노미』가 마크로밀엠브레인과 함께 직장인 1,000명을 대상으로 한 설문조사 결과, 직장인 862명이 번아웃을 느낀다고 응답했다.[1]

번아웃burnout의 반대는 보어아웃boreout이다. 여기서 bore는 "지루하게 하다, 따분하게 하다, 땅굴을 파다, 구멍을 뚫다"는 뜻이다. 명사로 쓰이면 "지루하게(싫증나게) 하는 사람(사물), 구멍, 구멍 뚫는 연장"이란 뜻이다. He bored us all by boasting for hours about his new car(그는 자기의 새 차에 대해 몇 시간 동안 떠들어대서 우리를 지루하게 했다). Don't see that movie. It's a real bore(저 영화 보지 마. 정말 지루해).[2]

보어아웃은 번아웃과는 정반대로 일이 너무 없어서 문제인데, 일반적으로 직장인들이 직장에서 겪는 지루함과 단조로운 업무에서 비롯된 무관심이나 의욕 상실을 뜻한다. 현대 조직, 특히 화이트칼라 조직에서 일하는 사람들에게 나타나는 질병이다. 제한된 시간 내에 일을 끝마쳐야만 하는 성격의 일에선 보어아웃이 나타나지 않는다.[3]

보어아웃은 스위스 경영 컨설턴트 페터 베르더Peter Werder와 필리페 로틀린Philippe Rothlin이 2007년에 출간한 『보어아웃Diagnose Boreout』에서 제시한 신조어이자 이론이다. 책 출간 이후, '보어아웃' 용어는 세계적인 유력 언론에서 비중 있게 다루어지면서 새로운 경영 용어로 자리 잡았다. 예컨대, 영국 『가디언』은 관련 기사에서 "지루함이 기계적이고 반복적인 분야뿐만 아니라 전문직에까지 확산되고 있으며, 직장에서의 지루함이 과로보다 직장인들에게 더 치명적"이라고 했다.

베르더와 로틀린은 일할 의욕이 없는 사람들은 게으르기 때문이라는 기존의 시각을 반박하면서 흥미를 잃은 게 더 큰 이유라고 주장한다. 보어아웃은 직장에서 겪는 '지루함boredom', 단조로운 업무로 생기는 '의욕 상실', '무관심'이라는 세 요소로 구성되는데, 업무의 스트레스보다는 일 자체에서 그 어떤 의미도 찾을 수 없을 때 나타난다. 많은 회사가 이 문제를 해결하기 위해 노동 감시로 대응하는데, 이들은 그건 어리석다고 주장한다. 예컨대, 보어아웃에 빠진 사람들은 직장을 잃지 않기 위해 또는 추가의 일을 맡지 않기 위해 바쁜 척하

He bored us all by boasting for hours about his new car

기 때문에 피상적인 감시로는 간파해내기 어렵다는 것이다.[4]

보어아웃에 빠진 직장인들이 '일하는 척 가장'하는 수법은 매우 다양하다. 업무를 빨리 끝내고 개인 시간을 즐기는 '압축 전략(다른 일을 할 수 있음에도!)', 업무를 쉬엄쉬엄 처리하는 '롤러 전략(일을 더 빨리 처리할 수 있음에도!)', 동료 또는 고객을 핑계 삼아 일의 시작을 늦추는 '시간벌기 전략(일을 바로 시작할 수 있음에도!)', 업무가 많아 집에서도 일하는 척 연출하는 '서류가방 전략(가방 속은 텅 비어 있다!)', "일에 치인다, 치여"라는 말을 입에 달고 사는 '번아웃 위장 전략(다른 사람의 업무량은 훨씬 더 많다!)', 아무렇게나 키보드를 두드리는 등의 '소음 전략(그는 지금 졸다가 깨어났다!)' 등등.[5]

관료제를 대체할 수 있는 조직은 무엇인가?

adhocracy

       adhocracy(애드호크러시)는 라틴어로 '특정한 목적을 지닌for the purpose' 이란 뜻의 ad hoc와 '주의主義, 통치'를 뜻하는 cracy의 합성어로 관료주의에 기반한 조직과 정반대의 특성을 가진 체제다. 기업 관료주의를 대체할 역동적이고 수평적인 즉흥 조직으로, 관료주의적 장벽을 허물고 사람들을 한데 모아 기회를 찾고 혁신적 해결책을 얻을 수 있는 새로운 조직 형태로 선언되었다.

    애드호크러시는 1968년 워런 베니스Warren G. Bennis와 필립 슬레이터Philip Slater가 공저한 『일시적인 사회The Temporary Society』에 처음 등장한 말이지만, 앨빈 토플러Alvin Toffler가 『미래의 충격Future Shock』(1970)에서 관료제bureaucracy를 대체할 미래의 조직으로 예언하면서 널리 알려졌다. 토플러는 "애드호크러시란 구조화된 혼란" 이라고 했다.[6]

    경영학자 헨리 민츠버그Henry Mintzberg, 1939~는 1979년에 출간한 『조직의 구조The Structuring of Organization』에서 애드호크러시 개념을 더욱 발전시켰다. 조직을 기계적 관료조직, 전문적 관료조직, 창업 초기 기업, 애드호크러시의 4가지로 나눈

민츠버그는 "애드호크러시는 전통적인 경영 원칙의 적용을 거의 받지 않는다"고 했다. 대부분의 후기 IT 기업, 광고대행사, 뉴미디어 기업 등이 애드호크러시들로 구성된 대표적 업종이다.

『초우량 기업의 조건In Search of Excellence』의 공동 저자인 로버트 워터먼Robert Waterman은 1990년에 출간한 『애드호크러시Adhocracy』에서 애드호크러시를 "기회 포착, 문제 해결 및 성과 달성을 위해 기존 관료주의를 탈피하는 모든 유형의 조직"이라고 정의했다.[7]

ad hoc hypothesis는 '땜질식 가설'로 자신의 믿음이나 이론에 반하는 사실을 회피하려고 임시방편으로 그럴듯한 가설을 만들어 설명하려는 현상을 말한다. 임시가설 편향, 임시변통 가설, 임시방편적 가설, 미봉 가설이라고도 한다. 생활 속에서 땜질식 가설 편향은 사이비 과학자의 이론이나 초과학 연구뿐만 아니라 우리 주변의 점집에서도 흔히 볼 수 있다. 이에 대해 이남석은 다음과 같이 말한다.

"점쟁이는 모든 것을 다 아는 듯이 말하지만, 그들의 예측이 틀리면 정성이 부족했다거나 부정이 탔다거나 조상 중 얼어 죽은 사람에게 제사를 지내지 않아서 그렇다 등등 갖은 구실을 대가며 예측이 빗나간 이유를 설명한다. 절대로 자신의 예측이 틀렸다고 하지 않고 그럴듯하게 설명하려고 새로운 가설을 만들어낸다. 그렇게 설명할 수 있었다면 일을 그르치기 전에 왜 먼저 말하지 않았을까? 이렇게 질문하면 점쟁이는 '천기누설 죄' 운운하며 그에 맞는 구실을 내놓는다. 그러면서 자신의 믿음이 확고하다며 당당해한다. 새는 구멍이 보일 때마다 재빨리 땜질하는 것은 얼마든지 가능하기 때문이다."[8]

왜 '다중 지휘 시스템'이
유행인가?

◉
matrix

matrix(매트릭스)의 원래 뜻은
"자궁, 모체, 행렬"이지만, 오늘날엔 주로 '사이버공간'의 의
미로 쓰인다. 윌리엄 깁슨William Gibson, 1948~은 소설 『뉴로맨
서Neuromance』에서 "매트릭스는 사이버공간이 고도의 수학에
기반을 두고 있으며, 모든 사람의 가장 기본적인 일상환경이
라는 것을 가리키는 것"이라고 했다.[9]

1999년 전 세계를 강타한 할리우드 영화 〈매트릭스〉도
바로 깁슨의 사이버공간을 의미하는 것이었다. 한국을 비롯해
전 세계를 열광시킨 '매트릭스 신드롬'은 사이버공간의 신비
화와 더불어 기술 유토피아적 전망을 부각시키는 데에 큰 영
향을 미쳤다.[10] '매트릭스'의 주인공 '네오'는 실재인 줄 알았
던 현실 세계가 사실은 컴퓨터가 만든 가상 세계임을 알게 되
면서 큰 혼동에 빠져드는데, 프랑스 철학자 장 보드리야르Jean
Baudrillard, 1929~2007는 우리 인간이 매트릭스의 세계로 가고
있다고 주장했다.[11]

'매트릭스'는 '매트릭스 조직matrix organization'의 의미로
도 쓰인다. 매트릭스 조직은 프로젝트 조직과 기능식 조직을

절충한 형태로, 1950년대 미국항공우주국인 나사NASA가 처음 고안했다.[12] 다양한 팀의 인력이 한 프로젝트에 참여한다는 점에서는 TF(task force)와 비슷하지만, 이들은 프로젝트 기간에 원래 부서 관리자와 프로젝트 양쪽의 업무를 모두 진행하면서 인사 평가도 두 관리자에게서 함께 받게 된다는 점에서 TF와 다르다.[13]

미국의 경영 컨설턴트 스탠 데이비스Stan Davis는 『미래의 지배』(2001)에서 "수학적 훈련을 받은 우주산업 분야의 공학자들 입장에서는 이 용어가 1950년대에 프로젝트 관리와 관련해서 생겨난 격자 모양의 구조에 적용하기에 적합한 말이었을 것이다. 처음 생겨난 계기야 어쨌든, 이 용어는 이제 기업과 학계에서 모두 받아들여지는 말이 되었다"며 다음과 같이 말한다.

"하지만 이 말을 가장 잘 정의할 수 있는 방법이 무엇일까? 우리는 매트릭스 조직과 전통적인 조직의 차이를 가장 분명하게 보여주는, 매트릭스 조직의 특징에 바탕을 둔 정의가 가장 유용하다고 생각한다. 그 특징이란, '사람 한 명에 보스 한 명', 즉 단 하나의 명령 계통이라는 오랜 규범을 버리고 '보스 두 명', 즉 다중 지휘 시스템을 받아들이는 것을 말한다. 따라서 우리는 '다중 지휘 구조'는 물론 이와 관련된 지원 메커니즘과 조직 문화 및 행동 패턴을 포함하는 다중 지휘 시스템을 채택한 모든 조직이 바로 매트릭스라고 정의한다."[14]

단순화시켜 말하자면, 조직은 '단일 보스 모델one-boss model'과 '이중 보스 모델two-boss model'로 나눌 수 있는데, 매트릭스 조직은 '이중 보스 모델'인 셈이다. 데이비스는 "이중 보스 관계 속에서 불편해하는 경영자들은 사람들이 모두 각각 어머니와 아버지를 갖고 있다는 사실을 기억하는 것이 좋을 것이다"며 다음과 같이 말한다.

"물론 아버지, 어머니 두 사람의 부모를 갖는 것과 직장에서 상사가 두 사람인 경우 사이에는 커다란 차이가 있다. 그러나 이 두 가지 상황 속에는 공통적인 요소들이 존재한다. 부모와 직장 상사가 모두 위계구조 속에서 상위의 위치를 차지하고 있으며, 공통의 하급자를 다스리는 권위와 지위를 반드시 공유해야 한다는 점이 바로 그것이다.……정부 내에서 입법권, 행정권, 사법권을 분리시킨 것은 삼중 보스 모델이다."[15]

1976년 9월 매트릭스 조직을 채택한 제너럴일렉트릭은 '조직 계획 고시Organization Planning Bulletin'를 통해 "우리 회사도 다른 회사들처럼 이 유행을 따르겠다는 것이 아니다. 오히려 이 조직은 참고 견뎌내기에는 너무 복잡하고, 어렵고, 때로는 좌절감마저 안겨주는 조직 형태이다. 그러나 그것은 또한 앞으로 다가올 일을 미리 알려주는 방울(신호)이기도 하다. 잘 시행된다면, 그 방법은 두 세계의 가장 좋은 점들을 많이 제공해준다"며 다음과 같이 말했다.

"우리는 모두 경영자들이 자기들의 직접 관리하에 있지 않은 사람들과 구성 요소들로부터 어떤 결과들을 얻어내야 하는 상황에서 고도의 복잡성과 모호함에 점점 더 많이 대응할 준비를 갖출 수 있도록 조직을 이용하는 법을 배워야 할 것이다. 매트릭스를 성공적으로 이용하기 위해서는 각각의 사람들이 지난 20년간 우리의 상징이었던 제품 모드와 기능적 모드보다 (서로 상충되는 수많은 복잡한 이해관계들의 균형이 반드시 유지되어야 하는) 제너럴일렉트릭처럼 다양화된 거대한 기관을 더 잘 운영할 수 있도록 준비를 갖춰야 한다."[16]

왜 불가사리가 바람직한
리더십의 모델이 되었는가?

●
starfish

불가사리는 'starfish'라는 영어
명에도 불구하고 어류fish가 아니라, 극피동물echinoderm이다.
5억 년 전 지구상에 출현한 불가사리는 전 세계에 1,600여 종
이 분포하고 있는데, 국내에도 47종이 서식하고 있다. 불가사
리는 열대 지방에서부터 북극·남극 지역에 이르기까지, 해변
가에서부터 수심 6,000미터의 심해에 이르기까지, 바다가 있
는 곳이면 그 어디에건 존재한다.

불가사리는 한 번에 300만 개의 알을 낳는 왕성한 번식력
과 함께 신체 일부가 잘리면 2개의 독립된 개체를 유지할 정도
로 생명력도 강해 어민들을 괴롭히는 골칫거리가 되고 있다.
불가사리를 유기비료, 양계사료, 한우사료, 콜라겐화장품, 건
강보조식품 등으로 활용하는 방안이 연구 중에 있지만, 아직
이렇다 할 대책은 나오지 않았다.[17]

미국 경영 전문가인 오리 브래프먼Ori Brafman과 로드 벡
스트롬Rod A. Beckstrom은 2006년에 출간한 『불가사리와 거미
The Starfish and the Spider: The Unstoppable Power of Leaderless
Organizations』라는 책에서 분권화된 조직과 리더십의 중요성을

강조하기 위해 불가사리를 끌어들여 큰 반향을 불러일으켰다.

"If you cut the starfish in half, you'll be in for a surprise: the animal won't die, and pretty soon you'll have two starfish to deal with(불가사리를 반으로 자르면 깜짝 놀랄 일을 보게 될 것이다. 죽기는커녕 곧 2마리의 불가사리로 늘어나게 된다)."[18]

이들이 쓴 책이 베스트셀러가 되면서 분권형 조직은 '불가사리 조직', 분권형 리더는 '불가사리 리더'로 불리기도 했다. 이들은 분권화에 대해 다음과 같이 말한다.

"분권화는 수천 년 동안 잠자고 있었다. 그러나 인터넷의 출현은 전통적인 비즈니스를 무너뜨리고, 산업 전체를 뒤바꾸고, 사람들 간의 상호작용 방식과 세계 정치에 영향을 미치며 분권화의 힘을 촉발시켰다. 체계, 리더십, 공식 조직의 부재는 한때 약점으로 여겨졌으나 이제는 주요 자산이 되었다."[19]

가구업체 이케아의
성공 비결은 무엇인가?

●

cash-and-carry

         cash-and-carry는 "현찰 판매"다. 구매자가 상품에 대해 현금을 지불하고 그 상품을 직접 가져가는, 즉 배달을 해주지 않는 것이 조건이 되는 판매 방식을 말한다. 20세기 초 미국 체인스토어에서 나온 것으로, 돈을 절약할 수 있다는 걸 알리는 광고 슬로건이었다. 1920년대 중반부터 널리 보급되었으며, 영국에선 1957년부터 시작되었다.[20]

    cash-and-carry는 "No frills"라는 뜻이다. frill은 "(옷·커튼 등의) 주름 장식"인데, 비유적으로 꼭 필요한 것은 아닌 장식적 부가물이라는 뜻으로도 쓰인다. a white blouse with frills at the cuffs는 "소매에 주름 장식이 있는 흰색 블라우스", a simple meal with no frills는 "꼭 필요한 음식만 차린 소박한 밥상(식사)", No frills는 "첨가물 없음, 순수함 (상품의 표시)", no-frills airport는 "꼭 필요한 것만 있는 공항", a no-frills hotel은 "비즈니스호텔", a no-frills airline은 "불필요한 서비스를 제공하지 않는 항공편"이란 뜻이다.[21]

    이케아HKEA는 가구업계에선 최초로 캐시-앤드-캐리 시스템, 즉 슈퍼마켓 형태의 판매 형식을 도입해 성공을 거둔 것으로 유명하다. 즉, 고객이 원하는 제품을 찾아 선반에서 끄집어내 계산하고 집으로 가져가 조립하는 방식을 도입함으로써 단가를 낮춘 것이다. 그러면서도 '트럭에 공기air를 실어 나르는 것은 죄악'이라고 주장함으로써 소비자들에게 환경보호운동의 명분까지 부여한다. 이케아 마니아들은 카탈로그를 보고 매장을 방문해 가구를 구매한 후 집으로 돌아와 레고를 만들듯 가구를 조립하는데, 직접 조립하는 과정에서 성취감을 느낀다.[22]

여러 연구 결과, 소비자는 조립 등과 같은 참여를 통해 자기 취향과 의지를 많이 반영해 만든 제품을 더 높게 평가하는 경향이 있는 것으로 밝혀졌다. 즉, DIYDo It Yourself(소비자가 직접 조립에 참여한다)에 매력을 느끼는 소비자가 많다는 것이다. 이를 가리켜 '이케아 효과Ikea effect'라고 한다. 듀크대학 행동경제학자 댄 애리얼리Dan Ariely가 만든 말이다.[23]

cash-and-carry는 다음과 같은 식으로 쓰인다. I'm sorry. We don't deliver. It's strictly cash-and-carry(죄송합니다. 저희는 배달은 하지 않습니다. 배달 없이 현금 판매만 합니다). It is cheaper to buy cash-and-carry(캐시-앤드-캐리 방식으로 사는 게 더 싸다).[24]

"그는 베스팅하고 있다"는 건 무슨 말인가?

●
vest

우리가 즐겨 쓰는 '기득권既得權'이라는 말을 영어로는 vested interest라고 한다. 영국에서 19세기 초부터 재산권과 관련된 법률 용어로 쓰이기 시작한 말이다. 이때의 vested는 "기득의, 권리나 재산 등이 부여된"이란 뜻이다. "권리를 주다, 소유권을 귀속시키다"는 뜻의 vest에서 나온 말이다.[25]

미국 마이크로소프트 본사에선 "그 사람 요즘 뭐하고 있지?What has he been doing?"라고 물으면 "베스팅하고 있어He has been vesting"라며 비웃는 대화가 오간다고 한다. 미국의 기업계에서 '베스트vest'란 스톡옵션에 대한 권리를 뜻하는 말이다. 예를 들면 스톡옵션 1,000을 받아 지금은 400을 행사할 수 있는 권리를 가지고 있을 때, 그 400을 베스팅이라고 한다. 그것이 700에 도달할 때까지는 일은 재미없지만 눌러앉아 있자는 생각으로 일하고 있는 사람을 의미하는 것이다.[26]

1980년대 말 미국의 많은 회사원이 "Fuck you! I'm Fully Vested(제기랄! 완전히 코 꿰였다!)"라는 말의 약자인 FYIFV가 새겨진 배지를 달고 다녔다. 부자가 된 한 전직 임원은 이렇게 말했다. "주식을 처분할 수 있는 한도 기간인 5년을 일한 뒤에도 직원들은 코가 꿰였죠. 그들은 중독이 되었어요. 시간에 중독되고, 남을 눌러 이기는 맛에 중독이 되었죠. 하루에 12시간, 아니 14시간씩 일하지 않고는 못 배겼습니다."[27]

FYIFV의 원조는 마이크로소프트MS다. 원래 의미도 달랐다. 1986년에서 2000년 사이에 MS 주식 가격이 폭등하면서 직원들이 대부분 백만장자가 되자 "이젠 회사를 그만둬도 좋으니 할 말은 하고 살겠다"는 뜻으로 내세운 슬로건이 바로 FYIFV였다. 하지만 이 슬로건은 MS 밖에선 MS 직원들이 소프트웨어의 품질보다는 돈에 의해서만 동기부여가 되는 사람들이라는 부정적인 의미로 사용되기도 했다. 베스팅 시점이 지난 후 MS 직원들의 열정이 사라지는 걸 가리키는 QVDQuietly Vesting Disease라는 말도 나왔다.[28]

스포츠엔 베스팅 옵션vesting option이란 게 있는데, 이는 일정한 조건을 충족하면 자동으로 실행되는 옵션을 말한다. 예컨대, LA 다저스 투수 댄 해런Dan Haren, 1980~은 2014년 시즌에서 180이닝에 이를 경우 2015년 시즌 구단이 연봉 1,000만 달러에 계약해야 하는 베스팅 옵션을 갖고 있었다. 그가 2014년 9월 23일 다저스타디움Dodger Stadium에서 열린 샌프란시스코 자이언츠와 홈경기에 선발 등판해 옵션을 달성하기 위해 남아 있던 6이닝을 채우는 데 성공하자, 언론은 일제히 「7이닝 2실점 해런, 104억 원 옵션 달성」이라고 보도했다.[29]

완제품이 아닌 베타 버전은 소비자를 '용병'으로 이용하는 것인가?

●
beta release

        beta release(베타 릴리스)란 주로 인터넷을 기반으로 운영되는 프로그램이나 게임의 정식버전이 출시되기 전, 프로그램상의 오류를 점검하고 사용자들에게 피드백을 받기 위해 공개하는 미리보기 형식의 서비스를 말한다. 알파alpha니 베타beta니 하는 단어들은 1950년대에 IBM이 하드웨어 개발 용어로 처음 사용한 것이지만, 당시 IBM은 '베타 릴리스' 대신 'field test'라는 말을 사용했다.

    베타 릴리스와 비슷한 말로 오픈 베타open beta 또는 클로즈드 베타closed beta가 있는데, 오픈 베타open beta란 베타 서비스를 누구나 이용할 수 있도록 공개한 것을 말하며, 클로즈드 베타란 베타 서비스를 한정된 사용자만 이용할 수 있도록 폐쇄적으로 공개한 것을 말한다.[30]

    미국의 실리콘밸리 사람들이 가장 좋아하는 격언 중의 하나는 "일찍 그리고 자주 실패하라Fail early, fail often"는 말인데, 이는 초기 단계에 나오는 피드백이 결국 마지막에 더 좋은 결과를 낳는다고 보기 때문이다.[31] 미국 뉴욕대학 저널리즘 교수 제프 자비스Jeff Jarvis는 '베타 릴리스'가 필요한 이유에 대해

다음과 같이 말한다.

"완벽을 추구하다 보면 창조 과정이 복잡해지고 시간이 많이 걸린다. 기술 분야에서는 이렇게 계획에 없던 것이 불필요하게 추가되는 것을 '피처 크리프feature creep'라고 부른다. 이는 이상에 가까운 제품을 만들겠다고 겉만 번드르르한 기능이나 디자인을 하나씩 추가하느라 출시가 늦어지는 것을 의미한다. 이런 실수를 하지 않으려면 베타를 발표해야 된다. 일단 발표해놓고 무엇이 더 필요한지 살펴보아야 한다는 얘기다."[32]

feature creep은 creeping featurism 또는 featuritis라고도 하는데, 주로 위원회 형식의 조직에서 자주 일어나는 내부 타협의 결과로 생겨난다. 서로 생각이 다른 위원들끼리 한마디씩 하는 걸 다 담으려고 하다 보니까, 이런저런 기능이 추가되는 것이다. 물론 이는 전체 효율성을 크게 떨어뜨려 제품의 실패를 유발하는 주요 이유가 된다.[33]

'피처 크립'이라는 실수를 피하기 위해서도 '베타 릴리스'가 필요하다고 하지만, '완제품이 아닌 베타 버전'이라는 것은 결국 기업들이 자기들이 생산한 제품의 최종적인 테스트를 고객들에게 떠넘긴다는 의미라는 비판도 있다.[34] 즉, 소비자가 대기업의 이윤창출을 위한 '용병'으로 이용당하는 건 아니냐는 의구심이 있다는 뜻이다.[35]

'임파워먼트'는
'열정 페이'의 아류인가?

empowerment

　　　　　　　　　　empower는 "권한을 주다, 자율권을 주다"는 뜻이다. 1995년 레이건 행정부에서 교육부 장관을 지낸 윌리엄 버넷William Burnett, 신민주당의 조지프 리버먼Joseph Lieberman, 샘 넌Sam Nunn 상원의원이 힘을 모아 "미국의 힘을 키우자Empower America"라는 캠페인을 벌였다. 그들은 "대세가 되어버린 난잡한 행동"만 내보내는 '문화 쓰레기'가 전파를 타는 것을 막아야 한다고 주장했다.[36]

　　　empowerment는 "힘 실어주기, 권리 강화, 권한 위임, 권한 위양"이라는 뜻으로 쓰인다. 반대로 disempowerment는 "무력화, 권한 박탈"을 뜻한다. 여성 등과 같은 사회적 약자가 인터넷을 이용해 힘을 갖는 것은 digital empowerment라고 한다.[37] 영국 경제 전문지 『이코노미스트』는 지난 2010년 신년호에서 "지난 50년간 전 세계적으로 가장 큰 혁명적 변화의 하나가 여성의 권리 강화empowerment"라고 지적했다.[38]

　　　개인의 자립과 자기 강화를 위한 힘을 갖는 것은 self-empowerment라고 하는데, 이에 초점을 맞춘 자기계발 강좌들은 사람들이 자신의 삶에 책임을 지도록 훈련시킨다.[39] 집단적으로 빈곤층을 대상으로 한 자립 운동의 대표적 예는 소액 금융microfinance이다. 이 운동은 조기교육, 건강관리, 소액대출 서비스, 영농지원, 법률상담, 사업개발 서비스 등을 제공하며, 자신감을 키우는 방법까지 알려준다.[40]

기업경영 분야에서 임파워먼트 운동도 활발하게 전개되고 있다. 가톨릭대학교 경영학부 교수 이동현은 "임파워먼트는 단순히 개별 구성원들에게 의사결정 권한을 제공한다는 의미를 넘어 그들이 갖고 있는 지식과 기술을 포함한 모든 능력을 최대한 활용할 수 있도록 기업이 분위기를 조성하는 것"이라며 다음과 같이 말한다.

"작업자들은 임파워먼트를 통해 가족이나 공동체와 유사한 것을 체험하며, 서로 공통된 어떤 목적으로 연결되어 있다고 느낀다. 임파워먼트는 '즐거움'이다. 간단히 말해서 '재미'인데, 이는 항상 엄격한 처벌 또는 속칭 당근과 채찍으로 사람을 이끌어야 한다는 종류의 모든 생각들을 눌러 버린다……임파워먼트는 직장생활의 질뿐만 아니라 삶 자체를 개선시킨다."[41]

'투자의 귀재'로 불리는 미국 거부 워런 버핏Warren Buffett, 1930~의 성공 비결 중 하나로 꼽히는 것이 바로 계열사의 자율경영을 보장하는 임파워먼트다. 버핏은 자회사의 경영자를 신뢰하고 세세한 간섭micromanage을 하지 않는 것으로 유명하다. 그가 이끄는 버크서 해서웨이Berkshire Hathaway의 전체 임직원은 34만 명에 달하지만, 네브래스카주 오마하에 있는 본사 직원은 25명에 불과하다는 것이 그 점을 잘 말해준다.[42]

그러나 임파워먼트는 열정의 중요성을 내세워 아주 적은 월급을 주면서 직원이나 취업준비생을 착취하는 걸 가리키는

'열정 페이'의 아류에 불과하다는 주장들도 있다. 즉, 직원들에게 실제로 의미 있는 권한을 주는 대신 더 많은 일을 하게 만들기 위한 속임수라는 것이다.[43] 달리 말해, 권한 없이 책임만 요구하며, 보너스는 주지 않으면서 경영진의 열정에 동참하라는 식이라는 것이다.[44] 또 상사는 부하 직원에게 임파워먼트에 근거한 주인의식을 요구하지만, 막상 부하 직원이 주도적으로 행동하면 가만 놔두지 않는 경향이 있다. 심리학자 도널드 캠벨Donald Campbell은 이를 '주도성 패러독스initiative paradox'라고 부른다.[45]

임파워먼트는 정치 분야에서도 자주 쓰이는 단어가 되었다. 미국의 진보적 정치 컨설턴트 조 트리피Joe Trippi는 2004년에 출간한 『혁명은 TV로 중계되지 않는다The Revolution Will Not Be Televised: Democracy, the Internet, and the Overthrow of Everything』에서 다음과 같이 말한다.

For twenty years, people have been calling this era of computers, the Internet, and telecommunications the "information age." But that's not what it is. What we're really in now is "the empowerment age." If information is power, then this new technology—which is the first to evenly distribute information—is really distributing power(20여 년 동안, '정보화시대'라고 하면 컴퓨터와 인터넷, 원격통신의 시대라는 의미였다. 그러나 그것이 전부가 아니다. 현재 우리는 '권한 위양의 시대'에 살고 있다. 정보가 권력이라면, 컴퓨터와 인터넷, 원격통신은 사상 최초로 정보의 공정한 배분을 이루어내며 진정한 권력 분산을 달성한 셈이다).[46]

'미국의 소리America's Voice'로 널리 알려진 National

Empowerment Television**NET**은 미국의 케이블 텔레비전 네트워크로, 풀뿌리 차원의 로비를 위한 보수운동단체로 활약하고 있다. 보수운동가인 폴 웨이리치**Paul Weyrich, 1942~2008**가 세운 이 네트워크는 전성기에 시청자가 1,100만 가구에 이르렀다. 보수운동의 일환으로 공직자들에게 책임을 물을 수 있게끔 시민들을 임파워시키는 프로그램 중심이다.[47]

Empowerment Zone Program은 연방정부의 자금을 투자해 황폐화된 도시와 농촌 지역을 살리자는 프로그램이다. 즉, 그런 지역은 임파워먼트가 필요하다는 의미에서 empowerment zone이라는 이름을 붙인 것으로 이해할 수 있겠다. 2000년에 제정된 관련법에 따라 40개 지역(도시 28개 지역, 농촌 12개 지역)이 선정되어 2013년까지 지원을 받았다.[48]

왜 팔지도 않은
타이어를 환불해주었는가?

Nordstrom effect

노드스트롬Nordstrom은 미국 시애틀에 본사를 둔 고급 의류 체인으로 취급 품목이 많아 백화점으로 부르기도 한다. 노드스트롬은 1901년 스웨덴에서 16세에 미국으로 이민을 온 존 노드스트롬John W. Nordstrom, 1871~1963이 처음 신발을 팔기 시작하면서 창업했는데, 무엇보다도 고객에 대한 친절로 유명했다. 직원들은 자신들을 노디Nordies라 부르며 헌신했는데, 고객이 주문한 구두를 다음 날 받게 하는 건 너무 늦다며 직접 160킬로미터나 떨어진 곳까지 들고가는 일을 아무렇지도 않게 생각할 정도였다. 릭 베라라Rick Barrera는 『소비자의 기대를 뛰어넘어라』(2004)에서 이걸 '영웅적인 고객 서비스'라고 불렀다.[49]

이런 일도 있었다. 어떤 노인이 백화점 매장에 자동차 타이어의 반품을 요구했다. 노드스트롬은 예전에 노던커머셜 컴퍼니NCC가 소유하고 있던 세 상점 가운데 하나를 인수했는데, NCC는 매각한 백화점 이외에 자동차 대리점과 타이어 전문점을 운영하고 있었다. 즉, 노인이 혼동을 일으켜 그런 요구를한 것이다. 노드스트롬은 타이어를 취급하지도 않지만, 판매원은 노인이 말한 구입 가격을 그 자리에서 환불해주었다. 이 이야기는 입소문을 통해 널리 알려졌고, 경영 전도사인 톰 피터스Tom Peters가 언급하면서 유명해졌다. 엄청난 홍보 효과를 거둔 셈인데, 이처럼 입소문 효과로 기업의 브랜드 가치를 높이는 것을 '노드스트롬 효과Nordstrom effect'라고 한다.[50]

이 같은 소식이 알려지자 동종의 유통업은 물론 로스앤젤레스 경찰이나 시카고의 한 초등학교에 이르기까지 노드스트롬의 서비스 전략을 보고 배우자는 운동이 퍼져나갔다. 내부 승진과 판매원들에게 높은 급여를 지불하는 전략을 쓴 노드스트롬은 1974년부터 1984년까지 엄청난 매출 향상을 기록했고, 1제곱피트(약 0.1제곱미터)당 평균 매출은 다른 백화점의 2배 수준에 이르렀다. 4대에 이르는 100년 동안 어떠한 불화도 없이 화목한 가족경영의 전통을 세우기도 했다. 2004년 현재 7명의 공동 사장 중 6명이 30대인데, 모두 창업자 존 노드스트롬의 증손자들이다.[51]

이 백화점 직원들에겐 복잡한 매뉴얼이 없으며 자신의 판단으로 무엇이든 교환하거나 환불해줄 수 있고, 한 달에 200달러 한도 내에서 고객에게 친절을 베풀기 위한 것이라면 뭐든지 할 수 있는 권한도 있다. 현 CEO 블레이크 노드스트롬Blake Nordstrom은 "첫째, 모든 상황에서 스스로 판단하라. 둘째, 모든 불리한 상황에 직면했을 때 첫 번째 원칙으로 돌아가라"며 "직원들에게 권한 부여를 했더니 다들 사업가처럼 일하더라"고 말했다.[52]

그러나 '영웅적인 고객 서비스'가 오늘날까지 지속되고 있는 건 아니다. 이 백화점은 "휴먼 터치 포인트에도 한계가 있다"는 사례로 거론되기도 한다. 규모가 커지면서 '영웅적인 고객 서비스'는 한계에 부딪혀 어려움을 겪었으며, 직원들도 혹사당한다며 소송을 제기해 200만 달러 합의금을 지불하기도 했다. 노드스트롬은 2000년대 중반부터 현실적인 휴먼 터치 포인트로 전환해 다시 살아났다.[53]

왜 테크놀로지에
생물학 용어를 가져다 쓰는가?

LTE

evolve(진화하다)는 '앞으로 나
아가다'는 뉘앙스를 담고 있지만, 원래 의미는 '밖을 향해 회
전하다, 전개하다'다. evolution(진화)도 이미 일어난 일, 곧
과거에 일어난 일에 대한 반응으로 이미 있는 환경에 적응한
다는 것이 핵심 의미이므로 '앞으로 나아간다'보다는 '환경
안에서 변화하다'는 뜻이다.[54] 진화는 '계획 없는 진보
progress'라고 할 수 있다.[55]

evolutionary psychology(진화심리학)는 미국 생물학자
에드워드 윌슨Edward Wilson이 다윈의 진화론으로 인간의 사회
현상을 설명하고자 했던 사회생물학sociobiology을 주창한 이후
급격히 발전한 학문으로, 진화론으로 인간의 마음과 행동을
설명하려는 것이다. 관련 연구들은 1980년대 후반부터 발표
되기 시작했으나, 인류학자 제롬 바코Jerome Barkow, 존 투비
John Tooby, 심리학자 레다 코스미데스Leda Cosmides가 공동 저
술한 『적응하는 마음The Adapted Mind』이 출간된 1992년을 진
화심리학의 원년으로 삼는다.[56]

coevolution은 '공진화共進化'로, 상호 영향을 미치는 두

종 이상의 진화를 말한다. 예컨대, 많은 꽃식물 종과 그들의 꽃가루를 매개하는 곤충은 상호 관계가 더 효율적이 되도록 진화해왔다는 것이다. 기업 경영 분야에선, 기업 생태계에 속한 모든 개체가 다 같이 진화하고 발전해야 그 기업도 산다는 뜻으로 쓰인다. 제임스 무어James F. Moore가 『경쟁의 종언The Death of Competition』(1996)에서 주장한 개념이다.[57]

진화는 생물학 밖의 영역에서 비유적으로 쓰이면서 원래의 뜻과는 달리 급격한 변화라고 하는 뉘앙스로 많이 쓰이고 있다. 특히 IT(정보기술) 업계는 자신들의 새로운 기술을 과시할 목적으로 새로운 기술에 '진화'라는 생물학적 용어를 사용하기에 이르렀는데, 이를 잘 보여주는 단어가 바로 LTELong Term Evolution다.

LTE는 현재 가장 널리 쓰이는 3세대 이동통신보다 무선인터넷 속도가 5~7배 이상 빠른 4세대 이동통신 기술이다. 3세대 기술에서 장기간에 걸쳐 진화했다는 뜻에서 붙여진 이름이다. 데이터 전송속도가 빨라져 스마트폰, 태블릿 PC로 고화질 영화를 무리 없이 감상할 수 있고, 원격진료, 실시간 온라인 교육 등의 영상 서비스도 이용할 수 있다.

2004년 일본의 NTT 도코모DoCoMo가 처음 제안한 이후 미국·일본 등 일부 국가에서 LTE를 한국보다 먼저 서비스했지만, 통신망 구축 속도는 한국이 세계에서 가장 빠르다. 2011년 7월 국내에 첫 선을 보인 이후 2012년 3월 말 LG유플러스는 세계 최초로 LTE 전국망을 개통했다. 미국의 주니퍼 네트웍스Juniper Networks가 2013년에 발표한 자료에 따르면, LTE 보급률(침투율) 세계 상위 10개국은 한국 62.0퍼센트, 일본 21.3퍼센트, 호주 21.1퍼센트, 미국 19.0퍼센트, 스웨덴

14.0퍼센트, 캐나다 8.0퍼센트, 영국 5.0퍼센트, 독일 3.0퍼센트, 러시아 2.0퍼센트, 필리핀 1.0퍼센트 등이다.[58]

스마트폰 광고에 보면 4G나 LTE란 단어가 많이 나오는데, 이 둘은 같은 뜻인가? 또 3G와는 어떻게 다른가? 『중앙일보』(2013년 6월 19일)는 "일반적으로 2G · 3G · 4G를 우리말로는 2세대 · 3세대 · 4세대로 읽습니다. G는 세대를 의미하는 'Generation'의 약자입니다. 예를 들어 3G 휴대전화는 3세대 휴대전화라는 뜻이죠. 세대는 기술이 획기적으로 달라질 때를 기준으로 구분해요. 요즘에는 많은 데이터를 빠른 속도로 주고받을 수 있는 기술이 얼마나 발전했는지에 따라 세대 구분을 합니다. LTE를 영어 그대로 해석하면 '오랫동안 진화한 것', 즉 기존 시스템에서 시작해 장기간에 걸쳐 발전을 거듭한 기술을 말해요. 단순하게 말하면 'LTE = 4G'예요"라면서 다음과 같이 말한다.

"1G 이동통신은 음성 통화만 가능한 아날로그 통신 시대를 말해요.……2G는 디지털 방식의 시스템입니다. 아날로그 음성을 쪼개 디지털 신호로 변환하거나 디지털 신호 자체를 전송하거나 수신하는 방식입니다.……3G 이동통신은 음성 데이터와 비음성 데이터(데이터 다운로드, 메일 주고받기, 메시지 보내기 등)를 모두 전송할 수 있게 한 방식입니다.……4G에서는 음성 · 화상전화 · 멀티미디어 · 인터넷 · 음성메일 · 인스턴트메시지 등의 모든 서비스가 단말기 하나로 가능합니다. 가장 큰 특징은 속도입니다.……4G로 넘어오면서 이동 3사 모두 서비스 품질에서는 격차가 줄어들었습니다. 그래서 4G에서는 유난히 요금 경쟁이 치열합니다."[59]

2013년 6월 26일 세계 최초로 가장 빠른 이동통신 시대가 국내에서 열렸다. 현재 4세대 이동통신 방식인 LTE보다 두 배 빠른 LTE-ALong Term Evolution Advanced를 국내 회사가 세계 처음으로 상용화했다. SK텔레콤은 이날 LTE-A 서비스를 개시했고, 삼성전자는 이 서비스를 이용할 수 있는 '갤럭시S4 LTE-A' 스마트폰을 내놓았다. 이에 대해 『중앙일보』(2013년 6월 27일)는 "그러나 데이터 속도가 빨라지면 통신비 부담은 자연적으로 늘어날 것으로 보인다"며 다음과 같이 말했다.

"국내 스마트폰 보급률이 0.7퍼센트에 불과했던 2007년 (1분기 기준)에는 가구당(2인 이상 가구) 월평균 통신요금이 12만 원대에 머물렀지만, 국민 3명 중 두 명은 스마트폰을 쓰는 지난해에는 월 통신비가 15만 원대로 껑충 뛰었다. 특히 LTE가 보편화되기 전인 2011년까지 13만 원대에 머무르던 통신 요금이 이듬해에는 15만 원대로 급증했다. 이 때문에 일부에서는 LTE-A 서비스 자체에 대한 회의도 나온다. 지금도 LTE 속도가 만족스러운데 굳이 더 빠른 서비스가 필요하냐는 의문이다."[60]

'LTE 광고 전쟁'을 다룬 『한겨레』(2013년 8월 24일) 기사는 "3,000만 명이 넘는 2, 3세대 가입자는 종종 '유령' 취급을 당한다. 현재 한창인 엘티이-에이 광고 전쟁에서 3세대(3G)는 아예 몹쓸 것으로 묘사되고 있기조차 하다. 엘티이는 기본이고 엘티이-에이는 옵션이라는 게 사회적 대세인 양 얘기되고 있다. 하지만 엘티이-에이(의 속도)에 걸맞은 서비스나 콘텐츠는 전무하다"며 다음과 같이 말했다.

"출퇴근용 자동차가 필요한데 모두가 시속 200~300㎞짜리 스포츠카만 바라보고 있을 이유는 없지 않은가? 그리고 보면 통신사들도 이상하긴 하다. 이미 시속 200㎞짜리 자동차를 만들어놓고도, 계속 속도를 높이는 연구·개발에만 몰두하고 있기 때문이다. 이젠 (싼값에 더 멀리 갈 수 있도록) 연비를 높이는 노력이 필요하지 않을까?"[61]

치열한 'LTE 광고 전쟁' 덕분에 LTE는 어느덧 우리의 생활 용어로까지 자리 잡았다. 전광석화電光石火란 번개가 치거나 부싯돌이 부딪칠 때의 번쩍이는 빛이라는 뜻으로, 매우 짧은 시간이나 재빠른 동작을 비유적으로 이르는 말인데, LTE가 이 말을 대체한 건 아닐까? "LTE보다 빠르게 움직인다"는 식으로 말을 하는 이가 적지 않으니 말이다.

제10장

·

digital native
algorithm
nomophobia
splog
Youtube
curation
Pinterest
Instagram
Zappos
Zynga

·

디지털 문화와 기업

젊은이들은 디지털 지식과 기술을 가지고 태어나는가?

digital native

native는 "원주민, 토착민", digital native(디지털 네이티브)는 디지털 생활환경의 급속한 변화에 따라 디지털 언어를 자유자재로 사용하는 새로운 세대를 지칭하는 용어다. 이 세대를 인스턴트 메신저 세대, 디지털 키드Kid, 키보드keyboard 세대 등으로도 부르는데, 디지털 언어와 장비를 특정 언어의 원어민처럼 자연스럽게 사용한다는 의미에서 붙여진 것이다. 반면 아무리 노력해도 원주민의 억양을 따라잡을 수 없는 이주민들처럼 아날로그적 취향이 배어 있는 1980년대 이전 출생한 30대 이상의 기성세대를 '디지털 이주민digital immigrant'이라 한다.[1]

디지털 네이티브는 미국의 교육학자인 마크 프렌스키Marc Prensky가 2001년 그의 논문 「Digital Native, Digital Immigrants」를 통해 처음 사용한 용어지만, 2005년 미디어 재벌 루퍼트 머독Rupert Murdoch, 1931~이 신문 편집자들을 대상으로 한 연설에서 사용해 유명해졌다.[2] 프렌스키는 "오늘날의 학생들은 과거의 학생들과 비교해 크게 변했으며 정말로 그들 사이에는 건널 수 없는 단절이 일어났다"고 주장했다.[3]

그러나 이 주장은 뜨거운 논쟁을 불러일으켰다. 미국 철학자 윌리엄 파워스William Powers는 『속도에서 깊이로: 철학자가 스마트폰을 버리고 월든 숲으로 간 이유』(2010)에서 디지털 혁명은 신세대가 아닌 기성세대에 의해 시작되었다고 말한다.

"2009년 통계자료를 보면 35세 이상의 사람들이 트위터와 같은 당시의 최첨단 디지털 네트워크의 발전을 주도했으며 신세대 중심이라는 패러다임이 거짓임을 증명했다.……중년의 누군가가 '요즘 아이들'은 스크린 없이는 아무것도 못하고 일대일 만남을 어떻게 해야 하는지도 모른다고 투덜대는 것은 사실 자신의 이야기다."[4]

미국 뉴욕대학 저널리즘 교수 제프 자비스Jeff Jarvis는 『공개하고 공유하라』(2011)에서 "하지만 디지털 네이티브라는 표현은 점점 인기를 잃어가고 있다"며 "이 표현은 젊은이들이 온라인에서 스스로를 보호하는 지식과 기술을 가지고 태어난다는 의미를 내포하고 있는데, 사실은 그들도 배워야만 이런 것들을 알 수 있기 때문이다"고 말한다.[5]

독일의 뇌 전문가 만프레트 슈피처Manfred Spitzer는 『디지털 치매: 머리를 쓰지 않는 똑똑한 바보들』(2012)에서 "디지털 네이티브라는 개념은 정확하게 독일어로 옮길 수가 없다. 이것은 사실 문법적으로 정확한 영어가 아니기 때문이다"며 다음과 같이 주장한다.

"나는 디지털 미디어가 젊은이들을 교육의 파괴로 이끌고 있으며, 디지털 미디어 이용을 통해 그 어떤 감각운동학적인 흔적도 생성되지 않고, 또 이들의 사회성이 크게 변화하고 제한되고 있다는 사실을 신중하게 고려할 수밖에 없다. 디지털 네이티브가 컴퓨터와 인터넷을 마치 모유처럼 받아들이고 이해하고 있다는 생각은 좀더 자세히 관찰해보면 신화에 지나지 않는다. 학습에 필요한 정신적 활동의 깊이는 디지털 피상성을 통해 대체되었다."[6]

'알고리즘 사랑'과
'알고리즘 정체성'의 시대로 가는가?

○
algorithm

algorithm(알고리즘)은 문제 해결을 위한 공식, 단계적 절차, 또는 컴퓨터 프로그램이다. 바그다드에서 살면서 학생들을 가르쳤던 무함마드 이븐 무사 알콰레즈미Muḥammad ibn Mūsā al-Khwārizmī, 780~850라는 아랍 수학자의 이름에서 유래한 말이다. 중세 유럽인들은 모두 아랍에서 들여온 알콰레즈미의 책을 교과서로 삼아 실용 수학을 공부했기 때문에 아예 이 지식 자체를 저자의 이름을 따 알고리즘이라고 불렀는데, 여기엔 수number를 의미하는 그리스어 arithmos도 영향을 미쳤다.

알콰레즈미는 수학을 실용적 상황에 적용해 문제를 풀어내는 방법을 책으로 쓰고 가르쳤다. 당시 사업을 하려면 저울 양쪽을 똑같이 맞춰 무게를 잴 필요가 있었는데, '방정식'이라는 것을 이용해 쉽게 거래 가격을 알아낼 수 있다는 내용도 그의 책에 들어 있었다. 이 책을 당시에는 '저울Al-Jabr'이라고 불렀는데, 오늘날 영어에선 방정식을 푸는 학문이라는 의미로 algebra, 즉 수학이라고 한다. 컴퓨터 프로그래밍 언어의 일종인 ALGOL은 algorithmic language를 줄인 말이다.[7]

네이버나 다음카카오 등 검색엔진이 제공하는 '연관검색어 기능'은 이용자들이 입력한 검색어를 바탕으로 확률이 높은 다른 검색어를 추천하는 알고리즘 서비스의 하나며, 구글의 검색 결과, 페이스북의 게시글와 친구 추천 기능, 트위터의 트렌드 서비스 등은 모두 각각 고유한 알고리즘의 결과물이다. 이와 관련, 황용석은 "이미 우리는 거대한 알고리즘의 체계 속에 살고 있으며 현대 사회는 알고리즘에 의해 조합되는 사회라 부를 수 있다"고 말한다.[8]

오늘날 알고리즘에 가장 열광하는 사람들은 주로 정보통신업계에 몰려 있다. 이른바 '엔지니어링의, 엔지니어링에 의한, 엔지니어링을 위한 문화'를 갖고 있는 구글이 그 선두 주자다. 최윤식·정우석은 "보통 언론에서 구글에 대해 부정적 평가를 할 때 주로 나오는 것 중 하나가 소위 구글의 알고리즘적 사고"라며 다음과 같이 말한다. "지나친 알고리즘적 사고 때문에 구글 임직원은 폐쇄적이고 차갑고 건방지며 이러한 사고 방식 때문에 감성을 이해해야 하는 소셜네트워킹과 관련된 사업은 구글이 제대로 해낼 수 없을 것이라 판단한다."[9]

뭔가 느낀 게 있었을까? 2015년 3월 17일 구글은 시스템에 의한 '자동 심사'로 처리해오던 구글 플레이스토어의 앱과 게임 등의 등록 방식을 '수동'으로 변경하기로 했다고 발표했다. 이에 대해 구본권은 "구글은 그동안 고지식할 정도로, 알고리즘과 자동화에 의한 처리를 고집해왔다.……구글은 콘텐츠 서비스에서 사람의 개입을 배제하거나 최소화하는 이유로, 인터넷에서는 표현의 자유가 중요하고 사전 검열이 허용되어서는 안 된다고 믿기 때문이라고 강조해왔다"며 다음과 같이 말한다.

"구글의 플레이스토어 정책 변경은 기계와 사람의 공존 방법을 알려준다. 최대한 알고리즘과 자동화를 활용하되, 최종 결정은 사람이 해야 하는 영역이 있다는 것이다. 사실 최종 결정단계에서 사람이 현명한 판단을 내리지 않았다면 인류는 이미 미-소 냉전시대에 자동 작동하도록 설계된 '상호 확증 파괴시스템'에 의해 일찌감치 파멸했을지 모른다."[10]

미국 조지아공대 교수인 이언 보고스트Ian Bogost는 "알고리즘은 복잡한 세상을 단순화한 것으로 캐리커처에 불과하다"고 말한다. 포털사이트의 뉴스 검색 알고리즘과 관련, 오세욱은 "알고리즘은 디지털 시대의 수사rhetoric다. 정확히 맞지는 않더라도 '매우 그럴듯해 보이는 것을 목적'으로 하고 있다"며 다음과 같이 말한다.

"이야기로서 서사를 갖춘 맥락 안에서 매우 그럴듯함, 즉 '핍진성verisimilitude'으로 알고리즘은 사람들을 설득하고 평가받고 있다. 핍진성은 아리스토텔레스가 '시학'에서 언급한 개념으로 '시인의 임무는 실제로 일어난 일을 얘기하는 것이 아니라, 일어날 법한 일, 즉, 개연성 또는 필연성의 법칙에 따라 가능한 일을 이야기하는 데 있다'고 말한 데서 나온 개념이다. 여기에 플라톤도 '법정에서 설득력을 갖는 것은 진실이 아니라 핍진성에 속한다'라고 말해 핍진성의 개념을 확인한 바 있다.⋯⋯알고리즘은 신이 아니다. 알고리즘도 사람의 영역에서 평가받아야 할 대상일 뿐이며, 저널리즘의 영역에서 알고리즘은 정답을 제시할 수 없기에 더욱 그럴듯해 보이려고 노력하고 있는 것이다."[11]

알고리즘이 복잡한 세상을 단순화한 캐리커처에 불과하다고 해서 그 힘이 없다는 건 아니다. 오히려 그렇기 때문에

Love in the Time of Algorithms

더욱 강력할 수 있다. 이젠 '알고리즘 정체성'이란 말까지 나오고 있다. 루크 도멜Luke Dormehl은 『만물의 공식』(2014)에서 "우리가 실제로 남성이든 여성이든, 아니면 자신을 남성으로 여기든 여성으로 여기든, 온라인에서 어떤 대우를 받을 것인지 궁극적으로 결정하는 것은 알고리즘이 어떤 결론에 도달하는가 하는 것이다"며 다음과 같이 말한다.

"새로운 알고리즘적 정체성new algorithmic identity이라는 용어를 만든 학자 존 체리니폴드는 자신의 수업을 듣는 남학생 중에 남자답기로는 둘째가라면 서러워할 학생들이 있는데, 온라인에서는 여성으로 분류되는 일이 비일비재하다고 말한다. 체리니폴드는 반어적으로 '그런 경우에 그들이 여성이 아니라고 누가 말할 수 있겠는가?'라고 묻는다. 남성과 여성 같은 용어가 단순히 특정 행동 유형을 가리키는 변수로 쓰이는 세상에서는 전통적인 차별적 구분이 무너진다. 이렇게 본다면 성차별이나 인종차별이 2040년에는 어떤 모습일지 누가 알겠는가?"[12]

댄 슬레이터Dan Slater는 『알고리즘 시대의 연애Love in the Time of Algorithms: What Technology Does to Meeting and Mating』(2013)라는 책에서 알고리즘이 남녀 간의 연애에 미칠 수 있는 영향에 대해 말한다. 온라인 결혼정보 웹사이트를 이용하는 30대 남자 제이컵은 레이철이라는 22세의 여성을 인터넷에서 만난다. 둘은 몇 달간 데이트하고 연인이 되었지만, 인생관이 다르다는 결론을 내리고 헤어진다. 제이컵은 슬레이터에게 이런 말을 남겼다.

"만일 레이철을 오프라인에서 만났다면, 온라인 결혼정보 서비스를 한 번도 안 써봤다면 그녀와 결혼했을 겁니다. 95퍼센트 확실합니다. 레이철을 만난 시점에 다른 사람, 다른 조건은 하나도 눈에 안 들어왔을 겁니다. 결혼을 성사시키려고 무슨 짓이라도 했겠지요. 온라인 결혼정보 서비스 때문에 영원한 사랑이라는 관념이 바뀌었느냐고요? 당연하죠. 이별을 직감했을 때, 헤어져도 상관없다는 생각이 들었습니다. 벽을 바라보며 '나는 혼자 살 운명이야'라고 탄식하는 기간은 길지 않았을 것 같았거든요. 당장 딴 사람을 만나고 싶었습니다." [13]

언제든 마음만 먹으면 새로운 사람을 효율적으로 만날 수 있는 서비스, 그게 바로 결혼정보 웹사이트의 장점이다. 프리데이팅FreeDating 웹사이트 창립자 댄 윈체스터는 짝을 맺어주는 알고리즘이 점점 개선되었을 때 일어날 수 있는 일에 대해 이렇게 말한다. "사람들을 꼭 맞는 짝과 맺어주는 일이 어찌나 효율적으로 진행되고 그 과정이 어찌나 즐거운지, 결혼이 언젠가는 폐물이 되지 않을까 하는 생각이 자주 듭니다." [14]

빅토르 마이어 쇤베르거Viktor Mayer-Schönberger와 케네스 쿠키어Kenneth Neil Cukier는 『빅데이터가 만드는 세상: 데이터는 알고 있다』(2013)에서 빅데이터의 분석과 예측을 검토할 컴퓨터 과학, 수학, 통계학 분야의 전문가들은 'algorithmist(알고리즈미스트)'로 불릴 것이라고 예측한다. [15]

왜 성행위 중 스마트폰을
만지는 사람이 많은가?

●
nomophobia

nomophobia(노모포비아)는 노
no와 모바일폰mobilephone, 포비아phobia의 합성어로, 휴대전화
가 없으면 불안해지고 심지어 공포심까지 느끼는 증상을 의미
한다. 2008년 영국 체신청의 의뢰를 받은 영국 리서치 회사
유고브YouGov의 보고서에서 처음 사용된 말이다. 이 보고서에
따르면, 남성의 58퍼센트, 여성의 48퍼센트가 노모포비아 중
세를 겪는 것으로 나타났다. 2012년 CNN에 따르면, 스마트폰
을 갖고 있는 사람들은 자신도 모르게 반복적으로 하루 34번
정도 스마트폰을 확인하는 것으로 나타났으며, 영국인 10명
중 7명 정도가 노모포비아 중세를 보이는 것으로 조사되었
다.[16]

2013년 5월 5일 방송통신위원회와 한국인터넷진흥원
KISA은 12~59세 스마트폰 이용자 4,000명을 대상으로 실태조
사를 벌인 결과, 응답자 중 77.4퍼센트가 '특별한 이유 없이도
수시로 스마트폰을 확인한다'고 답했다고 밝혔다. 이 비율은
전년도 조사 때보다 10퍼센트포인트나 높아진 것이다. 노모포
비아의 중세로 볼 수 있는 '스마트폰이 없거나 찾지 못해 불안

감을 느낀다'는 비율은 35.2퍼센트, 자기 전 혹은 잠에서 깨자마자 스마트폰부터 확인한다는 이용자는 53.9퍼센트, 친구나 가족과 있을 때에도 스마트폰만 계속 이용한 적이 있다고 밝힌 응답자는 35.2퍼센트였다.[17]

『중앙일보』 논설위원 이규연은 2013년 6월 28일자 칼럼에서 "한국이 스마트폰 보급률 세계 1위국에 올랐다. 100명 중 67명이 첨단 휴대전화를 쓰는 나라, 미국 조사기관이 내놓은 결과다. 그것도 압도적 1위다. 세계 평균은 14명, 다섯 배에 가깝다. 2위인 노르웨이(55명)와의 격차도 크다. 스마트폰 종주국 미국은 10위 안에 끼지도 못한다. 현재보다 과거·미래는 더 놀랍다. 2009년에는 100명 중 2명이었다. 엄청난 변화가 불과 3년 새 일어났다. 2017년에는 88명이 된다고 하니, 어느 나라가 넘보겠나"라면서 다음과 같이 말했다.

"우리는 지난 수십 년간 TV·게임기·인터넷 중독의 심각성을 지켜봤다. 스마트폰은 이런 기기들의 마력을 합쳐놓은 것이다. 참기 힘든 유혹의 발산체임에 틀림없다. 대개 스마트폰 사용자들은 '확인 강박'을 느낀다. 하루에 30~50번쯤 꺼내본다는 조사 결과도 있다.……우리는 스마트폰의 주인이자 노예일 수 있다. 주인으로 쭉 남으려면 자각의 시간이 필요하다. 한 주에 하루, 한나절은 서랍에 넣어두자. 좋은 사람을 만날 때는 시야에서 추방하자. 이어폰을 빼고 대자연의 숨소리를 직접 듣자."[18]

그러나 노모포비아는 갈수록 더 심해지고 있다. 2015년 2월 영국 주간지 『이코노미스트』는 2007년 1월 선보인 스마트폰이 세상을 바꿔 놓아 지금은 스마트폰 없이 살기 어려운 '포노 사피엔스Phono Sapiens' 시대가 되었다고 평가했다. 스마트폰 소지자의 80퍼센트는 잠자리에서 일어나 15분 이내에 문자와 뉴스 등을 확인하며, 심지어 10퍼센트는 성행위 중 스마트폰을 만진 적이 있다고 답했다니, 그리 말하는 것도 무리는 아닌 것 같다.[19]

누가 온라인 생태계를
망치는가?

●
splog

splog(스플로그)는 스팸spam과 블로그blog의 합성어로, 광고성 블로그를 말한다. 미국에서 2005년 8월 중순부터 사용된 신조어로, 이를 공식 사용한 이는 투자가 마크 큐반Mark Cuban, 1958~이다. 스플로그의 상당수가 음란물을 홍보하며, 심한 경우 방문자 컴퓨터에 끊임없이 광고창이 나타나도록 악성 프로그램을 설치하기도 한다.

일반적으로 스플로그는 대부분 인터넷 인기 검색어를 이용해 네티즌들을 유인한다. 네이버 등 검색사이트의 실시간 인기검색어 상위에 놓인 검색어가 무조건 많이 들어가도록 글을 작성해 검색 결과에 우선 노출되는 방법을 사용한다. 하지만 인기 검색어가 들어가는 글을 직접 작성하는 경우는 드물고 자동 프로그램을 이용해 다른 블로그 개설자의 글이나 신문기사를 저작권을 무시한 채 마구잡이로 복사하거나 아무 내용 없이 검색어만 계속 나열해놓기도 한다. 이용자들은 검색 결과만 믿고 접속했다가 음란물 등 엉뚱한 광고성 글에 시달리기 일쑤다.

일부 악성 스플로그는 스파이웨어처럼 광고 프로그램을

이용자 PC에 설치해 인터넷을 사용할 때마다 불편하게 만드는 등 피해를 주기도 한다. 광고가 아닌 블로그 개설자의 수익을 위해 스플로그가 이용되기도 한다. 광고를 게재할 수 있는 프로그램인 구글의 애드센스, 다음의 애드클릭 등을 설치한 블로그의 경우 이용자를 유인하기 위해 스플로그를 활용한다. 블로그 방문자들이 애드센스나 애드클릭을 누르면 개설자에게 현금이 지급되기 때문이다.[20]

『와이어드』 2006년 9월호는 스플로거들이 인터넷 사용자의 시간을 낭비하게 하고, 광고주에게서 수익을 훔쳐가기 위해 "전체 온라인 생태계를 저속하고 쓸모없고 이해할 수 없는 것으로 만들었다"고 비판했다.[21]

스플로그의 사촌쯤 되는 것이 플로그flog: fake blog다. 플로거들은 자신이 어디에도 소속되지 않았다고 주장하지만, 실제로 그들은 스폰서에게 고용된 블로거들이다. 이들은 2006년 '월마트를 위해 일하는 가족Working Families for Wall-Mart'이라는 풀뿌리 블로그를 운영하는 행세를 하면서 월마트 비판자들을 공격했다.[22]

어떻게 개인, 아니 모든 생물이
스타가 될 수 있게 되었는가?

Youtube

       Youtube(유튜브)는 미국의 세계적인 동영상 사이트로, 2005년 2월 스티브 첸Steve Chen, 1978~, 채드 헐리Chad Hurley, 1977~, 자웨드 카림Jawed Karim, 1979~이 창업해, 2006년 10월 구글에 16억 5,000만 달러(1조 5,800억 원)에 인수되었다.

    유튜브가 완전히 대중화된 오늘날엔 의아하게 들리겠지만, 유튜브가 창업한 2005년 2월 이전까지 사람들은 인터넷에 동영상을 게시하고 공유할 수 있는 채널을 갖지 못했다. 그렇다고 해서 유튜브의 창업자들이 그에 대한 확고한 문제의식을 갖고 사업을 시작한 건 아니었다. 첸은 유병률과의 인터뷰에서 "샌프란시스코의 한 파티에서 찍은 동영상을 참석자들과 공유할 방법이 없어서 동영상 사이트를 만들게 됐다는, 지금까지 알려진 스토리는 사실 홍보 차원에서 만들어낸 이야기입니다"라면서 다음과 같이 말한다.

    "유튜브를 시작할 때 사실 동영상에 대해 아는 것이 거의 없었어요. 그냥 아이디어였을 뿐이었죠. 슈퍼볼 공연에서 재닛 잭슨의 가슴 노출사고가 있었는데 그 영상을 찾기가 너무 어려웠어요. 이걸 우리가 대신 찾아주면 사람들이 얼마나 고마워할까, 그 정도 생각에서 출발했던 거죠. 페이팔(유튜브 창업 이전 몸담았던 온라인결제시스템회사)에서도 마찬가지예요. 다들 온라인결제가 뭔지도 잘 몰랐지만, 꼭 필요한 아이디어였고, 그래서 덤볐고, 그래서 해냈던 겁니다."[23]

회사 이름을 무엇이라고 할 것인가? 세 사람이 작명에 앞서 전제한 조건은 (1) 구글이나 페이스북처럼 듣기에 좋고 외우기도 쉽게끔 두 음절이어야 하며, (2) 알파벳 7자 이내여야 하며, (3) 두 음절에는 각각의 의미가 있어야 하며, (4) 하나는 소셜, 하나는 미디어의 의미를 담아야 한다는 것이었다. 하루종일 고민하던 중 채드 헐리의 입에서 '유튜브YouTube'라는 단어가 튀어나왔고, 스티브 첸이 "좋아! 너무 멋져!"라고 맞장구를 치면서 '유튜브'라는 이름이 탄생했다. You는 모든 사람을, Tube는 TV를 의미하는바, '유튜브'는 모든 사람이 시청자이자 제작자라는 뜻이 되고 좀더 구체적으로는 '당신의 동영상 플랫폼'이라는 뜻이었다.[24]

유튜브는 Broadcast Yourself!(당신 자신을 방송하세요!)라는 슬로건을 내세웠다.[25] 이와 관련, 첸은 이렇게 말한다. "당신은 미디어, 즉 YOU TUBE이다! 유튜브가 이렇게 세계적인 미디어 플랫폼의 하나로 자리 잡은 것은 사람들의 기본적인 욕구인 과시, 공유, 숭배, 재미를 충족시켰기 때문이고 또 그 특유의 개성 때문이었다. 뿐만 아니라 유튜브는 개인, 아니모든 생물이 스타가 될 수 있는 환경을 만들어주었다."[26]

유튜브는 2006년 11월 시사주간지 『타임』의 '올해의 최고발명'으로 선정되었다. 『타임』은 유튜브가 ① 값싼 기기와 간단한 소프트웨어로 비디오를 촬영·편집할 수 있도록 한 것

② 웹2.0의 혁명 ③ 톱다운 방식의 미디어 문화를 종식시킨 것 등 3가지 혁명을 이끌어냈다고 분석했다.[27]

2008년 미국 대선에선 '정치의 유튜브화Youtube-ification of politics'라는 표현이 유행했다. 동영상 중심으로 '보고 느끼는' 이미지와 감성 중심의 정치 담론이 '읽고 쓰는' 텍스트 중심의 정치 담론을 대체하는 경향을 가리키는 말이다. 정치인들이 소셜 미디어를 통한 정치적 소통 과정에서 동영상에 너무 의존할 경우 정치적 팬덤political fandom에 의존하는 '연예인 정치 celebrity politics', 즉 '정치의 연예인화' 경향을 심화시킬 수 있다는 우려의 목소리가 높다.[28]

왜 큐레이션이 디지털 시대에 각광을 받는가?

●
curation

curation(큐레이션)은 미술관·박물관 등에 전시되는 작품을 기획하고 설명해주는 '큐레이터curator'에서 파생한 신조어로, 큐레이터처럼 인터넷에서 원하는 콘텐츠를 수집해 공유하고 가치를 부여해 다른 사람이 소비할 수 있도록 도와주는 서비스다. 개방성과 참여성 등을 이유로 위키피디어에 빗대 '위키미디어'라고 부르기도 한다.[29]

curator는 '신경 쓰다' 또는 '돌봐주다'를 뜻하는 라틴어 curare에서 나온 말로, 의사가 환자를 '치료하다'인 cure, '신경 쓰다, 걱정 된다'의 care, 궁금증, 호기심을 뜻하는 curious 등과 같은 족보를 가진 단어다. curator는 본디 교회에서 '영혼을 돌보는 일'을 하는 하급 성직자를 가리켰지만, 17세기 후반부터 도서관, 박물관, 아카이브 등 다양한 문화유산 기관에서 컬렉션을 관리하는 사람을 뜻하기 시작했다. 예술작품이나 역사 유물을 성직자가 신도를, 또는 의사가 환자를 돌보듯, 보살핀다는 의미에서 curator라고 한 것이다.[30]

빅데이터big data는 '빅데이터 큐레이터'라는 새로운 직업을 낳게 했다. 데이터를 사업으로 연결시키는 능력이 뛰어난

데이터 사이언티스트를 '빅데이터 큐레이터'라고 부르는데, 2014년 『하버드비즈니스리뷰』는 이 직업을 '21세기의 가장 섹시한 직업'이라고 평가했다.[31]

큐레이션이 디지털 시대에 각광을 받게 된 이유는 간단하다. '정보의 폭발'로 인한 '선택의 과잉' 때문이다. 미국 동영상 사이트 유튜브YouTube의 3인 창업자 중 한 명인 스티브 첸Steve Chen, 1978~은 유튜브를 나온 후 큐레이션 방식 콘텐츠 공유사이트인 진닷컴zeen.com을 운영하고 있는데, 그는 유튜브에서 발생하는 '선택의 과잉'에 대해 다음과 같이 말했다.

"지금 유튜브에는 1분에 80시간 분량의 동영상이 올라옵니다. 매일 수년 치의 콘텐츠가 올라오는 것이죠. 그 짧은 시간에 방대한 분량의 콘텐츠가 업로드됩니다. 그런데 한 번 보세요. 먹고, 자고, 가족과 함께 보내는 시간을 빼면 우리가 책이나 신문, 온라인을 읽는 시간은 1시간이 채 안 됩니다. 문제는 분명해집니다. 그 짧은 시간에 어떻게 나에게 유익한 정보를 찾느냐는 것이죠. 이것을 검색박스 하나로 다 해결할 수 있을까요? 못합니다. 이게 바로 제가 유튜브를 떠날 때 해결하지 못하고, 남겨둔 숙제입니다. 나한테 딱 맞는 콘텐츠를 쉽게 찾아내기가 어렵다는 것, 그것이 바로 문제입니다."[32]

개인의 시청 습관이나 선호도 등을 고려해 프로그램을 추천해주고 주제별 채널을 제공하는 스마트 TV는 바로 그런 문제를 해결하기 위한 것이다. 예컨대, KT 올레에서 제공하는 개인별 맞춤 편성관 '감성 큐레이션' 서비스에 가입한 시청자가 TV를 켜면, 현재 방영되는 프로그램이나 광고가 바로 나오는 게 아니라 자신의 취향이 반영된 맞춤형 콘텐츠의 편집 화면을 보게 된다. 이는 가입자별 콘텐츠 이용 패턴을 파악해 다

양한 감성 테마를 취향에 따라 매일 자동으로 추천하는 분석 알고리즘 기술 덕분이다.[33]

큐레이션은 오늘날 세일즈맨에게도 필요한 개념이 되었다. 『프리 에이전트의 시대Free Agent Nation: The Future of Working for Yourself』(2001)의 저자인 대니얼 핑크Daniel H. Pink는 세일즈맨은 매일 쏟아지는 막대한 정보를 살펴서 정리하고, 그중 가장 적절한 정보를 취해 다른 고객에게 제시하는 정보의 '큐레이터' 역할을 해야 한다고 주장한다. 요즘 사람들은 정보의 홍수 시대를 살아가는데, 정작 선택지가 아주 많은 것은 싫어하기 때문이라는 것이다.[34]

뉴스News와 큐레이션Curation의 합성어로, 개인에게 필요한 뉴스만 모아서 제공하는 '개별화된 뉴스' 서비스를 말하는 '뉴스 큐레이션News Curation'이라는 개념도 생겨났다. 뉴스 큐레이션이 뉴스 소비를 활성화하며 뉴스 소비 트렌드를 이끌 것이라는 긍정적 평가도 있지만,[35] 뉴스 큐레이션으로 인해 맞춤형 뉴스만 소비하는 이용자들이 필터 버블Filter Bubble에 갇힐 것이라는 분석도 있다. 필터 버블은 이용자가 거대 미디어 기업들이 제공하는 정보에만 의존한 나머지 점점 자신만의 울타리에 갇히게 되는 현상을 말한다.[36] 영국의 『파이낸셜타임스』는 "신문의 중요한 기능 중 하나는 예기치 못한 뉴스를 읽게 하는 것"이라며 "지나친 독자 맞춤형 전략은 독자를 가두는 결과를 낳을 수 있다"고 지적했다.[37]

큐레이션 매체들이 뉴스 소비의 대안이 되려면 저작권 문제 등에 대한 원칙과 기준이 필요하다는 지적도 있다. 연세대학교 커뮤니케이션연구소 연구원 강정수는 "남의 기사를 토씨 하나 안 바꾸고 복사·붙여넣기 하는 걸 큐레이팅이라고 볼 수 없다"며 "한국에 들어와서 (큐레이팅의 의미가) 이상하게 바뀌었고, 큐레이팅이라는 미명 하에 도둑질을 하는 것 같다. 트래픽에 함몰된 것 아닌가"라고 비판했다. 강정수는 "큐레이팅이란 기존 콘텐츠에 새롭게 의미를 부여하는 일이다. 그렇지 않은 복사·붙여넣기는 큐레이팅 자체에 대한 이미지를 나쁘게 만들 수 있다"고 말했다.[38]

왜 사람들은 텍스트보다는 이미지로 소통하는가?

Pinterest

큐레이션Curation 방식의 소셜 네트워크 서비스SNS인 핀터레스트Pinterest는 2010년 3월 서비스를 시작했는데, 2년 만인 2012년 3월 기준 미국 방문자 순위에서 페이스북과 트위터에 이어 3위를 기록했다. 2013년 7월에 발표된 세미오캐스트Semiocast의 보고서 등에 따르면, 핀터레스트의 전 세계 사용자 수는 7,000만 명이었으며, 2016년 광고 수입 추산액은 5억 달러다. [39]

2014년 5월 핀터레스트는 벤처 투자자들에게서 기업 가치가 50억 달러(약 5조 550억 원)에 달하는 것으로 평가받아 전 세계 IT업계를 놀라게 했다. 10억 달러에 페이스북에 팔린 인스타그램이나, 11억 달러에 야후에 팔린 텀블러의 매각 대금을 합친 것보다 훨씬 높았기 때문이다. 이용자 중 80퍼센트가 구매력이 왕성한 20~30대 여성이라는 측면에서 기업들도 마케팅 차원에서 주목하고 있다. [40]

사무실 벽이나 냉장고 등에 할인쿠폰, 마음에 드는 옷이나 가방 사진, 맛있는 음식의 레시피 등을 핀으로 고정시켜 놓는 소비자들의 일상생활에서 아이디어를 얻은 핀터레스트는 벽에 물건을 고정할 때 쓰는 핀Pin과 '관심사'를 뜻하는 Interest의 합성어다.

핀터레스트는 온라인에서 자신이 관심 있는 이미지를 핀으로 콕 집어서 포스팅하고, 이를 페이스북이나 트위터 등 다른 소셜 네트워크 사이트와 연계해 지인들과 공유하는 이미지 기반 소셜 네트워크 서비스이기 때문에 유저 활동의 중심이 콘텐츠의 생산이 아니라 수집에 있으며, 따라서 아예 글을 쓰는 기능조차 존재하지 않는다. 즉, 모든 게 이미지 중심이다. 게다가 온라인 커뮤니티처럼 사용자가 글을 올리면 이에 대한 반응을 실시간으로 보여주는 피드백 기능도 없다. 미술관이나 박물관에서 큐레이터가 제한된 전시공간에 어떤 작품을 전시할지 결정하듯이 핀터레스트의 이용자들은 개개인이 큐레이터가 되어 소셜 미디어라는 공간에 자신이 고른 이미지들을 포스팅하고 이를 다른 사람과 공유한다고 해서 '소셜 큐레이션Social Curation'이라고도 한다.[41]

구글에 입사한 뒤 1년 반 만에 퇴사하고 핀터레스트를 창업한 벤 실버만Ben Silbermann, 1982~은 핀터레스트가 페이스북이나 트위터와 다른 점에 대해 다음과 같이 말한다.

"페이스북이나 트위터는 주위 사람들이 당신에게 어떻게 반응하느냐를 보는 SNS입니다. 또 서로의 뉴스에 관한 걸 다루죠. 지금 나는 어떤 상황에 있는지, 너는 어떤 상황에 있는지, 네가 어떤 생각을 하느냐, 과거에 어떤 일이 벌어졌느냐를 주고받습니다. 그런데 핀터레스트는 당신의 이야기만 전달합니다. 내가 뭐에 열정이 있는지, 무엇에 흥미를 느꼈는지, 미래에 무슨 물건을 살 건지, 이런 걸 보여주는 겁니다. 사람들은 '내 거실이 이렇게 생겼으면 좋겠다', '오늘 내가 놀러 갈

만한 곳은?', '아이들을 위해 즐거운 여가는?' 이라는 문장 자체로 자신이 원하는 것을 추리고 재가공해볼 수 있습니다. 그런 서비스는 이전에 없었어요. 사람들은 자신이 지금 열정을 품은 것이 무엇인지, 앞으로 어떤 제품을 살지 굉장히 많이 생각합니다. 핀터레스트는 바로 그 점을 만족하게 해주려는 겁니다."

실버만은 텍스트를 이용하는 것보다 이미지로 소통하는 것이 나은 이유에 대해선 다음과 같이 말한다.

"우린 처음부터 비주얼에만 초점을 맞췄습니다. 우리의 미래는 시각화하는 데서 온다고 믿었기 때문입니다. 그래서 페이스북이나 트위터와 정반대로 갔습니다. 커뮤니케이션은 더욱 비주얼해질 겁니다. 그 이유는 첫째, 스크린이 많아지기 때문입니다. 더 많은 소비자가 호주머니 속에 카메라(휴대폰)를 넣고 다닐 겁니다. 지금도 많은 미디어 사이트, 유통 사이트가 비주얼에 초점을 맞추고 있습니다. 지금은 단순한 텍스트로는 살아남을 수 없습니다. 텍스트에 스티커라도 붙이든지, 재미있는 사진이라도 같이 보여줘야 합니다. 그런 트렌드는 계속 이어질 겁니다. 물론 이미지가 언어를 대체할 순 없을 겁니다. 그러나 벌써 사람들은 말을 하지 않고 사진만으로 소통하고 있습니다. 메신저를 통해 사진을 서로 보냅니다. 그것은 근본적인 흐름입니다."[42]

핀터레스트는 2014년 1월 한국어 서비스를 시작했다. 핀터레스트의 해외사업을 담당하는 맷 크리스털Matt Crystal은 "핀터레스트는 '저녁식사 메뉴로 뭘 만들지', '방을 어떻게 꾸밀지', '휴가는 어디로 갈지' 등 사용자가 찾고자 하는 내용이 명확하지 않을 때에도 답을 찾게 도와준다"며 "페이스북·트위터 같은 소셜 네트워크 서비스SNS가 주로 과거와 현재를 일기처럼 기록하는 것이라면, 핀터레스트는 '미래'를 담는 SNS입니다"라고 주장했다.[43]

왜 '인스타그램 열풍'이
부는가?

●
Instagram

인스타그램Instagram은 스마트폰으로 찍은 사진을 친구들과 공유하는 서비스로, 미국에서 케빈 시스트롬Kevin Systrom, 1984~과 마이크 크리거Mike Krieger, 1986~가 2010년 10월 출시했다. '즉석 카메라instant camera'와 '전보電報, telegram'라는 단어를 합성해 만든 이름이다. 사진을 쉽게 공유하고, 각종 필터를 통해 사진에 색깔과 효과를 쉽게 덧입힐 수 있는 것이 특징이다.

2012년 4월 12일 페이스북이 인스타그램을 10억 달러(약 1조 1,438억 원)에 인수해 화제가 되었다. 이는 대형 인수·합병M&A이 잦은 실리콘밸리에서도 깜짝 놀랄 만한 소식이었다. 인스타그램은 당시 3,000만 명에 달하는 사용자를 자랑하고 있었지만, 설립 2년밖에 안된 스타트업(초기 기업)이었고, 직원 수는 12명에 불과했기 때문이다.

이와 관련, 오라클 프로덕트 매니저인 조성문은 "수지 타산이 안 맞는데도 거액의 인수를 하는 경우도 종종 있다. 경쟁 상대를 약화시키거나 인재를 끌어들이기 위해서이다. 페이스북이 무려 1조 원이라는 거액을 주고 매출 제로인 직원 열두

명짜리 회사 '인스타그램Instagram'을 산 것은 이 2가지 경우에 해당한다"며 다음과 같이 말했다.

"경쟁사인 구글이나 트위터가 인스타그램을 인수할 것을 두려워했고, 또한 인스타그램을 만든 우수한 창업자들을 페이스북 안으로 끌어들이기 위해서였다. 게다가, 미국은 지식재산권 보호가 철저하기 때문에, 섣불리 남이 만든 기술을 따라 했다가는 기업 이미지를 망치고 수천억 원, 수조 원에 해당하는 벌금을 내야 하는 수도 있다. 실제로 그런 일이 빈번하게 일어난다. 대기업이 중소기업을 비싸게 인수하고, 그렇게 확보한 우수한 제품과 인재를 활용하여 비싼 인수 가격을 합리화할 수 있을 만큼 돈을 잘 벌고, 그렇게 번 돈으로 또 좋은 회사를 인수하는 것. 이것이 이른바 '실리콘밸리 생태계'의 핵심이다. 이렇게 '피가 돌아가기' 시작하면 나머지 일은 자동적으로 일어난다."[44]

인터넷 분야에서 다음 메가 트렌드는 무엇일까? 시스트롬은 『조선일보』(2013년 7월 13일)와의 인터뷰에서 이런 질문에 대해 다음과 같이 답했다. "저는 커뮤니케이션 문제가 아직 풀리지 않았다고 봅니다. 갈수록 우리는 분절되고fragmented 있습니다. 사람마다 다른 커뮤니케이션 방법을 씁니다. 한국에서는 무슨 메신저를 쓰나요? 카카오톡을 쓴다고요? 미국에서는 와츠앱부터 페이스북 메신저까지 또 다른 것을 씁니다. 이건 정말 철저하게 나뉘어 있어요. 이메일은 그렇지 않았습니다. 서로 다른 서비스 회사에서 만든 이메일 계정이라도 다 통했습니다. 지금은 음성 통화할 때, 문자 보낼 때, 길게 대화할 때, 짧게 대화할 때 쓰는 서비스가 각각 다릅니다. 이걸 해결하는 사람에게 미래가 있습니다."[45]

인스타그램의 사용자 수는 2012년 4월에 1억 명을 돌파하더니, 2014년 11월 3억 명을 넘어섰으며(트위터 2억 8,400만 명), 12월 기업 가치가 350억 달러로 트위터의 235억 달러를 넘어섰다. 인스타그램은 이젠 동영상 공유 서비스도 제공하고 있다.[46] 인스타그램의 한국 이용자도 크게 늘었다. 2013년 1월 인스타그램의 월간 이용자는 22만 4,395명에 불과했지만 2015년 2월에는 311만 5,624명으로 2년 만에 14배 늘었다.[47]

　　왜 사람들은 인스타그램에 열광하는 걸까? 무엇보다도 쉽게 사진을 보정하고 쉽게 다른 사람들과 공유할 수 있다는 장점 때문이다. "거의 하루 종일 스마트폰 셔터를 누른다"는 사진작가 강제욱은 "사적인 이야기를 쓰지 않고 이미지만 보여줘도 된다는 점이 편하다. 에스엔에스는 내가 언제 어디서 무엇을 보았는지, 일상을 통째로 적는 노트이면서 기억력의 한계를 돕는 장치"라고 말한다.[48]

　　2015년 1월 페이스북에서 인스타그램으로 옮긴 직장인 김혜은(26)은 "요새 친구들 사이에선 인스타(인스타그램 약칭)가 대세예요. 페북은 가족, 직장 동료들이 있어 사적인 얘기를 올리기 부담스러운 데다 광고도 많아져 볼 게 없어요"라고 말한다.[49] 직장인 김형인(여·27)은 "셀카(셀프 카메라)를 찍어도 색감, 초점 등을 보정해주는 기능이 있어 다른 SNS보다 예쁜 사진을 게시할 수 있다"고 말한다. 서울대학교 교수(심리학) 곽금주는 "최근 젊은 층은 문자보다 사진·동영상으로 자신을 보여주는 것에 익숙하고 스스로 행복을 느낀다"고 말한다.[50]

왜 고객의 전화를 8시간 동안이나 받아주었을까?

○
Zappos

Zappos(자포스)는 미국의 인터넷 신발 판매업체로 이 분야에선 세계 최고다. 1999년 닉 스윈먼Nick Swinmurn이 창업했으나, 이 해에 고문 겸 투자자로 합류한 타이완계 이민 2세인 토니 셰이Tony Hsieh, 1973~가 오늘의 자포스 제국을 만들었다. Zappos라는 이름은 스페인어로 '신발'을 뜻하는 사파토스zapatos에서 나온 말이다.

자포스는 '무료 배송, 무료 반품, 마음에 들 때까지 반품 가능' 등 극단적인 고객 서비스로 유명하다. 자포스의 슬로건은 'Powered by Service'인데, 이는 서비스가 기업 성장의 가장 중요한 원동력이라는 것이다.[51] 한 소비자가 어머니께 드릴 신발을 주문했는데 선물을 드리기 전에 어머니가 돌아가셨다. 그래서 반품 요청을 했는데 이 회사 직원이 직접 꽃다발과 카드를 들고 이 고객을 찾아왔다. 이 고객은 나중에 인터넷에 글을 올려 "내 인생의 가장 감동적인 순간이었다"고 말했다. 이 에피소드가 소개되면서 이 회사는 엄청나게 유명해졌고 나중에는 '행복을 배달하는 회사'라는 캐치프레이즈를 내걸게 되었다.[52]

자포스에는 콜센터나 고객센터라는 명칭 대신 '콘택트센터Contact Center'라 부르는 부서가 있는데, 24시간 연중무휴로 운영하는 콘택트센터엔 전체 1,500여 명의 직원 중 400명이 일하며 매뉴얼이 없다. 고객을 대하는 직원이 인간 대 인간으로 고객과 마주하며, 사람과 상황에 따라 서비스의 내용이 달라지기 때문이다. 자포스는 어느 고객의 전화를 무려 8시간 동안 받아준 기록을 세우기도 했다.[53]

신입 사원들은 160시간 동안 서비스 교육을 받는데, 이때도 월급을 100퍼센트 지급받는다. 일주일 만에 자포스를 그만둘 경우 일주일치 임금과 함께 2,000달러의 위로금을 지급한다. 고객을 행복하게 하기 위해 어떤 일이든 하겠다는 약속 때문이라나.[54] 이와 관련, 안야 푀르스터Anja Förster와 페터 크로이츠Peter Kreuz는 다음과 같이 말한다.

"여기에서 놀라운 일은 4주 동안 자포스에서 일한 노동자 중 97퍼센트가 대가 없이 받을 수 있는 2,000달러를 포기하고 계속 일하려 했다는 사실이다. 또 관리직에 지원한 사람은 먼저 콜센터에서 최소한 2주 동안 매일 고객과 소통해야만 한다. 이 회사에서는 진정으로 고객을 알고 진심으로 대할 줄 아는 사람만이 더 어려운 업무를 할 자격이 있다."[55]

셰이가 2010년에 출간한 자서전의 제목도 『딜리버링 해피니스Delivering Happiness』다. 2007년부터 '행복학'에 심취한 셰이는 자서전을 쓴 이유와 관련, "나는 세상을 더 나은 곳으로 만드는 데 일조하는 행복 운동에 기여하고 싶었다"고 말한다.[56]

자포스는 2009년 12억 달러의 가격으로 아마존에 매각되었는데, 당시 자포스는 연매출 10억 달러, 아마존은 190억 달러의 기업이었다. 이 매각에 대해 셰이는 이렇게 말한다. "우리에게 아마존과의 합병이란 회사 매각이 아닌 좋은 결혼과 같았다. 두 회사 모두 고객 중심의 경영에 집중하고 있었다. 단, 접근 방식은 달랐다. 자포스가 '고감도high-touch'의 고객 중심이라면 아마존은 '첨단기술적high-tech' 고객 중심이었다."[57]

'혁신' 없는 '모방'이 성공할 수 있는가?

○
Zynga

징가Zynga는 미국 샌프란시스코에 본부를 둔 세계 최대의 소셜 게임 업체다. 2007년 7월 시카고의 유대계 가정에서 태어나 펜실베이니아대학 와튼스쿨에서 경제학을 전공하고, 하버드대학 경영대학원에서 MBA를 딴 마크 핀커스Mark Pincus, 1966~가 '세계를 게임으로 연결시키겠다는connecting the world through games' 목표를 내걸고 창업했는데, 징가라는 회사 이름은 자신이 키우던 불도그Bulldog의 이름Zinga에서 따왔다. 징가는 원래 아름다운 여전사를 뜻하는 아프리카 말인데, Zinga.com 도메인이 이미 사용 중이었기에 'i'를 'y'로 수정해 2008년 2월 Zynga로 등록했다. 불도그는 회사 로고에도 등장한다.[58]

그래서인지 기업 문화가 전투적이다. 직원들 간 내부 경쟁이 치열해 장시간의 고강도 노동을 하는 것으로 악명이 높다. 2010년 징가의 전 직원은 『SF Weekly』라는 주간지에 핀커스는 "너는 네 경쟁자들보다 똑똑하지 않으니 그들이 하는 것을 베껴라. 사용자 수가 그 업체와 같아질 때까지 베끼는 것을 반복하라"고 말했다며, "징가는 내가 일했던 어떤 곳보다

사악한 곳"이라고 주장해 논란을 빚었다. 이런 비판에 대해 핀 커스는 "징가의 경영 철학은 직원들을 CEO로 만들어주는, 능 력주의meritocracy를 추구한다"고 반박했다.[59]

징가는 2009년 6월 페이스북에 최초의 히트상품 '팜빌 FarmVille'을 내놓아 6주 만에 일일 사용자 1,000만 돌파라는 기 록을 세웠고, 창업 3년 만인 2010년 8억 5,000만 달러의 매출 에 4억 달러의 이익을 올려 세상의 열띤 주목을 받았다. 그러 나 징가는 2013년 1분기 매출이 전년 대비 18퍼센트 하락하 는 등 PC에서 모바일로 옮겨가는 시장 트렌드에서 뒤처지며 매출이 급격히 줄어들었다. 징가는 2013년 6월 전체 인력의 18퍼센트에 해당하는 520명을 감원하는 등 대대적인 구조조 정을 단행했다.[60]

2013년 7월 징가는 마이크로소프트의 인터액티브 엔터 테인먼트Interactive Entertainment의 사장인 돈 매트릭Don Mattrick, 1964~를 CEO로 영입했으며, 핀커스는 회장직과 CPOChief Product Officer를 맡았다. 2014년 8월 징가는 타이거 우즈와 계 약하고 새로운 모바일 스포츠 게임 시리즈 '징가 스포츠 365' 를 출시하겠다고 발표했다. "우리의 징가 스포츠를 전문지식 을 동원해 선수들과 게임에 적절히 접목시킬 것이다. 전 세계 이용자들을 위한 차세대 모바일 미식축구와 골프 게임을 만들 겠다."[61]

그러나 징가는 2015년 2월 비용 절감을 위해 중국 지사를 폐쇄키로 하는 등 여전히 고전을 면치 못하고 있다. 2015년 4월 9일 핀커스가 다시 최고경영자CEO로 복귀한다는 뉴스가 나가자 징가의 주가는 이날 주식시장에서 15퍼센트대의 하락 폭을 기록하기도 했다. 이와 관련, 민상식은 "수많은 기업이 모방을 통해 성장했지만 모방이 혁신으로 이어지지 못하면 빠르게 몰락한다"며 그 대표적 사례로 징가를 들었다.

　"금융 애널리스트와 투자 전문가 등을 거쳐 징가를 설립한 핀커스는 개발자가 아닌 사업가였다. 창의적인 발상으로 새로운 게임을 개발하기보다는 손쉽게 모방한 게임을 사회관계망서비스SNS 플랫폼과 연계해 이용자 규모를 늘렸다. 실제 징가가 2009년 페이스북용 게임으로 출시한 징가의 팜빌FarmVille은 4개월 앞서 발매된 타사 게임 팜타운Farmtowm과 유사하다. 농사짓는 게임인 팜빌은 개발자 11명이 5주 만에 완성한 게임이다. 징가의 다른 게임 카페월드Cafe World 역시 일렉트로닉아츠EA가 먼저 선보인 레스토랑시티Restaurant City와 유사하다는 지적을 받았다. 이런 이유로 징가는 먼저 출시되었던 타사의 게임들을 표절했다며 여러 차례 소송을 당하기도 했다."[62]

●
주

머리말

1 최재목, 「'英語'에 미친 나라」, 『교수신문』, 2008년 10월 28일; 강철원, 「영어가 뭐길래」, 『한국일보』, 2008년 6월 16일.

2 김경달, 「코리안 English / (중) '찍기용 영어'로 세계화」, 『동아일보』, 2001년 3월 9일, 3면.

3 조인직, 「영어 찍기 과외 열풍…대입수시모집 어학특기생 제도 변질」, 『동아일보』, 2002년 10월 24일, 31면.

4 구희언, 「영어 공부 헛발질에 찌드는 청춘: 취업 필수 코스 공인영어시험 준비…토익점수 업무에 큰 도움 안 돼」, 『주간동아』, 제979호.(2015년 3월 16일).

5 다니엘 튜더, 「박 대통령 영어가 콩글리시라고요?」, 『중앙일보』, 2015년 4월 4일.

제1장 미국의 주州와 도시

1 「Utah」, 『Wikipedia』; 「유타주」, 『위키백과』; 빌 브라이슨(Bill Bryson), 권상미 옮김, 『빌 브라이슨 발칙한 미국 횡단기: 세계에서 가장 황당한 미국 소도시 여행기』(21세기북스, 1989/2009), 292쪽.

2 유종선, 『미국사 100장면: 신대륙 발견에서 LA 흑인폭동까지』(가람기획, 1995), 159~160쪽.

3 케네스 데이비스(Kenneth C. Davis), 이순호 옮김, 『미국에 대해 알아야 할 모든 것, 미국사』(책과함께, 2003/2004), 219~220쪽; 앨런 브링클리(Alan Brinkley), 황혜성 외 옮김, 『미국인의 역사 2』(비봉출판사, 1993/1998), 8~10쪽; 바바라 랜드(Barbara Land)·마이크 랜드(Myrick Land), 문현아 옮김, 『생각의 혁신, 라스베이거스에 답이 있다』(살림, 2004/2009), 49~53쪽; 돈 왓슨(Don Watson), 정회성 옮김, 『기차를 타고 아메리카의 일상을 관찰하다: 이방인의 시선으로 쓴 아메리카 대륙 횡단기』(휴머니스트, 2008/2013), 316쪽; 진

인숙, 『영어 단어와 숙어에 담겨진 이야기』(건국대학교출판부, 1997), 175~176쪽; 하워드 민즈(Howard Means), 황진우 옮김, 『머니 & 파워: 지난 천 년을 지배한 비즈니스의 역사』(경영정신, 2001/2002), 128~151쪽; 존 스튜어트 밀, 서병훈 옮김, 『자유론』(책세상, 1859/2005), 124쪽; 「Utah」, 『Wikipedia』; 「Salt Lake City」, 『Wikipedia』; 「Great Salt Lake」, 『Wikipedia』; 「그레이트솔트 호」, 『위키백과』.

4 대니얼 벨(Daniel Bell), 김진욱 옮김, 『자본주의의 문화적 모순』(문학세계사, 1976/ 1990), 88쪽.

5 에이미 추아(Amy Chua) · 제드 러벤펠드(Jed Rubenfeld), 이영아 옮김, 『트리 플 패키지: 성공의 세 가지 유전자』(와이즈베리, 2014), 44~50쪽.

6 에이미 추아(Amy Chua) · 제드 러벤펠드(Jed Rubenfeld), 이영아 옮김, 『트리 플 패키지: 성공의 세 가지 유전자』(와이즈베리, 2014), 175~179쪽.

7 「Wisconsin」, 『Wikipedia』.

8 Charles Earle Funk & Charles Earle Funk, Jr., 『Horsefeathers and Other Curious Words』(New York: Quill, 1958/2002), pp.108~109.

9 앨런 브링클리(Alan Brinkley), 황혜성 외 옮김, 『미국인의 역사 2』(비봉출판 사, 1993/1998), 56~58쪽; 케네스 데이비스(Kenneth C. Davis), 이순호 옮김, 『미국에 대해 알아야 할 모든 것, 미국사』(책과함께, 2003/2004), 258~260쪽.

10 토머스 프랭크(Thomas Frank), 김병순 옮김, 『왜 가난한 사람들은 부자를 위 해 투표하는가: 캔자스에서 도대체 무슨 일이 있었나』(갈라파고스, 2004/2012), 45쪽.

11 빌 브라이슨(Bill Bryson), 권상미 옮김, 『빌 브라이슨 발칙한 미국 횡단기: 세 계에서 가장 황당한 미국 소도시 여행기』(21세기북스, 1989/2009), 259~260쪽.

12 토머스 프랭크(Thomas Frank), 김병순 옮김, 『왜 가난한 사람들은 부자를 위 해 투표하는가: 캔자스에서 도대체 무슨 일이 있었나』(갈라파고스, 2004/2012), 45~46, 52쪽.

13 래리 M. 바텔스(Larry M. Bartels), 위선주 옮김, 『불평등 민주주의: 자유에 가 려진 진실』(21세기북스, 2008/2012), 102~104쪽.

14 토머스 프랭크(Thomas Frank), 김병순 옮김, 『왜 가난한 사람들은 부자를 위 해 투표하는가: 캔자스에서 도대체 무슨 일이 있었나』(갈라파고스, 2004/2012), 324쪽.

15 토머스 프랭크(Thomas Frank), 김병순 옮김, 『왜 가난한 사람들은 부자를 위 해 투표하는가: 캔자스에서 도대체 무슨 일이 있었나』(갈라파고스, 2004/2012), 36~37쪽.

16 「Texas」, 『Wikipedia』; 박승희, 「미국은 지금 텍사스 드림」, 『중앙일보』, 2013년 10월 24일.

17 박승희, 「한인들도 텍사스로…10년 새 50% 늘어 6만여 명」, 『중앙일보』, 2013 년 10월 24일.

18 케네스 데이비스(Kenneth C. Davis), 이순호 옮김, 『미국에 대해 알아야 할 모

든 것, 미국사』(책과함께, 2003/2004), 214~217쪽; 하워드 진(Howard Zinn) · 레베카 스테포프(Rebecca Stefoff), 김영진 옮김, 『하워드 진 살아있는 미국역사』(추수밭, 2007/2008), 113쪽; 고종석, 『도시의 기억』(개마고원, 2008), 327쪽; 「Texas」, 『Wikipedia』; 「Mexican–American War」, 『Wikipedia』.

19 빌 브라이슨(Bill Bryson), 권상미 옮김, 『빌 브라이슨 발칙한 미국 횡단기: 세계에서 가장 황당한 미국 소도시 여행기』(21세기북스, 1989/2009), 357쪽.

20 케네스 데이비스(Kenneth C. Davis), 이순호 옮김, 『미국에 대해 알아야 할 모든 것, 미국사』(책과함께, 2003/2004), 299쪽; 박보균, 『살아 숨쉬는 미국역사』(랜덤하우스중앙, 2005), 121~161쪽; 「South Dakota」, 『Wikipedia』; 「Mount Rushmore」, 『Wikipedia』; 「Crazy Horse」, 『Wikipedia』.

21 박영배, 『미국, 야만과 문명의 두 얼굴: 주미특파원 박영배 리포트』(이채, 1999), 302쪽.

22 폴 존슨(Paul Johnson), 왕수민 옮김, 『영웅들의 세계사』(웅진지식하우스, 2007/2009), 247쪽.

23 빌 브라이슨(Bill Bryson), 권상미 옮김, 『빌 브라이슨 발칙한 미국 횡단기: 세계에서 가장 황당한 미국 소도시 여행기』(21세기북스, 1989/2009), 74쪽.

24 T. H. Watkins, 「Boiling Over」, 『The New York Times Book Review』, April 13, 1997, p.34; Evan Thomas, 「카트리나 경제학: 미국의 허점이 드러났다」, 『뉴스위크 한국판』, 2005년 9월 14일, 15~26면.

25 나탈리 골드버그(Natalie Goldberg), 차윤진 옮김, 『버리는 글쓰기』(북뱅, 2001/2014), 121~122쪽.

26 「Mississippi」, 『Wikipedia』; 「Mississippi River」, 『Wikipedia』; 「미시시피주」, 『위키백과』; 서옥식 편저, 『오역의 제국: 그 거짓과 왜곡의 세계』(도리, 2013), 601쪽.

27 빌 브라이슨(Bill Bryson), 권상미 옮김, 『빌 브라이슨 발칙한 미국 횡단기: 세계에서 가장 황당한 미국 소도시 여행기』(21세기북스, 1989/2009), 81쪽; 「University of Mississippi」, 『Wikipedia』; 「Oxford, Mississippi」, 『Wikipedia』.

28 EBS 3분 영어제작팀, 『생각하는 영어사전 ing』(인물과사상사, 2009), 206~207쪽.

29 고종석, 『도시의 기억』(개마고원, 2008), 323쪽.

30 박보균, 『살아 숨쉬는 미국역사』(랜덤하우스중앙, 2005), 113~114쪽; 「Mississippi civil rights workers' murders」, 『Wikipedia』.

31 로저 코먼(Roger Corman), 김경식 옮김, 『나는 어떻게 할리우드에서 백편의 영화를 만들고 한 푼도 잃지 않았는가』(열린책들, 1990/2000), 146쪽.

32 하워드 진(Howard Zinn), 이아정 옮김, 『오만한 제국: 미국의 이데올로기로부터 독립』(당대, 1991/2001), 439쪽.

33 이순흥, 「미네소타 · 위스콘신 왜 中西部 지역이라 부를까」, 『조선일보』, 2014년 10월 31일.

34 강준만, 「badger」, 『교양영어사전』(인물과사상사, 2012), 48쪽 참고.

35 「Wisconsin」, 『Wikipedia』; 빌 브라이슨(Bill Bryson), 권상미 옮김, 『빌 브라이슨 발칙한 미국 횡단기: 세계에서 가장 황당한 미국 소도시 여행기』(21세기북

스, 1989/2009), 74쪽.

36 앨런 브링클리(Alan Brinkley), 황혜성 외 옮김, 『미국인의 역사 2』(비봉출판사, 1993/1998), 330~331쪽; 손세호, 『하룻밤에 읽는 미국사』(랜덤하우스, 2007), 157~158쪽.

37 Frederick Rudolph, 『The American College & University: A History』(Athens: The University of Georgia Press, 1990), pp.362~364.

38 Derek Bok, 『Beyond the Ivory Tower: Social Responsibilities of the Modern University』(Cambridge, Mass.: Harvard University Press, 1982), p.65.

39 방현철, 「만물상」위스콘신大」, 『조선일보』, 2015년 2월 4일.

40 「Madison, Wisconsin」, 『Wikipedia』; 「Lake Mendota」, 『Wikipedia』.

41 윌리엄 라이딩스 2세(William J. Ridings, Jr.)·스튜어트 매기버(Stuart B. McIver), 김형곤 옮김, 『위대한 대통령 끔찍한 대통령』(한언, 1997/2000), 67쪽.

42 「Michigan」, 『Wikipedia』; 「Great Lakes」, 『Wikipedia』; 「Wolverine」, 『Wikipedia』; 「미시간주」, 『위키백과』; 이소담, 「휴 잭맨, '엑스맨' 시리즈 하차? 울버린 은퇴 암시」, 『뉴스엔』, 2015년 3월 31일.

43 James J. Flink, 『The Automobile Age』(Cambridge, Mass.: The MIT Press, 1990), pp.24~25; 「Detroit」, 『Wikipedia』.

44 「Gerege W. Romney」, 『Wikipedia』; 「American Motors」, 『Wikipedia』; 강준만, 「obsolescence」, 『교양영어사전』(인물과사상사, 2012), 505~507쪽 참고.

45 William J. Holstein, 『Why GM Matters: Inside the Race to Transform an American Icon』(New York: Walker & Co., 2009), p.31.

46 권태호, 「얼어붙은 '미국 자동차 심장'…회생 안간힘: 미 '빅3 도시' 가보니」, 『한겨레』, 2010년 2월 1일; 「Detroit」, 『Wikipedia』.

47 전정윤, 「재정 펑크 난 '자동차 메카'…디트로이트, 결국 파산선언」, 『한겨레』, 2013년 7월 20일.

48 채명석, 「파산 종료 미국 디트로이트시의 생존법은?」, 『아주경제』, 2015년 2월 16일.

제2장 성경·종교·신화

1 Marvin Terban, 『Scholastic Dictionary of Idioms』(New York: Scholastic, 1996), p.189; 『시사영어사/랜덤하우스 영한대사전』(시사영어사, 1991), 327쪽.

2 William Morris & Mary Morris, 『Morris Dictionary of Word and Phrase Origins』, 2nd ed.(New York: Harper & Row, 1971), p.485.

3 James Rogers, 월드플러스사전편찬 옮김, 『Cliche Dictionary: 통역·번역을 위한 클리쉐이 사전 (상)』(월드플러스, 2012), 156~157쪽.

4 손동영, 「CDFI, My Brother's Keeper에 10억 달러 지원」, 『KOSRI』, 2014년 3월 19일.

5 William Safire, 『Take My Word For It』(New York: Owl Book, 1986), pp.243~245; 「Curse and mark of Cain」, 『Wikipedia』; 「Curse of Ham」, 『Wikipedia』.

6 Georgia Hole, 『The Real McCoy: The True Stories Behind Our Everyday Phrases』(New York: Oxford University Press, 2005), pp.124~125; 『시사영어사/ 랜덤하우스 영한대사전』(시사영어사, 1991), 1599쪽; 「olive branch」, 『네이버 영어사전』.

7 심순철, 『프랑스 미식기행』(살림, 2006), 76쪽.

8 이재준, 「올리브유 맛에 눈뜬 중국인이 그리스 경제 되살릴 구원투수?」, 『조선 일보』, 2013년 7월 11일.

9 Martin H. Manser, 『Get to the Roots: A Dictionary of Word & Phrase Origins』 (New York: Avon Books, 1990), p.123; William Morris & Mary Morris, 『Morris Dictionary of Word and Phrase Origins』, 2nd ed.(New York: Harper & Row, 1971), p.323.

10 Christine Ammer, 『The Facts on File Dictionary of Clichés』(New York: Checkmark Books, 2001), p.294.

11 케네스 데이비스(Kenneth C. Davis), 이충호 옮김, 『당신이 성경에 대해 알아 야 할 모든 것』(웅진지식하우스, 1998/2011), 360~365쪽; 「Satan」, 『Wikipedia』.

12 Martin H. Manser, Melba Toast, 『Bowie's Knife & Caesar's Wife: A Dictionary of Eponyms』(New York: Avon Books, 1988), p.118; 「patient as Job, patience of Job」, 『네이버 영어사전』.

13 https://mirror.enha.kr/wiki/%EB%A7%8C%EB%82%98; 「Manna」, 『Wikipedia』.

14 「만나」, 『다음 백과사전』.

15 Martin H. Manser, 『Get to the Roots: A Dictionary of Word & Phrase Origins』 (New York: Avon Books, 1990), pp.142~143.

16 「manna from heaven」, 『네이버 영어사전』.

17 Charles Earle Funk, 『Thereby Hangs a Tale: Stories of Curious Word Origins』 (New York: Quill, 2002), p.51; Robert Hendrickson, 『The Dictionary of Eponyms: Names That Became Words』(New York: Dorset Press, 1972), pp.53~54; 「Cabal」, 『Wikipedia』; 「cabal」, 『다음 영어사전』; 『시사영어사/랜덤 하우스 영한대사전』(시사영어사, 1991), 323쪽.

18 Albert Jack, 『Red Herrings and White Elephants: The Origins of the Phrases We Use Every Day』(New York: HarperCollins, 2004), p.110; Martin H. Manser, 『Get to the Roots: A Dictionary of Word & Phrase Origins』(New York: Avon Books, 1990), p.88; 「at the eleventh hour」, 『네이버 영어사전』.

19 서옥식 편저, 『오역의 제국: 그 거짓과 왜곡의 세계』(도리, 2013), 82~83쪽.

20 『Webster's New Explorer Dictionary of Word Origins』(Springfield, MA: Federal Street Press, 2004), p.233; 「Passiflora」, 『Wikipedia』.

21 John Ayto, 『Word Origins: The Hidden Histories of English Words from A to

Z』, 2nd ed.(London, UK: A & C Black, 2005), p.369; 최현석, 『인간의 모든 감정: 우리는 왜 슬프고 기쁘고 사랑하고 분노하는가』(서해문집, 2011), 21~22쪽.

22 조승연, 『이야기 인문학』(김영사, 2013), 300쪽.

23 김난도, 『아프니까 청춘이다: 인생 앞에 홀로 선 젊은 그대에게』(쌤앤파커스, 2010), 29쪽.

24 티에리 타옹(Thierry Tahon), 고아침 옮김, 『예비 아빠의 철학』(개마고원, 2007/2008), 30, 35쪽.

25 앙드레 기고(André Guigot), 김병욱 옮김, 『사랑의 철학』(개마고원, 2004/2008), 18쪽.

26 「Mel Gibson」, 『Current Biography』, 64:8(August 2003), pp.49~50.

27 http://www.achievement.org/autodoc/page/bez0int.

28 마이클 타우(Michael Thau), 「만화의 지혜」, 마크 웨이드(Mark Waid) 외, 하윤숙 옮김, 『슈퍼히어로 미국을 말하다: 슈퍼히어로를 읽는 미국의 시선』(잠, 2005/2010), 242쪽.

29 앨런 브링클리(Alan Brinkley), 황혜성 외 옮김, 『미국인의 역사 1』(비봉출판사, 1993/1998), 23~44쪽; 정만득, 『미국의 청교도 사회: 정착 초기의 역사』(비봉출판사, 2001), 41~43쪽; 대니얼 J. 부어스틴(Daniel J. Boorstin), 이보형 외 옮김, 『미국사의 숨은 이야기』(범양사출판부, 1989/1991), 261~262쪽.

30 M. 스콧 펙(M. Scott Peck), 김훈 옮김, 『거석을 찾아서 내 영혼을 찾아서』(고려원미디어, 1995/1996), 117쪽.

31 빌 브라이슨(Bill Bryson), 정경옥 옮김, 『빌 브라이슨 발칙한 영어산책: 엉뚱하고 발랄한 미국의 거의 모든 역사』(살림, 1994/2009), 534쪽; 정만득, 『미국의 청교도 사회: 정착 초기의 역사』(비봉출판사, 2001), 29쪽.

32 앨런 브링클리(Alan Brinkley), 황혜성 외 옮김, 『미국인의 역사 1』(비봉출판사, 1993/ 1998), 88~89쪽.

33 빌 브라이슨(Bill Bryson), 정경옥 옮김, 『빌 브라이슨 발칙한 영어산책: 엉뚱하고 발랄한 미국의 거의 모든 역사』(살림, 1994/2009), 535~536쪽; 리처드 셍크먼(Richard Shenkman), 이종인 옮김, 『미국사의 전설, 거짓말, 날조된 신화들』(미래M&B, 1988/ 2003), 225~229쪽.

34 Warren I. Susman, 『Culture as History: The Transformation of American Society in the Twentieth Century』(Washington D.C.: Smithsonian Institution Press, 2003), pp.41~42.

35 로저 스크루턴(Roger Scruton), 정명진 옮김, 『긍정의 오류: 거짓 희망의 위험과 적절한 비관의 효용』(부글북스, 2010/2014), 102쪽.

36 오치 미치오, 곽해선 옮김, 『와스프: 미국의 엘리트는 어떻게 만들어지는가』(살림, 1998/1999), 168쪽.

37 조승연, 「[Weekly BIZ] [인문학으로 배우는 비즈니스 영에] money」, 『조선일보』, 2013년 8월 31일; 「주노[Juno]」, 『네이버 지식백과』; 『Webster's New Explorer Dictionary of Word Origins』(Springfield, MA: Federal Street Press,

2004), pp.308~309.

38 Stewart Edelstein, 『Dubious Doublets』(Hoboken, NJ: Wiley, 2003), pp.10~11.

39 Chrysti M. Smith, 『Verbivore's Feast: A Banquet of Word & Phrase Origins』 (Helena, MT: Farcountry Press, 2004), p.224; Christine Ammer, 『The Facts on File Dictionary of Clichés』(New York: Checkmark Books, 2001), p.250.

40 버나드 리테어(Bernard A. Lietaer), 강남규 옮김, 『돈 그 영혼과 진실: 돈의 본질과 역사를 찾아서』(참솔, 2004), 58~65쪽.

41 Todd Gitlin, 『Media Unlimited: How the Torrent of Images and Sounds Overwhelms Our Lives』(New York: Metropolitan Books, 2002), p.38; 토드 기틀린, 남재일 옮김, 『무한 미디어: 미디어 독재와 일상의 종말』(Human & Books, 2002/2006), 61~62쪽.

42 이일래, 「돈의 매트릭스」, 박재환 외, 『현대 한국사회의 일상문화코드』(한울아카데미, 2004), 296쪽.

43 John Steele Gordon(존 스틸 고든), 강남규 옮김, 『월스트리트제국: 금융자본 권력의 역사 350년』(참솔, 2002), 120쪽.

44 이윤기, 『그리스 로마 신화 2』(웅진지식하우스, 2002), 44~45쪽; 「Pan (god)」, 『Wikipedia』.

45 http://tip.daum.net/question/295267/79171138?q=panpipe; 『Webster's New Explorer Dictionary of Word Origins』(Springfield, MA: Federal Street Press, 2004), p.344.

46 Charles Earle Funk, 『Thereby Hangs a Tale: Stories of Curious Word Origins』 (New York: Quill, 2002), pp.214~215; Martin H. Manser, Melba Toast, 『Bowie's Knife & Caesar's Wife: A Dictionary of Eponyms』(New York: Avon Books, 1988), p.175; 『Webster's New Explorer Dictionary of Word Origins』 (Springfield, MA: Federal Street Press, 2004), p.344; 「Panic」, 『Wikipedia』.

47 존 스틸 고든(John Steele Gordon), 강남규 옮김, 『월스트리트제국: 금융자본 권력의 역사 350년』(참솔, 1999/2002), 263쪽.

48 최현석, 『인간의 모든 감정: 우리는 왜 슬프고 기쁘고 사랑하고 분노하는가』 (서해문집, 2011), 107~108쪽.

49 나해란, 「연예인 자주 앓는 공황장애, 4년간 82% 증가」, 『조선일보』, 2015년 1월 5일.

50 「Panic attack」, 『Wikipedia』; 「panic attack」, 『다음 영어사전』.

51 William Morris & Mary Morris, 『Morris Dictionary of Word and Phrase Origins』, 2nd ed.(New York: Harper & Row, 1971), p.440; Adam Makkai, 『Barron's Handbook of Commonly Used American Idioms』(Woodbury, NY: Barron's Educational Series, 1984), p.219.

1 Harry Oliver, 『March Hares and Monkey's Uncles: Origins of the Words and Phrases We Use Every Day』(London: Metro, 2005), pp.31~32; 서옥식 편저, 『오역의 제국: 그 거짓과 왜곡의 세계』(도리, 2013), 592~593쪽.

2 캐롤 길리건(Carol Gilligan), 허란주 옮김, 『다른 목소리로』(동녘, 1993/1997), 142쪽.

3 Lois Beckwith, 『The Dictionary of Corporate Bullshit』(New York: Broadway Books, 2006), p.125.

4 「The Onion」, 『Wikipedia』; 「University of Wisconsin-Madison」, 『Wikipedia』.

5 문영미, 박세연 옮김, 『디퍼런트: 넘버원을 넘어 온리원으로』(살림비즈, 2010/2011), 94~95쪽.

6 Editors of the American Heritage Dictionaries, 『More Word Histories and Mysteries: From Aardvark to Zombie』(New York: Houghton Mifflin, 2006), p.188; 「Ramada」, 『Wikipedia』; 「Ramada (shelter)」, 『Wikipedia』.

7 『시사영어사/랜덤하우스 영한대사전』(시사영어사, 1991), 1898쪽.

8 신문수, 「'자연의 나라': 국가 건설과 자연의 재발견」, 신문수 엮음, 『미국의 자연관 변천과 생태의식』(서울대학교출판문화원, 2010), 53쪽.

9 제러미 리프킨(Jeremy Rifkin), 이원기 옮김, 『유러피언 드림: 아메리칸 드림의 몰락과 세계의 미래』(민음사, 2004/2005).

10 Marvin Terban, 『Scholastic Dictionary of Idioms』(New York: Scholastic, 1996), p.29; 「Beaver」, 『Wikipedia』.

11 Charles Earle Funk, 『A Hog on Ice and Other Curious Expressions』(New York: HarperResource, 2001), pp.98~99.

12 James Rogers, 월드플러스사전편찬 옮김, 『Cliche Dictionary: 통역 · 번역을 위한 클리쉐이 사전 (상)』(월드플러스, 2012), 110~111쪽.

13 Harry Oliver, 『March Hares and Monkey's Uncles: Origins of the Words and Phrases We Use Every Day』(London: Metro, 2005), pp.66~69; 「Hare」, 『Wikipedia』.

14 William Morris & Mary Morris, 『Morris Dictionary of Word and Phrase Origins』, 2nd ed.(New York: Harper & Row, 1971), p.368; James Rogers, 『The Dictionary of Cliches』(New York: Ballantine Books, 1985), p.266; Nigel Rees, 『Cassell's Dictionary of Catchphrases: 1200 Catchphrases and Their Origins』(London: Weidenfeld & Nicholson, 1996), pp.79~80; 「hare, rabbit」, 『다음 영어사전』.

15 「Mouse」, 『Wikipedia』.

16 이재준, 「컴퓨터 마우스 발명한 더글러스 엥겔바트 별세」, 『조선일보』, 2013년 7월 5일; 정지훈, 『거의 모든 인터넷의 역사: 우리가 지금껏 알지 못했던 인터넷 혁명의 순간들』(메디치, 2014), 48~49쪽.

17 정경민, 「엥겔바르트 박사 별세」, 『중앙일보』, 2013년 7월 5일.

18 Webb Garrison, 『What's in a Word?』(Dallas, TX: Thomas Nelson, 2000), p.4; John Ayto, 『Movers and Shakers: A Chronology of Words That Shaped Our Age』(New York: Oxford University Press, 2006), p.171.

19 김정운, 『에디톨로지: 창조는 편집이다』(21세기북스, 2014), 56~61쪽.

20 김대영, 『뜨는 마케팅으로 승부하라』(미래의창, 2001), 175쪽; 김난도 외, 『트렌드코리아 2013』(미래의창, 2012), 157쪽.

21 Marvin Terban, 『Scholastic Dictionary of Idioms』(New York: Scholastic, 1996), p.5; James Rogers, 월드플러스사전편찬 옮김, 『Cliche Dictionary: 통역·번역을 위한 클리쉐이 사전 (상)』(월드플러스, 2012), 36~37쪽.

22 Christine Ammer, 『The Facts on File Dictionary of Clichés』(New York: Checkmark Books, 2001), p.9; 「Michael Phelps」, 『Current Biography』, 65:8(August 2004), p.76; 「antsy」, 『Wiktionary』; 「antsy」, 『다음 영어사전』.

23 홍성욱, 「왜 과학에 윤리를 묻지 않는가」, 김동춘 외, 『불안의 시대 고통의 한복판에서: 당대비평 2005 신년특별호』(생각의나무, 2005), 147~155쪽.

24 Simon Mort, ed., 『Longman Guardian New Words』(Harlow, England: Longman, 1986), p.182; 「Speciesism」, 『Wikipedia』; 「Peter Singer」, 『Wikipedia』.

25 배국원, 「피터 싱어: 새 시대의 생명윤리를 향하여」, 강봉균 외, 『월경(越境)하는 지식의 모험자들: 혁명적 발상으로 세상을 바꾸는 프런티어들』(한길사, 2003), 252~261쪽.

26 「Peter Singer」, 『Wikipedia』; 최화진, 「'동물 해방론'은 동정심에서 나온 것일까요」, 『한겨레』, 2013년 8월 6일.

27 오쓰루 다다시, 「장애와 건강: 장애아와 건강한 관계는 어떻게 가능한가」, 김창엽 외, 『나는 '나쁜' 장애인이고 싶다: 다양한 몸의 평등한 삶을 꿈꾸며』(삼인, 2002), 73~76쪽.

28 배국원, 「피터 싱어: 새 시대의 생명윤리를 향하여」, 강봉균 외, 『월경(越境)하는 지식의 모험자들: 혁명적 발상으로 세상을 바꾸는 프런티어들』(한길사, 2003), 252~261쪽.

29 최화진, 「'동물 해방론'은 동정심에서 나온 것일까요」, 『한겨레』, 2013년 8월 6일.

30 동그란, 「"바닷가재 끓는 물서 고통 못 느껴"」, 『한국일보』, 2005년 2월 17일, A11면.

31 정지혜, 「Do you eat red meat?(빨간 고기 먹이?)」, 『충청타임즈』, 2015년 1월 21일.

32 크리스천 랜더(Christian Lander), 한종현 옮김, 『아메리칸 스타일의 두 얼굴』(을유문화사, 2008/2012), 59쪽.

33 「Veganism」, 『Wikipedia』.

34 양영경, 「풀 먹는 부자…우린 '슈퍼 베지테리언'」, 『헤럴드경제』, 2014년 6월

26일.

35 올리버 예게스(Oliver Jeges), 강희진 옮김, 『결정장애 세대: 기회의 홍수 속에서 길을 잃은 사람들』(미래의창, 2014), 191~192쪽; 정지혜, 「Do you eat red meat?(빨간 고기 먹어?)」, 『충청타임즈』, 2015년 1월 21일; 「Vegetarianism」, 『Wikipedia』.

36 윤유진, 「[윤유진의 패션&트랜드] (7) 비건(vegan) 패션 "모피를 반대합니다"」, 『서울경제』, 2014년 1월 4일.

37 강준만, 「diamond」, 『교양영어사전』(인물과사상사, 2012), 212쪽 참고.

38 송보경, 「가난한 자들의 희생 위에 빛나는 다이아몬드」, 『TV리포트』, 2005년 10월 20일.

39 김진묵, 『흑인 잔혹사』(한양대학교출판부, 2011), 85쪽.

40 그레그 캠벨(Greg Campbell), 김승욱 옮김, 『다이아몬드 잔혹사』(작가정신, 2002/2004); 「Greg Campbell」, 『Wikipedia』.

41 그레그 캠벨(Greg Campbell), 김승욱 옮김, 『다이아몬드 잔혹사』(작가정신, 2002/2004), 179~180쪽.

42 최우규, 「유머」, 『경향신문』, 2013년 7월 5일.

43 허현회, 『그들은 어떻게 권력이 되었는가: 부의 제국 록펠러재단의 진실』(시대의창, 2012), 29쪽; Martin J. Gannon & Rajnandini Pillai, 남경희·변하나 옮김, 『문화로 읽는 세계: 주요 13개국의 문화탐방』(명인문화사, 2013), 216쪽.

44 『Webster's New Explorer Dictionary of Word Origins』(Springfield, MA: Federal Street Press, 2004), pp.320~321.

45 William Morris & Mary Morris, 『Morris Dictionary of Word and Phrase Origins』, 2nd ed.(New York: Harper & Row, 1971), p.563.

46 https://mirror.enha.kr/wiki/%ED%95%98%EC%9D%B4%20%EB%88%88; 「High Noon」, 『Wikipedia』.

47 찰스 슈바이크(Charles M. Schweik), 「과학 공유자원 구축을 위한 프리·오픈 소스 소프트웨어」, 엘리너 오스트롬(Elinor Ostrom)·샬럿 헤스(Charlotte Hess) 편저, 김민주·송희령 옮김, 『지식의 공유: 폐쇄성을 넘어 '자원으로서의 지식'을 나누다』(타임북스, 2007/2010), 271~272쪽.

제4장 정신·감정·심리

1 개리 마커스(Gary Marcus), 최호영 옮김, 『클루지: 생각의 역사를 뒤집는 기막힌 발견』(갤리온, 2008), 11~13쪽; 「Kludge」, 『Wikipedia』.

2 최호영, 「옮긴이의 말」, 개리 마커스(Gary Marcus), 최호영 옮김, 『클루지: 생각의 역사를 뒤집는 기막힌 발견』(갤리온, 2008), 285쪽.

3 개리 마커스(Gary Marcus), 최호영 옮김, 『클루지: 생각의 역사를 뒤집는 기막힌 발견』(갤리온, 2008), 11~12쪽; 댄 가드너(Dan Gardner), 이경식 옮김, 『앨

빈 토플러와 작별하라』(생각연구소, 2010/2011), 132쪽.

4 댄 가드너(Dan Gardner), 이경식 옮김, 『앨빈 토플러와 작별하라』(생각연구
    소, 2010/2011), 134~141쪽.

5 스티브 아얀(Steve Ayan), 손희주 옮김, 『심리학에 속지 마라: 내 안의 불안을
    먹고 자라는 심리학의 진실』(부키, 2012/2014), 125~129쪽; 「모차르트 효과
    [Mozart effect]」, 『네이버 지식백과』; 「Mozart effect」, 『Wikipedia』.

6 올리버 색스(Oliver Sachs), 장호연 옮김, 『뮤지코필리아: 뇌와 음악에 관한 이
    야기』(알마, 2008/2012), 154쪽.

7 정유진, 「'사람이 좋다' 전유성 "난 괴짜 아냐, 원칙주의자일 뿐"」, 『OSEN』,
    2014년 9월 13일.

8 Martin H. Manser, 『Get to the Roots: A Dictionary of Word & Phrase Origins』
    (New York: Avon Books, 1990), p.87; Webb Garrison, 『What's in a Word?』
    (Dallas, TX: Thomas Nelson, 2000), p.187; 「Eccentricity(behavior)」,
    『WEikipedia』; 『시사영어사/랜덤하우스 영한대사전』(시사영어사, 1991), 706
    쪽; 「eccentric」, 『다음 영어사전』.

9 Martin H. Manser, 『Get to the Roots: A Dictionary of Word & Phrase Origins』
    (New York: Avon Books, 1990), p.78; 『Webster's New Explorer Dictionary of
    Word Origins』(Springfield, MA: Federal Street Press, 2004), pp.144~145; 『시사
    영어사/랜덤하우스 영한대사전』(시사영어사, 1991), 645쪽; 『엣센스 영한사
    전』, 제6정판(민중서림, 1995), 746쪽; 「dismal」, 『다음 영어사전』.

10 마이클 셔머(Michael Shermer), 박종성 옮김, 『경제학이 풀지 못한 시장의 비
    밀』(한국경제신문, 2008/2013), 21~22쪽; 「The dismal science」, 『Wikipedia』.

11 「Great Dismal Swamp」, 『Wikipedia』.

12 Jordan Almond, 『Dictionary of Word Origins: A History of the Words,
    Expressions, and Cliches We Use』(Secaucus, NJ: Citadel Press, 1997), p.73;
    Charles Earle Funk, 『Thereby Hangs a Tale: Stories of Curious Word Origins』
    (New York: Quill, 2002), p.92; 「Delirium」, 『Wikipedia』; 「delirium, furrow」,
    『네이버 영어사전』; 「furrow」, 『다음 영어사전』.

13 김현길, 「중소기업인 사자성어 올해는 '기진맥진' 내년엔 '필사즉생'」, 『국민
    일보』, 2014년 12월 23일.

14 Christine Ammer, 『The Facts on File Dictionary of Clichés』(New York:
    Checkmark Books, 2001), p.449; 「frazzle」, 『Wiktionary』; 『시사영어사/랜덤하
    우스 영한대사전』(시사영어사, 1991), 891쪽.

15 대니얼 골먼(Daniel Goleman), 박세연 옮김, 『포커스: 당신의 잠재된 탁월함
    을 깨우는 열쇠』(리더스북, 2013/2014), 41쪽

16 Christine Ammer, 『The Facts on File Dictionary of Clichés』(New York:
    Checkmark Books, 2001), p.40; Ambrose Bierce, 『The Devil's Dictionary』(New
    York: Bloomsbury, 1906/2008), p.14.

17 「Boredom」, 『Wikipedia』; Susan Sontag, 『Against Interpretation』(New York:

Dell, 1966), p.303.

18 슈테판 클라인(Stefan Klein), 김영옥 옮김, 『행복의 공식: 인생을 변화시키는 긍정의 심리학』(웅진지식하우스, 2002/2006), 137~138쪽.

19 황은주, 「권태와 폭력성에 관한 연구」, 몸문화연구소 엮음, 『권태: 지루함의 아나토미』(자음과모음, 2013), 134, 140쪽.

20 황은주, 「권태와 폭력성에 관한 연구」, 몸문화연구소 엮음, 『권태: 지루함의 아나토미』(자음과모음, 2013), 142쪽.

21 윤무영, 「[시사2판4판] 셀프 영문 해석」, 『주간경향』, 제1035호.(2013년 7월 23일); 석진환, 「'3진 아웃' 남재준에게 또 '셀프 개혁' 맡겼다」, 『한겨레』, 2014년 4월 16일.

22 제러미 리프킨(Jeremy Rifkin), 이경남 옮김, 『공감의 시대(The Emphatic Civilization)』(민음사, 2009/2010), 346~347쪽.

23 Robert Holden, 『Happiness Now!: Timeless Wisdom for Feeling Good Fast』, 2nd ed.(New York: Hay House, 2007), p.74; 「Self-acceptance」, 『Wikipedia』.

24 브레네 브라운(Brené Brown), 서현정 옮김, 『나는 왜 내 편이 아닌가: 나를 괴롭히는 완벽주의 신화로부터 자유로워지는 법』(북하이브, 2007/2012), 213쪽.

25 조정진, 「출판계, 자기계발+소설 접목한 '셀픽션'이 뜬다」, 『세계일보』, 2007년 3월 5일.

26 「옥스퍼드 선정 올해의 단어 "외국도 셀카 많이 찍어? 대표하는 단어 보니…"」, 『온라인 중앙일보』, 2013년 11월 20일; 노웅근, 「[여적] 셀피와 셀카」, 『경향신문』, 2013년 11월 21일; 구본권, 「셀카가 뭐길래… 죽음을 부르는 셀카」, 『한겨레』, 2014년 8월 21일.

27 만프레트 슈피처(Manfred Spitzer), 김세나 옮김, 『디지털치매: 머리를 쓰지 않는 똑똑한 바보들』(북로드, 2012/2013), 61쪽.

28 김석대, 「조선일보를 읽고 '치매'라는 용어 대신 '백심증'으로 불렀으면」, 『조선일보』, 2013년 8월 2일.

29 「Dementia」, 『Wikipedia』.

30 만프레트 슈피처(Manfred Spitzer), 김세나 옮김, 『디지털치매: 머리를 쓰지 않는 똑똑한 바보들』(북로드, 2012/2013), 47쪽; 이남석, 『무삭제 심리학』(예담, 2008), 250~252쪽.

31 김석대, 「조선일보를 읽고 '치매'라는 용어 대신 '백심증'으로 불렀으면」, 『조선일보』, 2013년 8월 2일.

32 특별취재팀, 「[치매, 이길 수 있는 전쟁] 동네 친구들과 함께 사는 치매 할머니…사라지던 기억을 붙잡았다」, 『조선일보』, 2013년 5월 18일.

33 만프레트 슈피처(Manfred Spitzer), 김세나 옮김, 『디지털치매: 머리를 쓰지 않는 똑똑한 바보들』(북로드, 2012/2013); 박해현, 「[만물상] 디지털 치매」, 『조선일보』, 2013년 4월 8일.

34 손해용, 「부인 전화번호 생각 안 나…혹시 나도 디지털 치매?」, 『중앙일보』, 2013년 10월 21일.

35 목정민, 「"오래 기억하고 싶다면, 사진 찍지 말고 눈으로 봐라"」, 『한겨레』, 2013년 12월 23일.

36 이성욱, 「'디지털 치매' 걱정할 일 아니다」, 『한국일보』, 2007년 6월 20일.

37 리처드 왓슨(Richard Watson), 이진원 옮김, 『퓨처 마인드』(청림출판, 2010/2011), 47쪽.

제5장 남녀관계와 페미니즘

1   박양우, 『실용영어회화사전』(민중서림, 2001), 545쪽.

2   임귀열, 「임귀열 영어] Pick-up lines(여성에게 접근하며 하는 말)」, 『한국일보』, 2011년 6월 15일.

3   「Pickup artist」, 『Wikipedia』.

4   김석종, 「픽업 아티스트」, 『경향신문』, 2014년 11월 18일.

5   「Dating coach」, 『Wikipedia』.

6   최현석, 『인간의 모든 감정: 우리는 왜 슬프고 기쁘고 사랑하고 분노하는가』(서해문집, 2011), 194~195쪽.

7   폴 블룸(Paul Bloom), 문희경 옮김, 『우리는 왜 빠져드는가? 인간행동의 숨겨진 비밀을 추적하는 쾌락의 심리학』(살림, 2010/2011), 132쪽.

8   오리 브래프먼(Ori Brafman)·롬 브래프먼(Rom Brafman), 강유리 옮김, 『스웨이: 사람의 마음을 흔드는 선택의 비밀』(리더스북, 2008/2009), 135~138쪽.

9   롭 워커(Rob Walker), 김미옥 옮김, 『욕망의 코드: 우리를 소비하게 만드는 '필요' 그 이상의 무엇』(비즈니스맵, 2008/2010), 204~205쪽.

10 리처드 와이즈먼(Richard Wiseman), 박세연 옮김, 『립잇업: 멋진 결과를 만드는 작은 행동들』(웅진지식하우스, 2012/2013), 95, 99쪽.

11 Charles Earle Funk, 『Thereby Hangs a Tale: Stories of Curious Word Origins』(New York: Quill, 2002), p.173; 「Libertine」, 『Wikipedia』.

12 슈테판 츠바이크(Stefan Zweig), 안인희 옮김, 『다른 의견을 가질 권리』(바오, 2009); 「Ami Perrin」, 『Wikipedia』.

13 「Libertine」, 『Wikipedia』; 「Libertine novel」, 『Wikipedia』; 토머스 홉스, 김용환 옮김, 『리바이어던: 국가라는 이름의 괴물』(살림, 2005), 180~181쪽.

14 William Safire, 『Take My Word For It』(New York: Owl Book, 1986), p.269; 「promiscuous, promiscuity」, 『다음 영어사전』; 「promiscuous, promiscuity」, 『네이버 영어사전』.

15 「Promiscuity」, 『Wikipedia』; 조지프 핼러넌(Joseph T. Hallinan), 김광수 옮김, 『우리는 왜 실수를 하는가』(문학동네, 2009/2012), 102쪽.

16 리처드 윌킨슨(Richard G. Wilkinson), 김홍수영 옮김, 『평등해야 건강하다: 불평등은 어떻게 사회를 병들게 하는가』(후마니타스, 2005/2008), 200쪽.

17 니코 멜레(Nicco Mele), 이은경·유지연 옮김, 『거대권력의 종말』(알에이치코

리아, 2013), 74~75쪽.

18 하세린, 「'정책뉴스' 텍사스 트리뷴, 미디어의 새 길을 찾다」, 『머니투데이』, 2015년 2월 2일; 「The Texas Tribune」, 『Wikipedia』.

19 「Widow」, 『Wikipedia』; 「widow」, 『다음 영어사전』.

20 「Widow Conservation」, 『Wikipedia』.

21 Editors of the American Heritage Dictionaries, 『More Word Histories and Mysteries: From Aardvark to Zombie』(New York: Houghton Mifflin, 2006), pp.96~97; Jordan Almond, 『Dictionary of Word Origins: A History of the Words, Expressions, and Cliches We Use』(Secaucus, NJ: Citadel Press, 1997), p.110.

22 Michael Quinton, 『Ballyhoo, Buckaroo, and Spuds: Ingenious Tales of Words and Their Origins』(Washington, D.C.: Smithsonian Books, 2004), pp.130~132.

23 「Lady Gaga」, 『Wikipedia』; 김윤덕, 「[Why] 마돈나보다 한수 위…가가 페미니즘?」, 『조선일보』, 2012년 6월 9일; J. 잭 핼버스탬(Judith Jack Halberstam), 이화여대 여성학과 퀴어·LGBT 번역 모임 옮김, 『가가 페미니즘: 섹스, 젠더, 그리고 정상성의 종말』(이매진, 2012/2014).

24 김윤덕, 「[Why] 마돈나보다 한수 위…가가 페미니즘?」, 『조선일보』, 2012년 6월 9일.

25 「간편해서…함께 일하는 밴드 남성과 잔다」: 레이디 가가 충격 고백」, 『한국아이닷컴』, 2009년 7월 13일.

26 재키 후바(Jackie Huba), 이예진 옮김, 『광팬은 어떻게 만들어지는가: 레이디 가가에게 배우는 진심의 비즈니스』(처음북스, 2013/2014), 186~189쪽.

27 재키 후바(Jackie Huba), 이예진 옮김, 『광팬은 어떻게 만들어지는가: 레이디 가가에게 배우는 진심의 비즈니스』(처음북스, 2013/2014), 189쪽.

28 재키 후바(Jackie Huba), 이예진 옮김, 『광팬은 어떻게 만들어지는가: 레이디 가가에게 배우는 진심의 비즈니스』(처음북스, 2013/2014), 142쪽.

29 J. 잭 핼버스탬(Judith Jack Halberstam), 이화여대 여성학과 퀴어·LGBT 번역 모임 옮김, 『가가 페미니즘: 섹스, 젠더, 그리고 정상성의 종말』(이매진, 2012/2014), 12쪽.

30 최장, 『주커버그의 야망 윌리엄스의 열정: facebook & twitter』(머니플러스, 2011), 261~265쪽; 전수미, 「레이디 가가, 비욘세·마돈나 제치고 '가장 영향력 있는 음악인' 선정」, 『enews24』, 2013년 6월 28일.

31 「Lady Gaga」, 『Wikipedia』.

32 J. 잭 핼버스탬(Judith Jack Halberstam), 이화여대 여성학과 퀴어·LGBT 번역 모임 옮김, 『가가 페미니즘: 섹스, 젠더, 그리고 정상성의 종말』(이매진, 2012/2014), 38~39쪽.

33 전수미, 「레이디 가가, 비욘세·마돈나 제치고 '가장 영향력 있는 음악인' 선정」, 『enews24』, 2013년 6월 28일.

34 임지선, 「페이스북 COO 샌드버그 인터뷰」, 『한겨레』, 2013년 7월 5일; 양지혜,

「"여성이여, 회의석 맨 앞에 앉아라 눈치 보지 말고"」,『조선일보』, 2013년 7월 4일; 임상수 「페이스북 여(女) COO "여전히 남자가 세상을 경영한다"」,『연합뉴스』, 2011년 5월 19일; 김환표,「셰릴 샌드버그: '페이스북의 성인 감독관' 인가?」,『월간 인물과 사상』, 제199호(2014년 11월), 83~96쪽.

35 「lean on」,『다음 영어사전』.

36 「It girl」,『Wikipedia』.

37 셰릴 샌드버그(Sheryl Sandberg), 안기순 옮김,『린 인』(와이즈베리, 2013), 243~245쪽.

38 셰릴 샌드버그(Sheryl Sandberg), 안기순 옮김,『린 인』(와이즈베리, 2013), 265쪽.

39 http://info.catholic.or.kr/dictionary/view.asp?ctxtIdNum=4278&keyword= &gubun=01.

40 강준만,「flapper」,『교양영어사전』(인물과사상사, 2012), 284~285쪽 참고.

41 「Tiara」,『Wikipedia』.

42 유연수,「최정윤, 과거 웨딩 화보 화제… "티아라 가격만 7억"」,『머니투데이』, 2015년 1월 30일.

43 셰릴 샌드버그(Sheryl Sandberg), 안기순 옮김,『린 인』(와이즈베리, 2013), 102~103쪽.

44 장현구,「'얼음물 샤워'에 이어 이번엔 뒷사람 커피 사주기」,『연합뉴스』, 2014년 8월 22일.

45 「Pay it forward」,『Wikipedia』.

46 김금영,「피라미드식으로 돕는 '아름다운 세상을 위하여'」,『CNB저널』, 제250호(2011년 11월 28일).

47 「Random act of kindness」,『Wikipedia』; 박희준,「눈 속에 나타난 '스노 에인절'」,『세계일보』, 2014년 3월 31일.

48 샬린 리(Charlene Li), 정지훈 옮김,『오픈 리더십: 공유하고 소통하고 개방하라』(한국경제신문, 2010/2011), 117~119쪽.

49 이위재,「[Weekly BIZ] "스타트업은 빠른 실행이 생명…일단 제품 내놓고 市場 반응 살펴야": '기업 창업가 매뉴얼' 쓴 실리콘밸리의 代父 스티브 블랭크」,『조선일보』, 2014년 7월 12일.

50 셰릴 샌드버그(Sheryl Sandberg), 안기순 옮김,『린 인』(와이즈베리, 2013), 246~247쪽.

제6장 학교 · 교육 · 지식

1 제임스 보그(James Borg), 이수연 옮김,『설득력: 간결하고 강력하게 말하는 대화의 힘』(비즈니스맵, 2007/2009), 35쪽. 강준만,「listen」,『교양영어사전 2』(인물과사상사, 2013), 404쪽 참고.

2 임귀열,「[임귀열 영어] 독백은 두 번 해도 대화가 아니다(Two monologues do

not make a dialogue)」, 『한국일보』, 2011년 5월 18일.

3   스티븐 코비, 김경섭 옮김, 『성공하는 사람들의 8번째 습관』(김영사, 2004/2005), 274, 278쪽; 「Talking stick」, 『Wikipedia』; 「Council circle」, 『Wikipedia』.

4   「Council circle」, 『Wikipedia』; 최화진, 「인디언식 '이야기 막대' 들고 갈등 함께 풀어요」, 『한겨레』, 2015년 1월 20일.

5   Barbara Ann Kipper, 『Phraseology』(Naperville, IL.: Sourcebooks, 2008), p.10; 「Alma mater」, 『Wikipedia』.

6   Jordan Almond, 『Dictionary of Word Origins: A History of the Words, Expressions, and Cliches We Use』(Secaucus, NJ: Citadel Press, 1997), p.15; 「Alma Mater」, 『Wikipedia』.

7   John Ayto, 『Word Origins: The Hidden Histories of English Words from A to Z』, 2nd ed.(London, UK: A & C Black, 2005), p.18; Allan Metcalf & David K. Barnhart, 『America In So Many Words: Words That Have Shaped America』(New York: Houghton Mifflin, 1997), p.67; 김광기, 『우리가 아는 미국은 없다』(동아시아, 2011), 176쪽.

8   Chrysti M. Smith, 『Verbivore's Feast: A Banquet of Word & Phrase Origins』(Helena, MT: Farcountry Press, 2004), p.12.

9   「alma mater」, 『네이버 영어사전』.

10 Webb Garrison, 『What's in a Word?』(Dallas, TX: Thomas Nelson, 2000), pp.200~201.

11 「Faculty(academic staff)」, 『Wikipedia』.

12 김진동, 「포항 양포교회 김진동 목사, "오케스트라"」, 『국민일보』, 2014년 12월 31일.

13 Webb Garrison, 『What's in a Word?』(Dallas, TX: Thomas Nelson, 2000), pp.197~198; 「Curriculum」, 『Wikipedia』; 「Curriculum vitae」, 『Wikipedia』; 「Résumé」, 『Wikipedia』.

14 「Extracurricular activity」, 『Wikipedia』; 「Co-curricular activity(Singapore)」, 『Wikipedia』.

15 「curriculum」, 『다음 영어사전』.

16 William Morris & Mary Morris, 『Morris Dictionary of Word and Phrase Origins』, 2nd ed.(New York: Harper & Row, 1971), p.502; 홍익희, 『유대인 이야기: 그들은 어떻게 부의 역사를 만들었는가』(행성비, 2013), 142쪽.

17 권보드래, 「다 함께 안식년」, 『한겨레』, 2014년 10월 4일.

18 「Sabbatical」, 『Wikipedia』; 「Career break」, 『Wikipedia』.

19 윤병국, 「여행의 가치와 여행을 통한 '갭 이어(Gap Year)'」, 『노컷뉴스』, 2014년 9월 1일.

20 「Gap year」, 『Wikipedia』.

21 김연주, 「'인 서울(In 서울·서울지역 대학교)' 大學 신입생 10명 중 3명은 재

수생」, 『조선일보』, 2015년 2월 12일.

22 원선우, 「재수생이 더 많은 서울대 정시 합격자」, 『조선일보』, 2014년 2월 5일.

23 Myron Korach, 『Common Phrases and Where They Come From』, 2nd ed.(Guilford, CT: The Lyons Press, 2008), p.106.

24 Neil Ewart, 『Everyday Phrases: Their Origins and Meanings』(Poole · Dorset, UK: Blandford Press, 1983), p.36; Christine Ammer, 『The Facts on File Dictionary of Clichés』(New York: Checkmark Books, 2001), p.59; Nigel Rees, 『Cassell's Dictionary of Catchphrases: 1200 Catchphrases and Their Origins』 (London: Weidenfeld & Nicholson, 1996), p.45; James Rogers, 월드플러스사전 편찬 옮김, 『Cliche Dictionary: 통역 · 번역을 위한 클리쉐이 사전 (상)』(월드플러스, 2012), 193쪽; 『시사영어사/랜덤하우스 영한대사전』(시사영어사, 1991), 380쪽.

25 William Safire, 『Safire's Political Dictionary』(New York: Random House, 1978), pp.260~262.

26 Kathleen Thompson Hill & Gerald N. Hill, 『Real Life Dictionary of American Politics』(Los Angeles, CA: General Publishing Group, 1994), pp.231, 269; 「Pundit」, 『Wikipedia』.

27 이성모, 「앙리 "아스널, 알렉스 송이 필요해"」, 『서울신문』, 2015년 1월 19일.

28 「Maven」, 『Wikipedia』.

29 「pundit」, 『다음 영어사전』.

30 John Bemelmans Marciano, 『Toponymity: An Atlas of Words』(New York: Bloomsbury, 2010), pp.67~68; William Morris & Mary Morris, 『Morris Dictionary of Word and Phrase Origins』, 2nd ed.(New York: Harper & Row, 1971), p.269; Stewart Edelstein, 『Dubious Doublets』(Hoboken, NJ: Wiley, 2003), pp.83~85; Kathleen Thompson Hill & Gerald N. Hill, 『Real Life Dictionary of American Politics』(Los Angeles, CA: General Publishing Group, 1994), p.128; 「Hack writer」, 『Wikipedia』; 「Poilitical hack」, 『Wikipedia』.

31 더글러스 러시코프(Douglas Rushkoff), 박종성 · 장석훈 옮김, 『현재의 충격: 모든 것이 지금 일어나고 있다』(청림출판, 2013/2014), 138쪽.

32 최병서, 『애커로프가 들려주는 레몬 시장 이야기』(자음과모음, 2011), 72쪽; 리처드 오글(Richard Ogle), 손정숙 옮김, 『스마트월드』(리더스북, 2007/2008), 121쪽. 강준만, 「theory」, 『교양영어사전 2』(인물과사상사, 2013), 657쪽 참고.

33 데이비드 코드 머리(David Kord Murray), 박여진 옮김, 『승자의 편견』(생각연구소, 2011/2012), 65쪽.

34 댄 애리얼리(Dan Ariely), 김원호 옮김, 『경제심리학』(청림출판, 2010/2011), 432쪽.

35 대니얼 카너먼(Daniel Kahneman), 이진원 옮김, 『생각에 관한 생각: 우리의 행동을 지배하는 생각의 반란』(김영사, 2011/2012), 355쪽.

36 새뮤얼 아브스만(Samuel Arbesman), 이창희 옮김, 『지식의 반감기: 세상의 변

화에는 공식이 존재한다』(책읽는수요일, 2013/2014), 282쪽.

37 데니스 듀턴(Denis Dutton), 「진화론이 예술을 점령할 것이다」, 존 브록만 (John Brockman) 엮음, 이영기 옮김, 『위험한 생각들: 당대 최고의 석학 110명 에게 물었다』(갤리온, 2006/2007), 163~164쪽.

38 박찬희 · 한순구, 『인생을 바꾸는 게임의 법칙』(경문사, 2005), 16~19쪽.

39 스티브 아얀(Steve Ayan), 손희주 옮김, 『심리학에 속지 마라: 내 안의 불안을 먹고 자라는 심리학의 진실』(부키, 2012/2014), 158쪽.

40 임귀열, 「[임귀열 영어] One bad apple spoils the bunch(어물전 망신은 꼴뚜기 가)」, 『한국일보』, 2011년 6월 1일.

41 「Anti-Proverb」, 『Wikipedia』.

42 「How to Win Friends and Influence People」, 『Wikipedia』.

43 「proverb」, 『다음 영어사전』; 「proverb」, 『네이버 영어사전』.

44 안정효, 『오역사전』(열린책들, 2013), 577~578쪽.

제7장 군사 · 전쟁 · 고문

1 안정효, 『오역사전』(열린책들, 2013), 368쪽.

2 Christine Ammer, 『The Facts on File Dictionary of Clichés』(New York: Checkmark Books, 2001), p.427; James Rogers, 『The Dictionary of Cliches』 (New York: Ballantine Books, 1985), p.332.

3 『시사영어사/랜덤하우스 영한대사전』(시사영어사, 1991), 1066쪽; 「to the hilt」, 『네이버 영어사전』.

4 「Hilt」, 『Wikipedia』.

5 Christine Ammer, 『The Facts on File Dictionary of Clichés』(New York: Checkmark Books, 2001), p.174; Martin H. Manser, 『Get to the Roots: A Dictionary of Word & Phrase Origins』(New York: Avon Books, 1990), p.97; James Rogers, 월드플러스사전편찬 옮김, 『Cliche Dictionary: 통역 · 번역을 위 한 클리쉐이 사전 (상)』(월드플러스, 2012), 191~192쪽; 「용두사미」, 『다음 영 한사전』; 「hang fire」, 『네이버 영어사전』.

6 박세훈, 「섞어도 맛있다! 퓨전의 힘, '밍글스'」, 『엘르』, 2014년 8월 9일.

7 심순철, 『프랑스 미식기행』(살림, 2006), 17쪽.

8 Albert Jack, 『Black Sheep and Lame Ducks: The Origins of Even More Phrases We Use Every Day』(New York: Perigree Book, 2007), p.188.

9 「Bistro」, 『Wikipedia』.

10 Christine Ammer, 『The Facts on File Dictionary of Clichés』(New York: Checkmark Books, 2001), p.439; 「The Balloon Goes Up」, 『Wikipedia』.

11 David Olive, 『A Devil's Dictionary of Business Jargon』(Toronto, Canada: Key Porter Books, 2001), p.26; 「balloon juice」, 『네이버 영어사전』.

12 Marvin Terban, 『Scholastic Dictionary of Idioms』(New York: Scholastic, 1996), p.98.

13 William Safire, 『Safire's Political Dictionary』(New York: Random House, 1978), pp.62~63; 「Blooper」, 『Wikipedia』.

14 Todd Gitlin, 『Media Unlimited: How the Torrent of Images and Sounds Overwhelms Our Lives』(New York: Metropolitan Books, 2002), p.76; 토드 기틀린, 남재일 옮김, 『무한 미디어: 미디어 독재와 일상의 종말』(Human & Books, 2002/2006), 115쪽.

15 서옥식 편저, 『오역의 제국: 그 거짓과 왜곡의 세계』(도리, 2013), 76~77쪽.

16 Jordan Almond, 『Dictionary of Word Origins: A History of the Words, Expressions, and Cliches We Use』(Secaucus, NJ: Citadel Press, 1997), pp.160~161; Chrysti M. Smith, 『Verbivore's Feast: A Banquet of Word & Phrase Origins』(Helena, MT: Farcountry Press, 2004), p.208; 『Webster's New Explorer Dictionary of Word Origins』(Springfield, MA: Federal Street Press, 2004), p.288.

17 Sara Tulloch, 『The Oxford Dictionary of New Words』(New York: Oxford University Press, 1992), p.188; 이해익 외, 『한권으로 만나는 비즈니스 명저 40』(에코비즈, 2004), 311쪽; 번트 슈미트(Bernd H. Schmitt), 박성연·윤성준·홍성태 옮김, 『체험 마케팅: 품질이 아닌 체험 중심의 차별화 전략』(세종서적, 1999/2002), 122~123쪽.

18 Sara Tulloch, 『The Oxford Dictionary of New Words』(New York: Oxford University Press, 1992), p.244.

19 안정효, 『오역사전』(열린책들, 2013), 368쪽.

20 Marvin Terban, 『Scholastic Dictionary of Idioms』(New York: Scholastic, 1996), p.205; https://www.google.co.kr/#newwindow=1&q=shoot+from+the+hip; 「shoot from the hip」, 「네이버 영어사전」; 「Shoot from the Hip」, 『Wikipedia』.

21 Harry Oliver, 『March Hares and Monkey's Uncles: Origins of the Words and Phrases We Use Every Day』(London: Metro, 2005), pp.249~250; Jordan Almond, 『Dictionary of Word Origins: A History of the Words, Expressions, and Cliches We Use』(Secaucus, NJ: Citadel Press, 1997), pp.239~240.

22 James Rogers, 『The Dictionary of Cliches』(New York: Ballantine Books, 1985), p.312.

23 Rosemarie Ostler, 『Let's Talk Turkey: The Stories behind America's Favorite Expressions』(New York: Prometheus Books, 2008), pp.130~131.

24 「Third degree(interrogation)」, 『Wikipedia』; 「Reid technique」, 『Wikipedia』.

25 「Waterboarding」, 『Wikipedia』; 크리스토퍼 히친스(Christopher Hitchens), 김승욱 옮김, 『논쟁』(알마, 2011/2013), 305~306쪽.

26 크리스토퍼 히친스(Christopher Hitchens), 김승욱 옮김, 『논쟁』(알마, 2011/2013), 305쪽.

27 크리스토퍼 히친스(Christopher Hitchens), 김승욱 옮김, 『논쟁』(알마,

28 박병수 · 김외현, 「'방수 두건' 씌우고 끈 졸라매…"못 참겠다" 외쳐도 무시」, 『한겨레』, 2014년 9월 3일.

29 윤정호, 「183회 워터보딩(물고문), 옷 벗기고 흰색 방에 감금, 性고문 협박… 미국이 맞나」, 『조선일보』, 2014년 12월 11일.

30 「데릭[derrick]」, 『네이버 지식백과』.

31 Jordan Almond, 『Dictionary of Word Origins: A History of the Words, Expressions, and Cliches We Use』(Secaucus, NJ: Citadel Press, 1997), p.73; Martin H. Manser, 『Get to the Roots: A Dictionary of Word & Phrase Origins』(New York: Avon Books, 1990), p.75; 『Webster's New Explorer Dictionary of Word Origins』(Springfield, MA: Federal Street Press, 2004), p.138; 「Tyburn」, 『Wikipedia』; 「Thomas Derrick」, 『Wikipedia』.

32 Marvin Terban, 『Scholastic Dictionary of Idioms』(New York: Scholastic, 1996), p.142; 「lower the boom」, 『네이버 영어사전』.

제8장 정치 · 민주주의 · 국제관계

1 Webb Garrison, 『What's in a Word?』(Dallas, TX: Thomas Nelson, 2000), pp.93~94.

2 윤희영, 「회장님과 wheel-chairman」, 『조선일보』, 2014년 4월 22일.

3 윤희영, 「"의자가 당신을 죽이고 있다" 전문가들 경고」, 『조선일보』, 2010년 5월 3일.

4 갤런 크랜츠(Galen Cranz), 『의자』(지호, 1998), 78쪽.

5 Webb Garrison, 『What's in a Word?』(Dallas, TX: Thomas Nelson, 2000), p.110.

6 Stewart Edelstein, 『Dubious Doublets』(Hoboken, NJ: Wiley, 2003), p.29.

7 Rosemarie Ostler, 『Let's Talk Turkey: The Stories behind America's Favorite Expressions』(New York: Prometheus Books, 2008), p.48; 「go belly up」, 『네이버 영어사전』; 「go belly up」, 『다음 영어사전』.

8 임귀열, 「[임귀열 영어] Pride doesn't fill the belly(자존심이 밥 먹여주나)」, 『한국일보』, 2012년 4월 4일.

9 임귀열, 「[임귀열 영어] Pride doesn't fill the belly(자존심이 밥 먹여주나)」, 『한국일보』, 2012년 4월 4일.

10 Raul S. Manglapus, 『Will of the People: Original Democracy in Non-Western Societies』(New York: Greenwood Press, 1987), p.35.

11 Jordan Almond, 『Dictionary of Word Origins: A History of the Words, Expressions, and Cliches We Use』(Secaucus, NJ: Citadel Press, 1997), p.254.

12 J. A. Klein, 『The Foolish The Feckless & The Fanatic: Liberals and French babble while U.S. leads battle against terrorism』(Victoria, Canada: Trafford,

2004), p. 1.

13 「Internet activism」, 『Wikipedia』.

14 Philip N. Howard, 『The Digital Origins of Dictatorship and Democracy: Information Technology and Political Islam』(New York: Oxford University Press, 2010), p. 145; 「핵티비즘」, 『네이버 지식백과』.

15 하워드 라인골드(Howard Rheingold), 김광수 옮김, 『넷스마트: 구글, 페이스북, 위키, 그리고 그보다 스마트해야 할 당신』(문학동네, 2012/2014), 305쪽.

16 「Activism」, 『Wikipedia』; 김상조, 『종횡무진 한국경제』(오마이북, 2012), 206쪽.

17 Kathleen Thompson Hill & Gerald N. Hill, 『Real Life Dictionary of American Politics』(Los Angeles, CA: General Publishing Group, 1994), p. 151; 폴 슈메이커(Paul Schumaker), 조효제 옮김, 『진보와 보수의 12가지 이념: 다원적 공공정치를 위한 철학』(후마니타스, 2008/2010), 521쪽; 「Judicial activism」, 『Wikipedia』.

18 「Judicial restraint」, 『Wikipedia』.

19 Russell Brooker & Todd Schaefer, 『Public Opinion in the 21st Century: Let the People Speak?』(New York: Houghton Mifflin Co., 2006), pp. 396~397; Morris P. Fiorina et al., 『Culture War?: The Myth of a Polarized America』, 3rd ed.(New York: Longman, 2011), pp. 200~201; 류태건, 「참여정부식 참여민주의를 비판한다」, 월간 『인물과 사상』, 2005년 1월, 208~219쪽.

20 「slack, slacker」, 『다음 영어사전』; 「slack, slacker」, 『네이버 영어사전』; 「slacker」, 『Wikipedia』.

21 에릭 슈미트(Eric Schmidt) · 제러드 코언(Jared Cohen), 이진원 옮김, 『새로운 디지털 시대』(알키, 2013), 383쪽; 모이제스 나임(Moises Naim), 김병순 옮김, 『권력의 종말: 다른 세상의 시작』(책읽는수요일, 2013/2015), 445쪽; 「Slacktivism」, 『Wikipedia』; 송경화 · 안수찬, 「9시 뉴스가 보여주지 않는 세상에 접속하다」, 『한겨레』, 2012년 1월 8일.

22 「Slacktivism」, 『Wikipedia』; 심혜민, 「"위 · 아래로 치이는 고달픈 인생"…옥스포드 선정 올해의 단어는?」, 『머니투데이』, 2011년 11월 25일; 박한우, 「열린 'SNS' 사회와 그 적들」, 『매일경제』, 2012년 12월 8일.

23 모이제스 나임(Moises Naim), 김병순 옮김, 『권력의 종말: 다른 세상의 시작』(책읽는수요일, 2013/2015), 445쪽.

24 박권일, 「소셜 미디어의 겉과 속」, 이택광 외, 『트위터, 그 140자 평등주의』(자음과모음, 2012), 57~58쪽.

25 백욱인, 「'트친' '팔로어'로는 왜 혁명을 이룰 수 없나?」, 『시사IN』, 제162호(2010년 10월 27일).

26 Kathleen Thompson Hill & Gerald N. Hill, 『Real Life Dictionary of American Politics』(Los Angeles, CA: General Publishing Group, 1994), p. 14; James Davison Hunter & Alan Wolfe, 『Is There a Culture War?: A Dialogue on Values and American Public Life』(Washington, D.C.: Brookings Institution Press, 2006),

p.28.

27 Alan C. Elms, 『Personality in Politics』(New York: Harcourt Brace Jovanovich, 1976), p.43.

28 Morris P. Fiorina et al., 『Culture War?: The Myth of a Polarized America』, 3rd ed.(New York: Longman, 2011), pp.188~192.

29 David Horowitz, 『The Art of Political War and Other Radical Pursuits』(Dallas: Spence Publishing Co., 2000), p.47.

30 Morris P. Fiorina et al., 『Culture War?: The Myth of a Polarized America』, 3rd ed.(New York: Longman, 2011), pp.188~192, 202~206.

31 「Purist」, 『Wikipedia』.

32 「Purism」, 『Wikipedia』.

33 안정효, 『오역사전』(열린책들, 2013), 17쪽.

34 William Safire, 『Safire's Political Dictionary』(New York: Random House, 1978), pp.7~8; Kathleen Thompson Hill & Gerald N. Hill, 『Real Life Dictionary of American Politics』(Los Angeles, CA: General Publishing Group, 1994), p.15.

35 「Publicist」, 『Wikipedia』; 「Press agent」, 『Wikipedia』.

36 「Pamphleteer」, 『Wikipedia』.

37 강원택, 「반기업정서? 국민 다수는 친기업」, 『중앙일보』, 2005년 5월 25일, 5면; 박상필·이명석, 「시민사회와 거버넌스」, 조효제·박은홍 엮음, 『한국, 아시아 시민사회를 말하다』(아르케, 2005), 159~197쪽.

38 「Governance」, 『Wikipedia』.

39 하동석, 『이해하기 쉽게 쓴 행정학용어사전』(새정보미디어, 2010); 「거버넌스 [governance]」, 『네이버 지식백과』에서 재인용.

40 장세훈, 「"이젠 우리가 국제문제 해결 주체로": 유엔 거버넌스 센터 원장 내정자 김호영 씨」, 『서울신문』, 2006년 9월 7일, 29면.

41 「Hide(skin)」, 『Wikipedia』; 「Rawhide(material)」, 『Wikipedia』.

42 Charles Earle Funk & Charles Earle Funk, Jr., 『Horsefeathers and Other Curious Words』(New York: Quill, 1958/2002), p.55; William Safire, 『Safire's Political Dictionary』(New York: Random House, 1978), pp.59~60, 298; Kathleen Thompson Hill & Gerald N. Hill, 『Real Life Dictionary of American Politics』(Los Angeles, CA: General Publishing Group, 1994), p.37.

43 『시사영어사/랜덤하우스 영한대사전』(시사영어사, 1991), 1062쪽; 「hidebound」, 『네이버 영어사전』.

44 최원기, 「['新제국' 미국은 어디로] 존 페퍼 FPIF 선임연구원」, 『중앙일보』, 2003년 10월 30일.

45 「Blum, William」, 『Current Biography』, 68:5(May 2007), p.9.

46 「Blum, William」, 『Current Biography』, 68:5(May 2007), p.10.

47 「Blum, William」, 『Current Biography』, 68:5(May 2007), p.8.

48 Editors of the American Heritage Dictionaries, 『More Word Histories and

Mysteries: From Aardvark to Zombie』(New York: Houghton Mifflin, 2006), p.199;「Sanctions(law)」,『Wikipedia』.

49 「Sanctions(law)」,『Wikipedia』;「International sanctions」,『Wikipedia』.

50 「sanction」,『다음 영어사전』.

제9장 조직 · 기업 · 경영

1 강준만,「왜 연료 부족을 알리는 경고등이 켜졌는데도 계속 달리는가?: 번아웃 신드롬」,『생각의 문법: 세상을 꿰뚫는 50가지 이론 3』(인물과사상사, 2015), 177~181쪽 참고.

2 「bore」,『다음 영어사전』.

3 필리페 로틀린(Philippe Rothlin) · 페터 베르더(Peter Werder), 한윤진 옮김,『보어아웃: 일하지 않고 월급만 받는 직장인 보고서』(디플Biz, 2007/2008), 156~174쪽.

4 필리페 로틀린(Philippe Rothlin) · 페터 베르더(Peter Werder), 한윤진 옮김,『보어아웃: 일하지 않고 월급만 받는 직장인 보고서』(디플Biz, 2007/2008), 33~63쪽;「Boreout」,『Wikipedia』.

5 필리페 로틀린(Philippe Rothlin) · 페터 베르더(Peter Werder), 한윤진 옮김,『보어아웃: 일하지 않고 월급만 받는 직장인 보고서』(디플Biz, 2007/2008), 70~82쪽.

6 매슈 프레이저(Matthew Fraser) · 수미트라 두타(Soumitra Dutta), 최경은 옮김,『소셜 네트워크 e 혁명』(행간, 2008/2010), 230~231쪽; 에드워드 러셀 윌링(Edward Russell-Walling), 김영규 옮김,『경영의 탄생: CEO가 반드시 알아야 할 50가지 경영 아이디어』(더난출판, 2007/2010), 12~13쪽;「Adhocracy」,『Wikipedia』.

7 에드워드 러셀 윌링(Edward Russell-Walling), 김영규 옮김,『경영의 탄생: CEO가 반드시 알아야 할 50가지 경영 아이디어』(더난출판, 2007/2010), 13~17쪽.

8 이남석,『편향: 나도 모르게 빠지는 생각의 함정』(옥당, 2013), 198~200쪽.

9 홍성태,『사이버사회의 문화와 정치』(문화과학사, 2000), 198쪽.

10 더글라스 켈너, 김수정 · 정종희 옮김,『미디어문화: 영화, 랩, MTV, 광고, 마돈나, 패션, 사이버펑크』(새물결, 1997), 535쪽; 홍성태,『사이버사회의 문화와 정치』(문화과학사, 2000), 43~45쪽.

11 권기태,「우리는 지금 매트릭스로 가고 있다: 서울국제문학포럼 참석한 불(佛)석학 장 보드리야르」,『동아일보』, 2005년 5월 25일, A29면.

12 레이 피스먼(Ray Fisman) · 팀 설리번(Tim Sullivan), 이진원 옮김,『경제학자도 풀지 못한 조직의 비밀』(웅진지식하우스, 2013/2014), 103쪽.

13 조미나,「[Weekly BIZ] [현장에서 보내온 해답] 부서를 섞어 '매트릭스 조직' 띄워라…끝장토론, 스마트폰 결재 도입하라」,『조선일보』, 2014년 4월 5일.

14 스탠 데이비스(Stan Davis), 김승욱 옮김, 『미래의 지배』(경영정신, 2001/2002), 260쪽.

15 스탠 데이비스(Stan Davis), 김승욱 옮김, 『미래의 지배』(경영정신, 2001/2002), 263~265쪽.

16 스탠 데이비스(Stan Davis), 김승욱 옮김, 『미래의 지배』(경영정신, 2001/2002), 258~259쪽.

17 「Starfish」, 『Wikipedia』; 이승진, 「바다의 포식자 불가사리의 경제적 효과」, 『경상일보』, 2014년 11월 5일.

18 Ori Brafman & Rod A. Beckstrom, 『The Starfish and the Spider: The Unstoppable Power of Leaderless Organizations』(New York: Portfolio, 2006), p.35.

19 니코 멜레(Nicco Mele), 이은경 · 유지연 옮김, 『거대권력의 종말』(알에이치코리아, 2013), 330~331쪽.

20 Daniel Boorstin, 『The Americans: The Democratic Experience』(New York: Vintage Books, 1973/1974), pp.109~110; 「Cash and carry(wholesale)」, 『Wikipedia』.

21 「frill」, 『네이버 영어사전』.

22 엘렌 루이스(Elen Lewis), 이기홍 옮김, 『이케아, 그 신화와 진실』(이마고, 2008/2012), 101쪽; 유진우, 「[이케아 개점 60일] ② 불황에 강한 이케아, 한국 가구지형도 바꾸나」, 『조선일보』, 2015년 2월 17일; 김윤덕, 「"이윤 위해서 물 · 에너지 낭비하는 건 죄악…착한 가구로 승부하죠"」, 『조선일보』, 2013년 4월 6일.

23 강준만, 「왜 어떤 사람들은 조립 가구를 더 좋아할까?: 이케아 효과」, 『감정 독재: 세상을 꿰뚫는 50가지 이론』(인물과사상사, 2013), 73~77쪽 참고.

24 Adam Makkai, 『Barron's Handbook of Commonly Used American Idioms』(Woodbury, NY: Barron's Educational Series, 1984), p.48; 「cash-and-carry」, 『네이버 영어사전』.

25 James Rogers, 『The Dictionary of Cliches』(New York: Ballantine Books, 1985), p.334.

26 James Rogers, 『The Dictionary of Cliches』(New York: Ballantine Books, 1985), p.334; 아라이 히사시, 류성경 옮김, 『마이크로소프트의 지식경영』(동방미디어, 2000/2001), 98쪽.

27 프레드릭 맥스웰(Frederic A. Maxwell), 안진환 옮김, 『살아있는 신화: Microsoft CEO 스티브 발머』(한국경제신문, 2002/2003), 203~204쪽.

28 「FYIFV」, 『Wikipedia』.

29 박승현, 「7이닝 2실점 해런, 104억 원 옵션 달성」, 『OSEN』, 2014년 9월 23일.

30 「Software release life cycle」, 『Wikipedia』; 「베타 서비스」, 『위키백과』.

31 에릭 슈미트(Eric Schmidt) · 제러드 코언(Jared Cohen), 이진원 옮김, 『새로운 디지털 시대』(알키, 2013), 363쪽.

32 제프 자비스(Jeff Jarvis), 위선주 옮김, 『공개하고 공유하라』(청림출판, 2011/2013), 113쪽.

33 「Feature creep」, 『Wikipedia』.

34 홀름 프리베·사샤 로보, 두행숙 옮김, 『디지털 보헤미안: 창조의 시대를 여는 자』(크리에디트, 2007), 268~269쪽.

35 최항섭, 「인터넷 시대의 새로운 경제권력, 프로슈머」, 김상배 엮음, 『인터넷 권력의 해부』(한울, 2008), 229~231쪽.

36 제니스 펙(Janice Peck), 박언주·박지우 옮김, 『오프라 윈프리의 시대』(황소자리, 2008/2009), 236쪽.

37 Lois Beckwith, 『The Dictionary of Corporate Bullshit』(New York: Broadway Books, 2006), p.57; 「Empowerment」, 『Wikipedia』.

38 김연주, 「한국 여성의 현실…대학진학률 OECD 最高, 경제참여율은 하위권」, 『조선일보』, 2013년 6월 28일.

39 리처드 브로디(Richard Brodie), 윤미나 옮김, 『마인드 바이러스』(흐름출판, 2009/2010), 72쪽.

40 뤼크 드 브라방데르(Luc de Brabandere)·앨런 아이니(Alan Iny), 이진원 옮김, 『아이디어 메이커: 현재 틀에서 벗어나 새로운 틀에서 생각하기』(청림출판, 2013/2014), 52쪽.

41 이동현, 『경영의 교양을 읽는다』(더난출판, 2006), 605~608쪽.

42 나지홍, 「한국에서도 버핏 神話가 탄생하려면」, 『조선일보』, 2015년 4월 13일.

43 에드워드 러셀 월링(Edward Russell-Walling), 김영규 옮김, 『경영의 탄생: CEO가 반드시 알아야 할 50가지 경영 아이디어』(더난출판, 2007/2010), 112쪽.

44 David Olive, 『A Devil's Dictionary of Business Jargon』(Toronto, Canada: Key Porter Books, 2001), p.66.

45 문요한, 『스스로 살아가는 힘: 내가 선택하고 결정하는 인생법』(더난출판, 2014), 228쪽.

46 Joe Trippi, 『The Revolution Will Not Be Televised: Democracy, the Internet, and the Overthrow of Everything』(New York: ReganBooks, 2004), p.4; 조 트리피(Joe Trippi), 윤영미·김정수 옮김, 『혁명은 TV로 중계되지 않는다』(산해, 2004/2006), 26쪽.

47 Jeffrey P. Jones, 『Entertaining Politics: New Political Television and Civic Culture』(New York: Rowman & Littlefield, 2005), p.49; 「National Empowerment Television」, 『Wikipedia』.

48 Kathleen Thompson Hill & Gerald N. Hill, 『Real Life Dictionary of American Politics』(Los Angeles, CA: General Publishing Group, 1994), p.93; 「Empowerment Zone」, 『Wikipedia』.

49 릭 베라라(Rick Barrera), 송연석 옮김, 『소비자의 기대를 뛰어넘어라』(랜덤하우스중앙, 2004/2005), 233~235쪽; 「Nordstrom」, 『Wikipedia』.

50 장정빈, 『리마커블 서비스: 고객의 마음과 지갑을 여는 힘』(올림, 2009), 232

쪽; 자일스 루리(Giles Lury), 이정민 옮김, 『폭스바겐은 왜 고장난 자동차를 광고했을까?: 대중을 사로잡은 글로벌기업의 스토리전략』(중앙북스, 2013/2014), 86쪽.

51 니혼게이자이 신문, 송수영 옮김, 『마음을 유혹하는 경제의 심리학』(밀리언하우스, 2004/2005), 198~200쪽.

52 문요한, 『스스로 살아가는 힘: 내가 선택하고 결정하는 인생법』(더난출판, 2014), 232~233쪽.

53 릭 베라라(Rick Barrera), 송연석 옮김, 『소비자의 기대를 뛰어넘어라』(랜덤하우스중앙, 2004/2005), 233~235쪽.

54 이케다 준이치, 서라미 옮김, 『왜 모두 미국에서 탄생했을까: 히피의 창조력에서 실리콘밸리까지』(메디치, 2011/2013), 191쪽.

55 피터 틸(Peter Thiel) · 블레이크 매스터스(Blake Masters), 이지연 옮김, 『제로 투 원』(한국경제신문, 2014), 57쪽.

56 강현식, 『꼭 알고 싶은 심리학의 모든 것』(소울메이트, 2010), 433~434쪽.

57 김병준, 『99%를 위한 대통령은 없다: 깨어 있는 시민이 던져야 할 7가지 질문』(개마고원, 2012), 224쪽.

58 설성인, 「전국 곳곳 'LTE 꽃'이 피었습니다」, 『조선일보』, 2012년 4월 13일; 「LTE(telecommunication)」, 『Wikipedia』.

59 고란, 「[틴틴경제] 휴대전화 4G · LTE와 3G는 어떻게 다른가요」, 『중앙일보』, 2013년 6월 19일.

60 고란, 「PC 광랜은 조깅 수준…LTE-A 오늘부터 '볼트급 스피드'」, 『중앙일보』, 2013년 6월 27일.

61 이순혁, 「3G 사용자는 몹쓸 루저라고? 리얼리?: LTE 광고 전쟁」, 『한겨레』, 2013년 8월 24일.

제10장 디지털 문화와 기업

1 「digital native」, 『네이버 지식백과』.

2 「디지털 네이티브」, 『위키백과』; 제프 자비스(Jeff Jarvis), 위선주 옮김, 『공개하고 공유하라』(청림출판, 2011/2013), 55쪽.

3 리처드 왓슨(Richard Watson), 이진원 옮김, 『퓨처 마인드: 디지털 문화와 함께 진화하는 생각의 미래』(청림출판, 2010/2011), 46쪽.

4 윌리엄 파워스(William Powers), 『속도에서 깊이로: 철학자가 스마트폰을 버리고 월든 숲으로 간 이유』(21세기북스, 2010/2011), 84~85쪽.

5 제프 자비스(Jeff Jarvis), 위선주 옮김, 『공개하고 공유하라』(청림출판, 2011/2013), 55쪽.

6 만프레트 슈피처(Manfred Spitzer), 김세나 옮김, 『디지털 치매: 머리를 쓰지 않는 똑똑한 바보들』(북로드, 2012/2013), 234, 253~254쪽.

7   Stewart Edelstein, 『Dubious Doublets』(Hoboken, NJ: Wiley, 2003), pp.14~15; 파리드 자카리아(Fareed Zakaria), 윤종석·이정희·김선옥 옮김, 『흔들리는 세계의 축: 포스트 아메리칸 월드』(베가북스, 2008), 99쪽; 조승연, 「Weekly BIZ] [인문학으로 배우는 비즈니스 영어] algorithm」, 『조선일보』, 2014년 12월 13일.

8   황용석, 「알고리즘과 미디어」, 『한겨레』, 2014년 11월 11일.

9   최윤식·정우석, 『10년 전쟁: 누가 비즈니스 패권을 차지할 것인가』(알키, 2011), 86쪽.

10 구본권, 「'자동화' 버린 구글, 왜 '수작업'으로 돌아갔나」, 『한겨레』, 2015년 3월 24일.

11 오세욱, 「객관성 추구하지만 설계자 주관 개입: 저널리즘 관련 알고리즘의 동향과 분석」, 『신문과 방송』, 제530호(2015년 2월), 12~15쪽.

12 루크 도멜(Luke Dormehl), 노승영 옮김, 『만물의 공식』(반니, 2014), 72~73쪽.

13 루크 도멜(Luke Dormehl), 노승영 옮김, 『만물의 공식』(반니, 2014), 97~98쪽.

14 루크 도멜(Luke Dormehl), 노승영 옮김, 『만물의 공식』(반니, 2014), 99쪽.

15 빅토르 마이어 쇤베르거(Viktor Mayer-Schönberger)·케네스 쿠키어(Kenneth Neil Cukier), 이지연 옮김, 『빅데이터가 만드는 세상: 데이터는 알고 있다』(21세기북스, 2013), 328쪽.

16 「Nomophobia」, 『Wikipedia』; 김난도 외, 『트렌드코리아 2013』(미래의창, 2012), 157쪽.

17 김현수, 「노모포비아 계속 늘어 스마트폰 이용자 35%」, 『한국일보』, 2013년 5월 6일.

18 이규연, 「스마트폰이 있어 행복한가」, 『중앙일보』, 2013년 6월 28일.

19 손병호, 「英 이코노미스트 "스마트폰 없이 살기 힘든 '포노 사피엔스' 시대 도래"」, 『국민일보』, 2015년 2월 27일.

20 최연진, 「블로그에 스팸이 숨어 있다: '스플로그' 기승…상당수가 음란물 홍보」, 『한국일보』, 2007년 7월 24일; 「Spam blog」, 『Wikipedia』.

21 앤드루 킨(Andrew Keen), 박행웅 옮김, 『구글, 유튜브, 위키피디아, 인터넷 원숭이들의 세상』(한울, 2009/2010), 105쪽.

22 앤드루 킨(Andrew Keen), 박행웅 옮김, 『구글, 유튜브, 위키피디아, 인터넷 원숭이들의 세상』(한울, 2009/2010), 105쪽.

23 유병률, 「유튜브 '2조 대박男' 지금 허름한 사무실서…: [유병률의 체인지더월드] 유튜브 창업자 스티브 첸 단독인터뷰(상)」, 『머니투데이』, 2012년 6월 28일.

24 스티브 첸(Steve Chen)·장리밍, 한민영 옮김, 『유튜브 이야기』(올림, 2011/2012), 139~141쪽.

25 간다 도시아키, 서금석 옮김, 『유튜브 혁명, UCC의 미래』(위즈나인, 2007), 187쪽.

26 스티브 첸(Steve Chen)·장리밍, 한민영 옮김, 『유튜브 이야기』(올림, 2011/2012), 250~251쪽.

27 김강석, 『미디어 대충돌: 한국 미디어의 권력이동』(노마드북스, 2007), 210쪽.

28 이원태, 「소셜 미디어에서 온라인 정치 담론의 가능성과 한계」, 조화순 엮음, 『소셜네트워크와 정치변동』(한울아카데미, 2012), 314쪽.

29 강병준, 「미래를 만드는 사람들 강학주 이투커뮤니케이션즈 대표」, 『전자신문』, 2012년 9월 28일.

30 조승연, 「Weekly BIZ [인문학으로 배우는 비즈니스 영어] curator」, 『조선일보』, 2014년 9월 27일; 사이먼 레이놀즈(Simon Reynolds), 최성민 옮김, 『레트로 마니아: 과거에 중독된 대중문화』(작업실유령, 2011/2014), 143쪽.

31 박수련, 「데이터를 꿰어 보배 만드는 사람들, 빅데이터 큐레이터」, 『중앙일보』, 2014년 9월 23일.

32 유병률, 「유병률의 체인지더월드」 유튜브 창업자 스티브 챈 단독인터뷰(하)」, 『머니투데이』, 2012년 6월 29일.

33 김난도 외, 『트렌드코리아 2015』(미래의창, 2014), 96쪽.

34 오윤희, 「Weekly BIZ 의사는 처방을 팔고 교사는 지식을 팔아…우린 모두 세일즈맨」, 『조선일보』, 2013년 10월 12일.

35 김현아, 「뉴스앱 이용자가 정치참여 높아…정보격차 우려」, 『이데일리』, 2013년 3월 15일.

36 안은별, 「클릭 또 클릭…당신을 발가벗기는 그들은?」, 『프레시안』, 2011년 9월 9일.

37 류호성, 「Cover Story] 독자 따라 '맞춤 뉴스' 편집해 앱으로 배달 가능성」, 『한국일보』, 2013년 9월 1일, 14면.

38 조윤호, 「뉴스 큐레이팅, '도둑질'로 끝날까 뉴스 소비의 대안될까」, 『미디어오늘』, 2014년 6월 4일.

39 강병준, 「미래를 만드는 사람들 강학주 이투커뮤니케이션즈 대표」, 『전자신문』, 2012년 9월 28일; 「Pinterest」, 『Wikipedia』.

40 이신영, 「Weekly BIZ [Cover Story] 이미지로 말하기, SNS의 새 장르 열다」, 『조선일보』, 2014년 7월 5일.

41 정종혁, 「페이스북마저 긴장시키는 Social Curation Service, 'Pinterest'」, 『HS Ad』, 2012년 5~6월, 52쪽; 한석주, 「옮긴이의 말」, 사사키 도시나오, 한석주 옮김, 『큐레이션의 시대』(민음사, 2011/2012), 281~286쪽.

42 이신영, 「Weekly BIZ [Cover Story] 이미지로 말하기, SNS의 새 장르 열다」, 『조선일보』, 2014년 7월 5일.

43 김학재, 「"핀터레스트는 미래를 담는 SNS"」, 『파이낸셜뉴스』, 2014년 11월 11일.

44 조성문, 「Weekly BIZ [조성문의 실리콘밸리 이야기] 대기업이 큰돈 주고 벤처인수 안 하면 아무리 실리콘밸리 복제하려 해도 실패」, 『조선일보』, 2013년 7월 13일.

45 류현정, 「Weekly BIZ [Cover Story] 페이스북에 인수된 인스타그램 창업자 시스트롬」, 『조선일보』, 2013년 7월 13일

46 「Instagram」, 『Wikipedia』; 이정국, 「페북·트위터 인기 시들고 제3세대 SNS

뜬다」, 『한겨레』, 2015년 1월 20일.

47 강동철, 「글 대신 이미지…모바일 세상 大勢는 사진 SNS」, 『조선일보』, 2015년 3월 9일.

48 남은주, 「가장 빠르고 선명한 여행 추억의 기록」, 『한겨레』, 2013년 8월 1일.

49 이정국, 「페북 · 트위터 인기 시들고 제3세대 SNS 뜬다」, 『한겨레』, 2015년 1월 20일.

50 강동철, 「글 대신 이미지…모바일 세상 大勢는 사진 SNS」, 『조선일보』, 2015년 3월 9일.

51 이시즈카 시노부, 이건호 옮김, 『아마존은 왜? 최고가에 자포스를 인수했나?』 (북로그컴퍼니, 2009/2010), 59쪽.

52 이정환, 「"올드 미디어, 낡은 광고 플랫폼 버려야 산다": [인터뷰] 최진봉 미국 텍사스주립대 저널리즘스쿨 교수, "모바일+소셜, 타깃 광고를 뚫어라"」, 『미디어오늘』, 2011년 8월 19일.

53 이시즈카 시노부, 이건호 옮김, 『아마존은 왜? 최고가에 자포스를 인수했나?』 (북로그컴퍼니, 2009/2010), 23, 59~60쪽.

54 레이 피스먼(Ray Fisman) · 팀 설리번(Tim Sullivan), 이진원 옮김, 『경제학자도 풀지 못한 조직의 비밀』(웅진지식하우스, 2013/2014), 74쪽.

55 안야 푀르스터(Anja Förster) · 페터 크로이츠(Peter Kreuz), 김하락 옮김, 『CEO의 생각 반란』(비즈니스맵, 2010/2012), 209쪽

56 토니 셰이(Tony Hsieh), 송연수 옮김, 『딜리버링 해피니스』(북하우스, 2010), 340쪽.

57 토니 셰이(Tony Hsieh), 송연수 옮김, 『딜리버링 해피니스』(북하우스, 2010), 308쪽.

58 데이비드 레스터(David Lester) 엮음, 한수영 옮김, 『아이디어 하나로 시작된 디지털기업: 예상을 뒤흔든 디지털 스타트업 25』(재승출판, 2012/2013), 68쪽; 「Zynga」, 『Wikipedia』.

59 이지선 · 김지수, 『디지털 네이티브 스토리』(리더스하우스, 2011), 251~252쪽; 「Zynga」, 『Wikipedia』.

60 장상진, 「'징가(세계 최대 소셜 게임 업체)' 경영난…CEO에 돈 매트릭 영입」, 『조선일보』, 2013년 7월 3일; 「Zynga」, 『Wikipedia』.

61 박소연, 「징가, 타이거 우즈와 손잡고 스포츠게임 출시」, 『지디넷코리아』, 2014년 8월 8일.

62 민상식, 「와비파커, 쿠팡… '모방+융합+개량'으로 富 쌓은 창조적 편집가들」, 『헤럴드경제』, 2015년 4월 3일.

재미있는
영어 인문학 이야기 1

ⓒ 강준만, 2015

초판 1쇄 2015년 6월 26일 펴냄
초판 6쇄 2022년 10월 26일 펴냄

지은이 | 강준만
펴낸이 | 강준우
기획·편집 | 박상문, 김슬기
디자인 | 최진영
마케팅 | 이태준
관리 | 최수향
인쇄·제본 | (주)삼신문화

펴낸곳 | 인물과사상사
출판등록 | 제17-204호 1998년 3월 11일

주소 | (04037) 서울시 마포구 양화로7길 6-16 서교제일빌딩 3층
전화 | 02-325-6364
팩스 | 02-474-1413
www.inmul.co.kr | insa@inmul.co.kr

ISBN 978-89-5906-347-5 04300
       978-89-5906-346-8 (세트)

값 15,000원

이 도서의 국립중앙도서관 출판시도서목록(CIP)은 서지정보유통지원시스템 홈페이지
(http://seoji.nl.go.kr)와 국가자료공동목록시스템(http://www.nl.go.kr/kolisnet)에서
이용하실 수 있습니다. (CIP제어번호: CIP2015016567)